KB109409

라이프 트렌드
Life Trend 2024

지은이 김용섭

Trend Insight & Business Creativity를 연구하는 '날카로운상상력연구소' 소장. 트렌드 분석가이자 경영전략 컨설턴트, 비즈니스 창의력 연구자다. 삼성전자, 현대차, SK, LG, 롯데, 포스코, 한화, GS, 신세계, CJ 등 대기업 그룹사 주요 계열사와 기획재정부, 국토교통부, 외교부 등 정부 기관에서 3000회 이상의 강연과 비즈니스 워크숍을 수행했고, 300여 건의 컨설팅 프로젝트를 수행했다. 《한국경제신문》《한겨레신문》《머니투데이》 등에서 칼럼니스트로 활동했고, 〈최경영의 경제쇼〉〈박종훈의 경제쇼〉〈함께하는 저녁길 정은아입니다〉〈성공예감 김방희입니다〉 등 KBS 라디오 주요 프로그램에서 10년간 트렌드 관련 고정 코너를 맡아 방송했다. SERICEO에서 트렌드 브리핑 〈트렌드 히치하이킹〉을, 휴넷CEO에서 〈트렌드 인사이트〉를 통해 대한민국 CEO들에게 최신 트렌드를 읽어주고 있으며, 다수 기업을 위한 자문과 다양한 프로젝트를 진행했다.

저서로 《라이프 트렌드 2024: OLD MONEY》《라이프 트렌드 2023: 과시적 비소비》《아웃스탠딩 티처 Outstanding Teacher》《ESG 2.0: 자본주의가 선택한 미래 생존 전략》, 《라이프 트렌드 2022: Better Normal Life》《결국 Z세대가 세상을 지배한다》《프로페셔널 스튜던트 Professional Student》《라이프 트렌드 2021: Fight or Flight》《언컨택트 Uncontact》《펭수의 시대》《라이프 트렌드 2020: 느슨한 연대》《요즘 애들, 요즘 어른들: 대한민국 세대 분석 보고서》《라이프 트렌드 2019: 젠더뉴트럴》《라이프 트렌드 2018: 아주 멋진 가짜 Classy Fake》《실력보다 안목이다》《라이프 트렌드 2017: 적당한 불편》《라이프 트렌드 2016: 그들의 은밀한 취향》《라이프 트렌드 2015: 가면을 쓴 사람들》《라이프 트렌드 2014: 그녀의 작은 사치》《라이프 트렌드 2013: 좀 놀아본 오빠들의 귀환》《아이의 미래를 망치는 엄마의 상식》《트렌드 히치하이킹》《페이퍼 파워》《날카로운 상상력》, 공저로는 《머니 트렌드 2024》《코로나 사피엔스, 새로운 도약》《디자인 파워》《소비자가 진화한다》 등이 있다.

- **트렌드 전문 유튜브** youtube.com/c/김용섭INSIGHT
- **페이스북** facebook.com/yongsub.kim
- **인스타그램** instagram.com/trendhitchhiking

라이프 트렌드 2024 OLD MONEY

초판 1쇄 발행 2023년 10월 5일 | 초판 2쇄 발행 2023년 10월 23일

지은이 김용섭 | **발행인** 박윤우 | **편집** 김송은 김유진 성한경 장미숙 | **마케팅** 박서연 이건희 이영섭 정미진 | **디자인** 서혜진 이세연 | **저작권** 백은영 유은지 | **경영지원** 이지영 주진호 | **발행처** 부키(주) | **출판신고** 2012년 9월 27일 | **주소** 서울시 마포구 양화로 125 경남관광빌딩 7층 | **전화** 02-325-0846 | **팩스** 02-325-0841 | **이메일** webmaster@bookie.co.kr | **ISBN** 978-89-6051-133-0 13320

※ 잘못된 책은 구입하신 서점에서 바꿔 드립니다.

만든 사람들 편집 성한경 | 디자인 이세연

당신이 미처 몰랐던 일상 속의 진짜 트렌드!

라이프 트렌드
Life Trend 2024

부자가 되는 건 멀지만
부자처럼 보이는 건 가깝다

김용섭 지음

OLD
MONEY

부·키

당신은 부자가 되고 싶은가, 부자처럼 살고 싶은가?

투자 은행 크레디트 스위스Credit Suisse의 《세계 부 보고서 2023Global Wealth Report 2023》에 따르면 전 세계에서 순자산 100만 달러 이상을 보유한 사람은 5939만 1000명이다. 100만 달러면 한화로 약 13억 원이니까 엄청 큰돈은 아니다. 서울의 아파트 평균 매매가가 12억 원가량이니 한국에서는 절대 이 돈으로 부자 소리 못 듣는다. 하지만 전 세계 인구 80억 명 중에서는 겨우 0.74퍼센트다. 한국에서 순자산 100만 달러 이상은 125만 4000명이고, 전체 인구의 약 2.5퍼센트다. 한국에서 순자산 1퍼센트에 들려면 30억 원에 가까워야 한다. 한국인의 부자 기준은 아주 높아졌다. 고가 아파트가 몇십억 원씩(초고가는 100억 원대까지) 하니 100만 달러 정도는 쉽게 보일 수 있다. 사실 한국인이 가진 재산에서는 집이 차지하는 비중이 월등히 높다. 그런데 이 집에는 빚이 많다. 2023년 6월 말 기준 한국의 가계 부채는 1862조 원이고, 이 중

1031조 원이 주택 담보 대출이다. 여기에 전세 보증금도 1000조 원이 넘는다. 주택 담보 대출이나 전세 보증금 모두 집에 연결된 빚이다. 이런 빚을 다 합치면 3000조 원에 육박한다. 기업 부채와 정부 부채는 포함하지 않은 금액이다. 빚으로 쌓아 올린 부동산 버블, 자산 버블로 따지면 한국은 주요 경제 대국 중에서도 상위권이다.

분명 한국은 100만 달러가 부자로 보이지 않을 만큼 꽤 잘산다. 그러나 한국인의 머릿속에 들어찬 돈에 대한 인식은 다소 천박하다. 솔직히 부유하지만 피폐한 사회, 꽤 잘살지만 남과의 비교로 행복하지 않은 사회, 돈이면 다 되는 줄 알거나 돈 없으면 사람을 함부로 대하는 사회다. 부자에겐 살기 좋은 나라지만 가난한 사람에겐 가혹한 나라다. 그러니 더 절박하게 돈에 집중할 수밖에 없다. 한국 사회에서 부동산 광풍, 주식 광풍, 코인 광풍 등 수많은 투자 광풍은 수시로 분다. 주가 조작이 빈번하게 벌어지고, 폰지 사기인 금융 다단계나 기획 부동산 등 불법이 판치지만 근절되지 않고 계속된다. 부자를 꿈꾸며, 돈만 벌 수 있다면 수단과 방법을 가리지 않는다. 세계 최고의 황금만능주의 나라, 한마디로 졸부 천국이다. 전 세계에서 럭셔리 패션 브랜드, 고급 수입차 브랜드를 가장 좋아하는 나라가 한국이다. 멋지고 세련된 나라여서가 아니라 돈 많으면 최고인 나라여서다. 고가의 물건으로 자신의 부를 자랑하는 한국인이 수두룩하다. 반면에 예술과 문화 자산을 육성하거나 사회적 책임을 다하고 기부를 하는 데 자신의 부를 쓰는 사람은 상대적으로 부족하다.

2024년 라이프 트렌드에서 가장 핵심이 되는 트렌드는 '올드 머니OLD MONEY'다. 졸부가 아니라 대대로 물려받은 부를 토대로 예술에 투자하고, 문화 자산을 쌓고, 사회적 책임을 다하고, 기부와 자선에 적극적인 부자들을 일컫는 말이다. 이들의 라이프스타일, 이들의 소비와 패션, 이들의 취향과 욕망에 대한 관심이 커지고 있다. 먼저 미국에서 Z세대들 사이에서 바람이 불어 한국을 포함해 전 세계로 번지고 있다. 2024년 우리의 의식주와 라이프, 소비, 비즈니스에서 올드 머니는 아주 중요한 코드로 작용하게 될 것이다.

《라이프 트렌드》 시리즈의 12번째인《라이프 트렌드 2024: OLD MONEY》에서는 크게 13가지의 트렌드 이슈를 주제로 다룬다.

그중 가장 먼저 1장에서는 '욕망이 된 올드머니'를 통해 어떻게 올드 머니가 세상을 주도하고, 사람들의 패션과 욕망, 취향과 소비의 방향을 이끄는지를 살핀다. 올드 머니가 어째서 오늘날 1020세대에게 트렌드가 될 수 있었는지, 앞으로 어떤 방향으로 전개될지를 살핀다. 2장 '반려자를 반려하다'에서는 반려의 주도권이 어떻게 변화하고 있고, 그 과정에서 어떤 기회가 나타날지에 주목한다. 반려자를 거부한다는 의미가 아니라 '반려자에 대한 기존의 관성을 반려한다(재정의한다)'는 의미다. 이것과 연결되는 것이 3장에서 다루는 '각집살이' 트렌드다. 반려자에 대한 변화가 낳은 영향 중 하나인 각집살이는 한국 사회가 한번은 풀고 넘어가야 할 주제이기도 하다.

4장에서는 '넥스트 핫플레이스'가 되는 조건을 분석해 2024년 좀 더 주목할 동네에 대한 단서를 제공한다. 앞으로 뜰 동네를 알아낸다는 것은 누군가에게는 부동산의 기회, 누군가에게는 새로운 마케팅과 창업의 기회, 누군가에게는 새로운 소비와 취향의 기회가 된다. 5장에서 보듯 후쿠시마 원전 오염수 방류가 식문화 트렌드에 미칠 영향도 주목해야 할 요소다. 수산물 소비가 많은 한국인의 밥상에 변화가 생길 수밖에 없다. 연어 소비가 극대화되리라 추정하는데, 과연 어떤 결과가 나올지 지켜보자. 6장의 미국에서 확대되는 가스레인지 금지 법안, 프랑스에서 촉발된 국내선 항공기 운항 제한 법안 등 환경 관련 법안이 우리의 의식주를 어떻게 바꾸는지도 2024년에 더 주목할 트렌드 이슈다. 이는 7장의 지구 열대화 시대를 맞아 폭염 경제가 확대되는 것과 연결된다.

또한 실리콘밸리에서 확산되는 강한 리더십과 노동 생산성 문제가 한국에서 어떻게 전개될지(8장) 알아보고, Z세대의 실업에 대한 태도 변화(9장), 술에 대한 태도 변화(10장), 얼리 안티에이징 욕망 속에 숨겨진 트렌드(11장)를 살펴본다. 안티에이징 테크가 만드는 기회(12장), AI(인공지능)가 촉발하는 일자리 위기와 노동 혁신이 만드는 트렌드(13장) 이야기도 다룬다. 그동안의《라이프 트렌드》시리즈 중에서 가장 다양하고, 가장 많은 기회를 다루는 책이《라이프 트렌드 2024: OLD MONEY》이다.

2024년은 선거의 해다. 이해 충돌의 해이자 갈등 심화의 해다. 한국은 4월에 국회의원 선거를 치르는데, 결과에 따라 정국이 크게 요동치고 갈등이 증폭될 가능성이 있다. 미국은 11월에 대통령 선거가 있다. 바이든의 재선 여부에 따라 미국과 세계의 경제와 산업, 국제 정치가 아주 복잡해질 수 있다. 러시아와 우크라이나도 대통령 선거가 있다. 전쟁의 결과나 양상에 따라 선거의 향방이 바뀌고, 이것이 두 나라만이 아니라 전 세계에 영향을 끼칠 수 있다. 세계 최다 인구를 자랑하는 인도와 영국, 이란 또한 총선이 있다. 타이완에서는 총통 선거, 몽골에서는 후랄(국회의원) 선거가 열린다. 일본은 도쿄도지사 선거가 있고, 중의원 의회를 해산하고(임기는 2025년까지지만 2025년 참의원 선거 때문에 정치 일정 조정 차원에서) 중의원 총선도 치를 가능성이 크다. 핀란드, 멕시코, 우루과이, 인도네시아, 스리랑카, 페루, 베네수엘라, 엘살바도르 등의 대통령 선거와 유럽 의회 선거도 열린다.

이러한 선거 결과에 따라 사회, 정책, 경제, 규제 등 아주 많은 것이 바뀔 수 있다. 트렌드 변화에 많은 영향을 주는 것 중 하나가 정치이고 정책이고 예산이다. 그런 점에서 2024년 전 세계에서 치러지는 주요 선거 결과가 이 책에서 제시하는 트렌드를 확대할지 아니면 방향을 바꿀지 영향을 지켜볼 필요가 있다. 아울러 승자 독식이라는 선거의 속성상 이기기 위해 수단과 방법을 가리지 않을 수 있기에 AI를 활용한 딥페이크deepfake(합성 영상 편집물)와 가짜 뉴스가 난무할 가능성이 높다. AI의 역습을 절감하는 사건이 생길 여지도 충분하다. 분명 2024년은 전 세계적으로 갈등이 극대화하는 시점이고, 변화도 그만큼 많은 해가 될 것이다.

새로운 현상이 등장하면 있는 그대로 냉정하고 담담하게 볼 필요가 있다. 그것이 현상에 그치지 않고 트렌드로 생명력을 이어갈 때도 우리는 가치 중립적으로 봐야 한다. 그래야만 방향과 의미, 기회와 위기를 파악할 수 있다. 어떤 트렌드를 접할 때 과하게 감정 이입하는 이들이 있다. 자신을 그 트렌드의 주인공으로 설정하는 이들도 많다. 물론 그래도 된다. 트렌드를 받아들이기만 하는 사람이라면 그래도 상관없다. 하지만 트렌드를 활용하고자 하는 사람, 트렌드에서 기회와 위기를 파악하고자 하는 사람이라면 달라야 한다.

자신이 주인공이 아니라 그 트렌드를 받아들이는 사람들이 주인공이다. 트렌드를 받아들일지 말지는 애초에 고민할 필요 없다. 받아들이는 사람의 숫자가 얼마일지, 그들의 소비력이나 사회적, 문화적 영향력이 어떨지, 특성이 무엇일지를 고민해야 한다. 변화 자체를 객관적으로 봐야 하며, 자신의 취향이나 감정을 지나치게 반영하지 말아야 한다. 내가 좋아하지 않는 것이라도 트렌드가 되고, 기회나 위기를 가져다주기 때문이다. 그러니 냉정하고 차분하게 새로운 트렌드를 대할 필요가 있다. 2024년, 당신의 기회를 응원한다.

2023년 10월
트렌드 분석가 **김용섭**

2024년을 위한 24가지 질문, 그리고 15부류의 사람들

2024년, 라이프 트렌드에서 주목할 문제의식은 무엇이고, 여기서 나올 기회는 무엇일까?

2024년의 트렌드에 대한 문제의식이자 연구 과정에서 집중적으로 관심을 가진 질문은 아래의 24가지다. 24가지라고 했지만 각 질문 속에서 서로 연결된 다양한 질문이 있기 때문에 실제로는 훨씬 더 많은 질문이자 문제의식인 셈이다. 이 질문에 대한 답을 찾기 위해 단서와 방향, 이슈를 분석해서 제시하는 것이 이 책의 역할이고, 질문을 자기 상황에 적용해서 재해석하고, 자기만의 문제로 고민해보는 것이 독자들의 역할이다. 과연 우리는 2024년에 무엇을 해야 할 것인가? 어디에서 기회를 잡을 것인가? 어떤 일상을 누릴 것인가?

1. 왜 미국의 Z세대는 올드 머니 스타일을 동경하고 따라 할까? 한국에서

도 같은 욕망이 확산될 수 있을까?

2. 올드 머니와 뉴 머니는 우리의 의식주, 대중의 욕망과 라이프 트렌드에 어떤 영향을 줄까?

3. 조용한 럭셔리Quiet Luxury와 스텔스 웰스Stealth Wealth에 대한 관심은 왜 계속 커지는 걸까? 빅 로고Big Logo 유행은 왜 사그라들까?

4. 올드 머니의 문화 자본과 취향은 소비와 라이프 트렌드에서 어떤 역할을 할까? 어디까지 영향을 줄까?

5. 부의 대물림과 양극화 심화의 시대에 왜 올드 머니 패션 스타일이 확산 되는가?

6. 왜 부자들은 미술품 소유와 기부에 관심이 많을까? 진짜 이유는 무엇일 까?

7. 결혼 기피, 저출산 시대에 가장 중요한 반려의 존재는 누구일까? 반려동 물일까, 반려식물일까, 반려로봇일까, 반려자일까?

8. 반려의 주도권과 트렌드가 바뀌는 것이 기업 복지나 기업 문화에 어떤 영향을 줄까?

9. 연애하지 않는 20대가 늘어나고 고양이에 대한 관심이 커지는 것은 결 혼, 출산, 반려 트렌드에 어떤 영향을 줄까?

10. 각집살이는 트렌드가 될 수 있을까? 각집살이가 한국 사회에 어떤 변화 를 가져올까?

11. 서울에서 넥스트 핫플레이스는 어디가 될까? 핫플레이스가 되려면 어 떤 필수 조건을 갖추어야 할까? 2024년 우리가 주목할 동네는 과연 어 디일까?

12. 후쿠시마 원전 오염수 해양 방류가 사람들의 수산물 소비 태도에 어떤 영향을 미칠까? 푸드 테크에는 어떤 영향을 미칠까?

13. 수산물 불신 시대에 전 세계에서 수산물을 가장 많이 먹는 한국의 식문화는 어떤 변화를 맞을까? 누가 반사 이익을 볼까?

14. 왜 뉴욕시는 가스레인지 사용 금지에 관한 법을 만들었을까? 왜 프랑스는 국내 항공 노선 일부를 없앴을까? 왜 유럽연합은 신축 건물의 탄소 중립을 의무화할까? 왜 미국은 농기계와 굴삭기까지 전기 동력으로 전환하려 할까? 이런 변화의 이유가 다 같다면 여기서 우리가 찾을 인사이트는 무엇일까?

15. 환경 규제는 기업에 부담일까? 환경 규제 강화를 반기는 기업은 없을까? 과연 어떤 기업이 환경 규제 강화로 이익을 볼까? 법과 제도가 비즈니스 기회를 어떻게 바꿔놓을까?

16. 플라스틱 재활용은 그린워싱일까? 일회용 플라스틱을 절대 없애면 안 되는 분야는 어디일까? 일회용품 근절과 플라스틱 재활용의 딜레마는 무엇일까?

17. 지구 열대화 시대가 초래할 폭염 경제란 무엇일까? 과연 누가 기회를 얻고, 누가 위기에 빠질까?

18. 왜 실리콘밸리에선 CEO들이 격투기를 하고, 생산성 혁신과 강한 리더십이 강조될까? 한국 기업에는 어떤 영향을 미칠까?

19. 펀임플로이먼트Funemployment가 왜 Z세대에게 확산되는가? 실업이 두렵지 않은 사람들의 노동관, 직장관은 어떻게 달라질까?

20. 왜 얼리 안티에이징, 프리케어, 얼리 케어가 확산될까? 안티에이징 테크

는 어떤 비즈니스 기회를 주목할까?

21. 노인은 스마트 그레이로 거듭나고, 중년은 나이를 멈추려 하는 시대에 과연 우리가 더 주목해야 할 사람들은 누구인가? 50대가 된 X세대는 어떤 욕망을 주도할까?

22. 세대 구분에서 우리가 간과한 것은 무엇일까? 나이가 아닌 가치관으로 그룹화하면 안 될까? 기후위기세대는 누구일까?

23. AI 역습으로 인한 일자리 감소는 언제 본격화될까? 2024년부터 우리의 일자리를 빼앗아갈까? 얼마나 많이, 얼마나 빨리 일자리 위기가 올까? 일자리 위기의 실체는 일자리 혁신이자 노동생산성 혁신은 아닐까?

24. 왜 뉴욕은 급여투명화법을 만들었을까? 왜 미국은 성별, 나이, 인종, 국적 등에 따른 급여 차이를 불법으로 볼까? 이것이 한국의 기업과 조직 문화에 미칠 영향은 무엇일까?

2024년, 라이프 트렌드에서 주목할 사람들은 누구인가?

▼

2024년 컬처와 라이프스타일, 비즈니스와 소비에 영향을 미치고, 트렌드를 주도할 15부류의 사람들을 기억해두자. 당신이 바로 그 사람일 수도 있고, 당신 주변의 사람이 그들일 수도 있다. 이들이 무엇을 하는지를 지켜보자. 당신의 2024년이 달라질 것이다.

1. 올드 머니 스타일을 적극 받아들이는 Z세대
2. 올드 머니의 패션, 문화 자산, 취향에서 마케팅 기회를 찾는 사람들

3. 반려동물, 반려식물, 반려로봇의 비즈니스 기회를 심화하는 사람들

4. 각집살이와 세컨드 하우스 등 2개의 삶의 공간을 필요로 하는 사람들

5. 넥스트 핫플레이스가 될 4세대 핫플레이스에서 기회를 찾는 사람들

6. 수산물 불신 시대가 가져다줄 반사 이익에서 기회를 찾는 사람들

7. 환경 규제 강화에 선제 대응해 비즈니스 기회를 만드는 사람들

8. 클린 테크가 만드는 부의 흐름에 주목하는 창업자와 투자자

9. 폭염 경제가 만들어내는 기회에 주목하는 사람들

10. 강한 리더십에 대한 출판, 콘텐츠, 기업 교육의 확대를 노리는 사람들

11. 역할주의, 성과주의, 노동생산성을 강화하는 경영자

12. 안티에이징 테크가 만드는 부의 흐름에 주목하는 사람들

13. 스마트 그레이로 거듭난 부유한 노인들과 그들을 주목하는 사람들

14. 라이프 트렌드에서 킹핀의 역할을 하는 50~54세(1970~1974년생)

15. AI가 촉발한 일자리 전환에 필요한 재교육 시장에 뛰어든 사람들

실용주의

새로운 부부관

동거 별거

탈가부장제

각침대 각방 **각집살이**

경제적 여유 고액 자산가

세대 간 자산 C

반려동물 고양이 합리주의 별장(세컨드 하우스) 다주택 자산 관리 유산

반려로봇 단독 주택/저택 가드닝 가문 상속 Immortal

New 반려

반려식물 모듈러 주택 Minimalism Silver Spoon VVIP S

채식주의 생애미혼율 외로움 패션 Stealth Wealth High Society 기부

종교 공동체

동물 복지 문화 자본 명예 권력 Old Mo

비건 사찰 음식 한정품 전통 Heritage

골동품 Vintage **OLD MON**

수산물 불신 시대 파인다이닝 취향 미술품 소유 폐쇄성 사교 5

안전한 먹거리 대서양 해양 오염 골목길 궁궐 광화문 거점 Y2K 멤

방사능 구도심 역사

노르웨이 연어 **Next 핫플레이스**

No Japan 힙스터 개발

4세대 핫플레이스 확장

국내 연어 양식 다이어트 푸드 테크

친환경

식량 위기 **클린 테크** **일상 속 환경 규제** GI

빅테크

테마주 부의 흐름 탄소 감축 전기차

식량 가격 급등 이상 기후 탄소 포집

중고 엘니뇨 탈희토류 배터리 Resale 플라스틱 재활용 고원 도시

무탄소, 저탄소 심해 채굴 그린워싱 ESG 경영 환경 규제 **폭염 :**

O L D   M O N E Y 》 트 렌 드 키 워 드 맵

마인드풀니스　내려놓기　탈권위적　친구 같은 부모

부의 대물림　동안　Gen X　Young 40s　Young 50s

New 6070s　New Grey　45~54　50~54

Super Ager

Ageless Youth

rt Gray

노령화　부자 노인　영생　기후위기세대　1020세대　Gen Z

-service

안티에이징 테크　　얼리 안티에이징

타임 퍼포먼스

양극화　헬스케어　빅테크　자기 관리　Early Care　능력주의　시간 효율성

:hetic　Quiet Luxury　New Money　운동 / PT

Sober Life

세대 갈등　멘탈 케어

명문대　Preppy Look

잦은 퇴사　Gap Year

승마　Special Order　마약 사범　Alcohol Free　Mocktail　NEET　Funemployed

트　테니스　Bespoke

자발적 프리터　　Funemployment

살롱 문화　맞춤

비밀주의　DE&I　급여투명화법　조직 수평화　Z세대 노동관　인재난　Gig

건축　예술　역할주의　공정 보상

노동생산성　　강한 리더십

희소성　주 4일제　투명 평가

효율성　회의 시간 줄이기　구조 조정　노동 혁신　강한 리더　재교육

Boiling　2024 선거의 해

AI 역습　　일자리 위기

고용 유연성

기후실업급여　인력난 해소

컨　폭염수당　기후 소송　생성형 AI　초거대 AI　휴머노이드 로봇　로보택시

:시　양산　Technological Singularity　useless class　AI 투자 러시

한 달 살기　강원도　생존권　일자리 대체　기본 소득　로봇세　기술 혁신

차례

프롤로그   004
: 당신은 부자가 되고 싶은가, 부자처럼 살고 싶은가?

Guide to Reading   010
: 2024년을 위한 24가지 질문, 그리고 15부류의 사람들

1   **욕망이 된 '올드 머니'**   023
     : 올드 머니가 패션이자 트렌드가 되는 시대!

올드 머니와 연관된 주요 키워드 / 당신은 진짜 올드 머니가 될 수는 없다. 그래서 더 욕망한다 / 취향이 욕망으로 자리 잡게 된 것은 우연이 아니다 / 올드 머니에겐 에스테틱이 있다 / 올드 머니의 원조는 영국이다 / 돈은 다 같은 돈이지만, 부자라고 다 같은 부자는 아니다 / 솔직히 뉴 머니는 부러우면서 배 아픈 존재다 / 올드 머니는 조용한 럭셔리를 추구한다 / 왜 팬데믹 기간 중 빅 로고 유행이 정점을 찍고 내려갔을까? / 세계 최고 부자 중에 올드 머니가 많을까, 뉴 머니가 많을까? / 자수성가형 뉴 머니는 올드 머니를 지향한다 / 당신이 부자가 될 가능성은 얼마나 될까? / 당신은 문화 자본, 취향을 물려받았는가? / 명문대 선호는 올드 머니 스타일이다 / 부자가 되는 건 멀지만 부자처럼 보이는 건 가깝다

2   **반려자를 반려하다**   095
     : 변화를 솔직히 인정할수록 커지는 기회

당신은 반려자, 반려동물, 반려식물, 반려로봇 중 누구에게 가장 관심이 큰가? / 사랑한다면 돈을 써라 / 기업의 복지도 반려의 변화를 받아들인다 / 중국과 일본, 한국 모두 반려의 중심축이 이동 중이다 / 당신에게는 누가 반려자인가? / 연애하지 않는 20대, 그들의 미래는? / 사실 우린 외롭다, 반려의 존재가 필요하다

3 각집살이, 이상과 현실 사이 부러움 혹은 합리주의　　**129**
: '나 혼자 사는' 부부가 트렌드에 미칠 영향

'각집살이'와 '별거'는 같지만 다르다 / 각방은 이미 자리 잡아가고 있다 / 이혼을 그럴듯하게 포장한 것이 '졸혼'일까? / 한국은 여전히 경직되고 가부장적인 결혼 문화를 가진 나라다

4 넥스트 핫플레이스의 필수 조건　　**145**
: 2024년 주목할 동네, 광화문 거점의 4세대 후보지?

왜 새로운 핫플레이스는 점점 빨리 등장할까? / 넥스트 핫플레이스는 4세대 핫플레이스다? / 핫플레이스가 되기 위한 필수 조건 / 지금 핫플레이스를 보면 넥스트 핫플레이스가 보인다

5 수산물 불신 시대와 연어, 그리고 푸드 테크　　**167**
: 2024년 국내 연어 소비량은 역대 최고가 될 것이다!

후쿠시마 오염수 방류는 수산물 불신 시대의 신호탄이 될까? / 우리는 세계에서 수산물을 가장 많이 먹는 나라에 산다 / 수산물 위기는 푸드 테크에 기회가 될까?

6 가스레인지 사용을 금지하다　　**185**
: 익숙한 것들을 버릴 수밖에 없는 탄소 중립 시대

왜 뉴욕은 가스레인지를 못 쓰게 하려는 걸까? / 서울에서는 언제부터 가스레인지를 못 쓰게 될까? / 파리에서 리옹 갈 때 비행기를 탈 수 없다 / 유럽과 일본은 건축물의 탄소 중립 이슈에 이미 대응을 시작했다 / 왜 미국은 트럭과 농기계까지 전기차로 바꾸려는 걸까? / 환경 규제가 강화되면 오히려 좋아하는 기업들 / 플라스틱 재활용은 친환경이 아니다?

7 **글로벌 보일링 2024** 　　213
: 지구 열대화 시대, 폭염 경제를 주목하라

세계 평균 기온 17도, 12만 5000년 중 가장 더운 날들을 경험하다 / 빌 게이츠가 에어컨 회사에 투자한 이유 / 전기차 시장의 폭풍 성장과 배터리 원가, 심해 채굴의 유혹 / 폭염 수당? 기온 상승에 따른 노동법과 기후실업급여 / 폭염이 양산과 아이스아메리카노에 미친 영향 / 강원도 태백시는 폭염 경제의 수혜자가 될 수 있을까?

8 **격투기 하는 리더, 강한 리더십과 노동생산성** 　　237
: 한국에서도 생산성 혁신과 성과주의 바람이 분다

일론 머스크 스타일이 테크 업계에 준 영향 / 왜 실적은 안좋은데 빅테크의 주가는 다 올랐을까? / 일론 머스크와 마크 저커버그의 싸움에서 진짜 승자는 누구인가? / 당신도 일론 머스크처럼 경영할 것인가? / 대퇴사의 시대가 끝나면 조용한 사직도 끝날까? / 한국 기업, 노동생산성 혁신은 불가피하다 / 회의 시간만 줄여도 막대한 돈을 번다

9 **펀임플로이먼트와 자발적 프리터** 　　265
: 실업이 두렵지 않은 사람들에게 노동과 직장이란?

펀임플로이먼트, 왜 실직에서 재미를 찾을까? / 당신도 올해 펀임플로이드가 될 수 있다 / 자발적 프리터, 왜 스스로 알바 인생을 선택할까? / 프리터든 정규직이든 삶에서 직장은 '적정 비중'이기를 원한다

10 **취하기 싫다면서 취하려는 사람들** 　　283
: 종잡을 수 없는 위험한 20대

Z세대의 소버 라이프와 알코올 프리 / 왜 청소년에게 음주와 흡연이 점점 시시해지고 있을까? / 지금 마약사범의 중심은 20대다 / 미국의 1020세대가 한국의 Z세대에게 미칠 영향

11 얼리 안티에이징과 안티에이징 테크   299
: 특정 계층이 아니라 모든 연령대가 타깃이 되는 시장

왜 20대가 안티에이징에 관심 갖는가? / 안티에이징 테크: 억만장자들과 빅테크의 투자 러시 / 안티에이징은 정말로 불멸(영생) 서비스일까?

12 스마트 그레이와 에이지리스 유스   311
: 나이를 지우고, 나이를 멈추는 사람들

스마트 그레이, 역사상 가장 강력한 노인의 시대가 열린다 / 왜 《스포츠일러스트레이티드》는 수영복 입은 81세 마사 스튜어트를 내세웠을까? / 2024년에 더 주목해야 할 45~54세 / X세대와 베이비붐세대의 교집합 50~54세, 그들은 누구인가? / 모든 것은 X세대 때문이다 / 마케터라면 당장 '세대'를 버리고 '나이'를 잡아라 / 만약 특정 세대를 원한다면 기후위기세대를 꼭 기억하라

13 AI의 역습과 일자리 위기의 서막   335
: 과도한 기우인가, 심각한 위험인가?

왜 미국 작가조합과 미국 배우조합은 파업을 했을까? / 로보택시의 시작, 샌프란시스코 택시 기사의 운명은? / 일자리 위기대 인력난 해소, 과연 당신의 관점은? / 일론 머스크가 휴머노이드 로봇 테슬라봇을 만드는 진짜 이유 / 고학력 사무직이 가장 위험하다고? / 글로벌 빅테크의 AI 투자 러시와 앞당겨질 미래 / 이미 시작된 미래, 기술적 특이점과 쓸모없는 계급 / 뉴욕의 급여투명화법과 한국의 MZ세대 갈등론 / AI가 일자리를 대체하는 시대, 기업은 인재난을 겪는다

1장

욕망이 된 '올드 머니'

올드 머니가 패션이자 트렌드가 되는 시대!

Life_Trend_2024

#올드 머니 #부의 대물림 #가문 #슈퍼 리치 #올드 머니 스타일 #올드 머니 에스테틱 #스텔스 웰스 #조용한 럭셔리 #뉴 머니 #아이비리그룩 #프레피룩 #취향 #문화 자본 #노블레스 오블리주 #멤버십 #승마 #테니스 #요트 #미술품 소유

**LIFE TREND
2024**

우리의 욕망은 더 어려운 것에 반응한다. 쉽게 가질 수 있는 것보단 가지기 어려운 것에 대한 욕망이 더 생긴다. 진짜 올드 머니가 되지는 못하더라도 올드 머니의 패션과 취미, 일상의 라이프스타일을 소비하는 것은 가능하다.

《옥스퍼드 사전》에서 '올드 머니old money'는 '번 것이 아니라 물려받은 부wealth that has been inherited rather than earned'라고 정의한다. 올드 머니는 내 의지로 이룰 수 있는 것이 아니다. 부유한 가문에서 태어나고 상당한 유산을 가지고 있을 때 가능한 것이 올드 머니다. 아무리 자신이 유능해도 애초에 기득권 부유층 집안에서 태어나지 않고선 올드 머니가 될 수 없는 것이다. 이건 노력해서 될 문제가 아니고 다시 태어나야 할 문제다. 대신 뉴 머니new money는 결코 쉽지 않긴 해도 가능성이 제로는 아니다. 다시 태어나지 않고서도 이번 생에 될 수도 있는 것이다.

우리의 욕망은 더 어려운 것에 반응한다. 쉽게 가질 수 있는 것보단 가지기 어려운 것에 대한 욕망이 더 생긴다. 진짜 올드 머니가 되지는 못하더라도 올드 머니의 패션과 취미, 일상의 라이프스타일을 소비하는 것은 가능하다. 진짜는 멀어도 흉내 내기는 가깝다. 어차피 소셜 네트워크에서 우린 멋진 라이프스타일을 보여주며 과시하는 일에 익숙해졌으니, 올드 머니 스타일을 따라 하는 건 완전히 새로운 도전도

OLD MONEY ← NEW MONEY	투자	스타트업	과시	TECH	졸부
가문	자산 관리	취향	Fashion	Luxury	자기 관리
Silver Spoon	문화 자본	예술	Old Money Aesthetic	Quiet Luxury	운동/PT
Heritage	기부	살롱 문화	Old Money Style	Minimalism	골프
High Society	Noblesse Oblige	사교 모임	Ivy League Look	Preppy Look	테니스
별장 (세컨드 하우스)	상속	미술품 소유	Aesthetic	Y2K	승마
단독 주택/저택	건물/땅	미술관	감성	분위기	요트
정원(가드닝)	Supper Rich	클래식 음악	비스포크 (개인화/맞춤)	우아	사립 학교
집사 (유모/가정교사)	VVIP	오페라	스페셜 오더	골동품	명문대
궁궐/고택/성	명예	Classic	해외여행	전통	회원권/멤버십
권력	사회적 책임감	애국심	Fine Dining	Vintage	프라이버시
선민의식	특혜	희소성	안티에이징	폐쇄성	비밀주의

아니다. 이제껏 해왔던 것을 좀 더 멋지고 우아하게 하는 것일 뿐이다. 그러니 올드 머니에 대한 열광이 일부가 아닌 102030세대 전반으로 확산될 수 있는 것이다. 그리고 확산에서 그치지 않고 다양한 기회를 창출하고, 다양한 파급 효과를 일으킬 수 있다.

당신은 진짜 올드 머니가 될 수는 없다. 그래서 더 욕망한다

▼

이미 올드 머니가 아니라면, 당신이 이번 생에 올드 머니가 될 수는 없다. 올드 머니는 대대로 물려받은 자산을 가진 기득권 부유층으로, 영국을 필두로 유럽의 전통 있는 귀족 가문들이 대표적이다. 가장 유명한 것이 독일 프랑크푸르트에서 시작한 로스차일드Rothschild 가문이다. 17세기부터 부를 물려 내려온 가문이고, 후손과 재산도 국가별로 있다. 현재는 영국이 가문의 본가다. 이들 말고도 각 국가에 내려온 전통적 귀족 가문, 부유층 가문이 올드 머니다. 미국에서는 19세기에 은행, 건설 등 산업에서 얻은 기회를 통해 신흥 부자가 된 뉴 머니가 이후 대대로 부를 물려주며 현재는 올드 머니가 되었다. 한국에서도 마찬가지다. 대표적 올드 머니인 삼성그룹은 이병철, 이건희, 이재용으로 이어지며 3대를 물려왔고, 현대자동차그룹, LG그룹, SK그룹, 신세계그룹 등은 3~4대로 물려받으며 부를 이어가고 있다. 하지만 이들도 엄밀히 말해 20세기 초중반의 뉴 머니였다. 뉴 머니가 대를 이어가며 올드 머니가 된 셈이다.

뉴 머니는 투자와 창업으로 큰돈을 번 신흥 부유층을 뜻한다. 한마디로 뉴 머니는 자수성가다. 자수성가해 부자가 되면 그 자녀, 손주는 자연스럽게 자산을 물려받으며 부를 이어가는 올드 머니가 되는 게 보편적이다. 우리나라는 부잣집에서 태어나는 걸 두고 '금수저'라는 표현을 쓰지만, 영어로는 'gold spoon'이 아니라 'silver spoon' 혹은 'old money'다. 19세기 이전까지만 해도 은으로 된 식기는 귀족이나 상류층만 사용하던 고가의 귀한 물건이다. 은수저를 어릴 적부터 사용한다는 자체가 바로 올드 머니 집안임을 의미한다. 영어에도 은수저를 물고 태어났다는 표현이 있으니 수저가 재산(부)을 상징하는 도구로 쓰이는 건 우리와 비슷하다.《레 미제라블Les Misérables》에는 주인공 장발장이 성당에서 은 식기를 훔치다 걸리는 상황이 나오는데, 빅토르 위고의 이 소설이 출간된 해가 1862년이다. 당시 시대상으로 봤을 땐 은 식기는 꽤 값나가는 물건이었다. 물론 지금은 다르다. 참고로 한국표준 금거래소의 시세 기준(2023년 8월 5일) 금 1돈(3.75그램)이 30만 8000원 인데 은 1돈은 3140원이다. 100분의 1 가격이다. 지금 시대 배경이었 다면 장 발장은 절대 은 식기를 훔치진 않았을 것이다.

2010년대 들어 한국이 '지옥에 가깝고 전혀 희망이 없는 사회'라 는 의미로 '헬조선'이라는 신조어가 2030세대 사이에서 확산되었다. 그때 수저계급론이 같이 확산되며 금수저, 흙수저로 가르기 시작했다. 2020년대 들어 일본에선 '오야가차親ガチャ'라는 말이 유행하기 시작했 는데, 오야親는 부모, 가차ガチャ는 뽑기라는 뜻이다. 한국의 수저계급론 과 같다. 일본은 세습 관행이 심하다. 특히 정계에서는 부모가 국회의 원이면 자식도 그 지역의 선거구를 승계하거나 부모의 인맥을 활용해 국회의원이 되는 경우가 많다. 일본 국회의원 중 3분의 1 정도가 세습 정치인이라고 한다. 정치, 경제를 비롯한 여러 영역에서 사회 지도층이 다양한 형태로 세습을 하며 기회를 독점한다. 이런 구조적 문제는 한국 도 많다. 한국과 일본 모두 빈부 격차 고착화, 사회적 불공정성과 기회 불균등 등으로 2030세대의 불만과 좌절이 크다. 이런 상황에 대한 자 조 섞인 풍자가 만든 말이 수저계급론과 오야가차다. 부의 격차는 교육 격차, 문화 격차, 정보 격차, 능력 격차 등 다양한 격차를 더 만들어낸다.

'흙수저'를 미국에선 'plastic spoon'이라 표현한다. 솔직히 이게 더 합리적 표현으로 보인다. 싸구려 수저를 플라스틱에 빗대는 건 바로 이해된다. 우리처럼 수저 앞에 흙을 붙이는 건 너무 자조적이고 자극적 이다. 흙으로 된 수저가 실제로 있긴 할까? 그냥 플라스틱수저, 나무수

저라고 해도 될 걸 불필요하게 비약하지 않았나 싶다. 사실 미국에선 은수저와 플라스틱수저(혹은 나무수저) 2가지로만 구분해 현상에 대한 풍자에서 그친다. 그런데 우리 수저계급론에선 102030세대가 다들 알고 있는 대로 촘촘히 세분해놓았다. 다이아몬드수저 〉 금수저 〉 은수저 〉 동수저 〉 철수저 〉 나무수저 〉 플라스틱수저 〉 흙수저. 이런 세분화는 풍자에서 그치지 않고 편 가르기, 가난한 사람들에 대한 폄하와 차별을 초래할 수 있다. 사회 구조적 문제를 개개인의 문제처럼 만드는 건 불편한 농담이다.

구글 트렌드Google Trends에서 Old Money와 New Money에 대한 최근 5년간(2018. 8~2023. 8)의 관심도 추이는 미국과 전 세계 모두 비슷한 경향을 보인다. 뉴 머니에 대한 관심도가 계속 더 높은 수준을 유지했는데, 2023년에 둘의 간격이 좁혀지고 일부 역전까지 되고 있다. 확실히 빅테크를 비롯한 IT가 경제와 산업을 주도하는 시대에 창업과 투자로 부를 이뤄낸 신흥 부자인 뉴 머니가 더 주목받는 건 타당해 보인다. 그런데 이 추세가 변한 것은 사람들이 가진 욕망과 태도의 변화라고 볼 수 있다. 이런 변화가 누군가에겐 비즈니스 기회를 가져다줄 수 있다는 점을 우린 생각해야 한다.

취향이 욕망으로 자리 잡게 된 것은 우연이 아니다

▼

지난 10년간의 라이프 트렌드를 한마디로 정의하면 '취향'이다. 2010년대 이후 한국 사회에서는 취향의 중요성이 부각되었다. 소비에서도, 라이프스타일에서도, 사람들의 욕망과 삶의 태도에서도 취향은 중요했다. 공교롭게도 이 기간은 스마트폰이 대중화된 기간이다. 또한 페이스북, 인스타그램, 유튜브 등 소셜 네트워크가 강력하게 성장해 누구나 자신의 일상이나 자신이 만든 콘텐츠를 공유하며 과시하고, 관계를 쌓고 새로운 비즈니스 기회를 도모한 기간이기도 하다. 자신을 드러

▶▶▶ 왜 2030세대는 올드 머니에 꽂혔을까?
《옥스퍼드 사전》에서 '올드 머니old money'는 '번 것이 아니라 물려받은 부wealth that has been inherited rather than earned'라고 정의한다.

낼 기회가 훨씬 많아진 시대가 된 것이다. 세대로 치면 밀레니얼세대와 Z세대가 이런 환경을 가장 적극적으로 누리고 있다. 이들에게 자신을 드러낼 무기로 선택된 욕망이 바로 '취향'이다.

원래 취향이란 말은 귀족이나 부자의 말이다. 누구나 누리던 말이 아니다. 취향을 가지려면 풍부한 경험이 필요하고, 이를 위해선 돈이 필요하다. 오래전부터 올드 머니는 예술과 문화에 누구보다 관심이 컸고 조예도 깊었다. 패션과 여행, 교육, 스포츠에도 아낌없이 투자해왔다. 이것이 다 취향의 산물이다. 유럽의 왕실과 귀족이 럭셔리 패션 브랜드를 탄생시킨 일등 공신이고, 17세기 프랑스에서 본격적으로 확산된 사교 모임인 살롱Salon 문화도 귀족, 상류층 부자가 일등 공신이다. 프랑스어 살롱은 상류층 저택의 응접실이란 의미와 함께 미용실이나 고급 의상실이란 의미도 있다. 17~19세기 상류층 귀족 부인들은 문학, 예술, 문화계 인사들을 집으로 초대해 객실을 내주고 식사를 대접하면서 작품 낭독과 비평, 자유 토론의 자리를 만들었다. 귀족과 예술가, 지성인이 대화하고 어울리는 공간이 바로 응접실인 살롱이었다. 신분 제도가 있던 시대였음에도 귀족은 작가와 예술가, 지성인에겐 관대했는데 이유는 취향 때문이다. 누가 지위가 높은지, 누가 돈이 많은지보다 누구의 취향이 더 세련되고 멋진지, 누가 더 매력적인 사고를 하는지를 더 중요하게 여겼기 때문이다.

이런 살롱 문화의 수혜 분야가 바로 미술, 음악, 문학, 패션 등이다.

살롱 문화의 시작은 문화 예술과 지식의 부흥기라 할 수 있는 르네상스 시대 이탈리아다. 살롱이란 말이 이탈리아어 살로네salone에서 유래한 건 이런 배경 때문이다. 살롱의 태생적 기반 자체가 바로 취향이고 올드 머니 스타일인 셈이다. 사회 활동에 제약이 있던 상류층 귀족 부인들이 자기 집 응접실을 사교 모임의 공간으로 삼았고, 이후 신흥 계급으로 등장한 부르주아 부인들도 나섰고, 이어서 남성들이 주최하는 살롱도 생겨났다. 처음엔 문학, 미술 중심이다가 나중엔 철학, 정치, 과학 등으로 확대되었다.

사교 공간이자 정보 유통 공간, 새로운 작품의 공개 공간 등으로 활발하게 사랑받던 살롱은 19세기 이후 카페 문화가 등장하면서 퇴색되기 시작했다. 굳이 귀족이나 부잣집 응접실이 아닌 누구나 자유롭게 들어올 수 있는 카페가 사교 공간이 되었고, 신문과 저널리즘의 발달로 정보나 뉴스, 새로운 작품의 공개 공간이 더 이상 살롱에 의존할 필요가 없어졌다. 그렇게 사라진 줄 알았지만 사실 살롱 문화는 고급 사교 모임으로 명맥을 이어갔다. 상류층은 그들만의 리그를 유지하기 위해 아무나 들어가는 게 아니라 기존 멤버의 추천을 받고 검증을 받은 이들만 받아들이는 폐쇄적인 모임을 꾸렸고, 그 중심에도 취향이 있었다. 그러자 올드 머니가 이끄는 그들만의 리그에 진입하지 못하는 사람들은 자신들이 주도할 새로운 리그를 만들어내기 시작했다. 취향이 더 이상 부자들만의 전유물이 아닌 대중적 욕망으로 확장된 것이다.

한국 사회에서는 2010년대 이후 2030세대를 중심으로 진입 장벽이 어느 정도 있는 다양한 취향 공동체, 유료 독서 모임 등의 형태로 취향 살롱 문화가 확산했고, 이들은 미술관과 전시회의 관람 시장에서 절대적 소비자로 등극했다. 2020년대 들어선 미술 시장에 2030세대가 구매자로 본격 진입했다. 2030세대는 고급 가구와 고급 오디오, 고급 조명 시장에도 진입했다. 이들은 획일적인 아파트 구조에 만족하지 않고 인테리어와 가구, 조명으로 개성과 취향을 적극 드러내기 시작했으며 단독 주택, 협소주택, 세컨드 하우스, 전원주택 등 탈아파트에 대한 욕망을 쌓아가기 시작했다. 또한 2030세대는 골프와 테니스 등 올드 머니가 오랫동안 누려왔던 전통적인 귀족 스포츠에 열광하기 시작했다.《라이프 트렌드 2023: 과시적 비소비》에서 2030 여성이 테니스에 열광하는 트렌드가 가진 의미와 테니스가 패션과 소비, 라이프스타일 영역에서 한동안 중요한 욕망이자 트렌드로서 유효할 것이란 내용을 다뤘는데, 엄밀히 말해 테니스 코드도 올드 머니 라이프스타일에 해당된다. 향후 귀족 스포츠이자 올드 머니가 사랑하는 스포츠인 승마와 요트가 2030 여성을 비롯해 사회 전반에서 더 부각될 가능성이 큰 것도 이런 배경 때문이다. 적당히 비싼 명품 브랜드가 아니라 에르메스와 롤렉스 같은 하이엔드 럭셔리 브랜드로 2030세대가 진입하면서 오픈런과 리셀 열풍도 낳았다. 여행에서는 배낭여행이 아닌 럭셔리 리조트와 고급 료칸, 에어비앤비를 통한 멋진 단독 주택이나 고층 펜트하우스를 빌리는 2030세대가 증가했다.

이렇듯 2030세대는 럭셔리 스타일을 명품 패션 브랜드 제품 소비로만 드러내지 않고 문화, 예술, 스포츠 등 전방위적으로 올드 머니의 라이프스타일을 지향해갔다. 이 모든 것의 배경에 과시적 욕망이 된 '취향'과 미학적이고 감성적인 '올드 머니'가 있다. 트렌드에 우연은 없다. 모든 트렌드에는 원인과 배경이 있고, 이것을 잘 밝혀낼수록 트렌드의 방향과 속도를 더 잘 파악할 수 있다.

올드 머니에겐 에스테틱이 있다

▼

틱톡TikTok에서 #oldmoney가 붙은 쇼츠Shorts 영상의 총 조회 수가 81억 회(2023. 8. 5. 기준)인데, 2개월 전보다 20억 회나 증가했다. 반면 #newmoney가 붙은 쇼츠의 총 조회 수는 4억 5200만 회로 #oldmoney가 붙은 쇼츠 총 조회 수의 18분의 1 정도다. #oldmoneyaesthetic이 붙은 쇼츠의 조회 수가 36억 회인 반면, #newmoneyaesthetic이 붙은 쇼츠의 조회 수는 2200만 회로 164분의 1에 불과하다. 이는 올드 머니와 뉴 머니에 대한 관심도 차이보다 더 큰 격차다. 왜 aesthetic(에스테틱)을 붙였을 때의 차이가 이렇게 클까?

올드 머니가 가진 돈이나 뉴 머니가 가진 돈이나 사회적 가치와 경

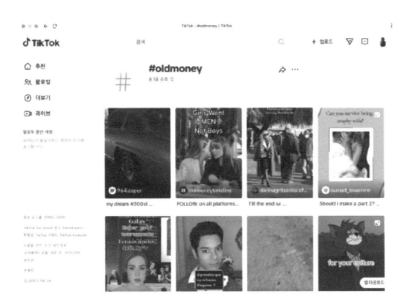

제적 힘은 분명 같다. 그런데 올드 머니 뒤에는 에스테틱을 상대적으로 많이 붙이는 반면 뉴 머니 뒤에는 그렇지 않다는 건 뉴 머니가 감성이나 분위기를 드러내는 데 효과적이지 않다는 의미다. 물려받은 부를 가진 올드 머니에겐 패션과 취미, 스타일과 취향, 라이프스타일에 감성적이고 매력적인 분위기가 있다고 여기는 반면, 신흥 부자이자 자수성가한 뉴 머니에겐 돈은 많지만 이런 분위기가 별로 없다고 여기는 것이다. 돈을 많이 가지는 건 따라 할 수 없지만 패션이나 취미, 취향 등을 통해 감성적이고 매력적인 분위기를 만들어내는 건 따라 할 여지가 있다. 올드 머니는 아주 오래전부터 부를 누리면서 럭셔리한 패션과 취미, 우아하고 매력적인 취향과 라이프스타일을 구축해왔다. 지금의 1020세대는 바로 그것을 욕망하고 있는 것이다. 진짜 부자는 못 되더라도 일부만이라도 부자 같은 라이프스타일을 누리고 싶어하는 건 합리적 선택이기도 하다.

미국 Z세대에게 '에스테틱'은 중요한 키워드다. '미적인, 미학적인'이라는 의미를 가진 이 말은 매력적인 감성과 분위기를 표현할 때 많이 쓴다. 틱톡이나 인스타그램 등 소셜 네트워크에 자신이 찍은 사진이나 영상을 올릴 때 해시태그 #aesthetic을 붙여 자신의 감성과 분위기를 어필한다. 아울러 키워드 뒤에 에스테틱을 많이 붙여서 쓴다. 틱톡에서 #aesthetic이 붙은 쇼츠의 총 조회 수는 2611억 회(2023. 8. 5. 기준)다. #fashion이 붙은 쇼츠 총 조회 수는 3026억 회, #luxury는 434억 회, #rich는 388억 회, #bitcoin은 203억 회, #crypto는 298억 회, #nike는 597억 회다. 이 사실과 비교해보면 에스테틱이 Z세대에게 얼마나 중요한 키워드이자 욕망인지 알 수 있다.

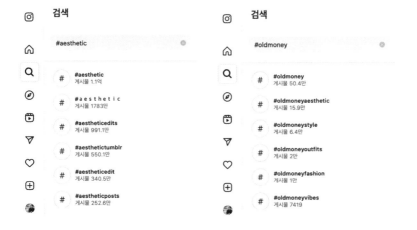

참고로 인스타그램에서도 #aesthetic이 붙은 게시물은 1억 2000만 개가 넘고, 해시태그에 aesthetic이 들어간 게시물도 수백만 개에서 1000만 개 이상이다. 구글 트렌드에서 2004년부터 2023년까지 에스테틱 키워드의 관심도 추이를 미국과 전 세계 영역으로 살펴보면 2020년대 들어 관심도가 급등한 사실을 알 수 있다.

공교롭게도 코로나19 팬데믹 기간 중 에스테틱에 대한 관심도가 증폭했고, Y2K 패션이나 프레피 룩Preppy Look, 아이비리그 룩Ivy League Look 등에 대한 관심이 1020세대(확장하면 102030세대)에게서 증폭했다는 점은 주목할 만하다. 특히 Y2K라는 키워드가 2020년대 들어 관심도가 크게 올라갔고 여전히 상승세에 있다는 점은 Y2K로 대표되는 세기말 당시의 패션과 문화, 상품 등에 대한 관심이 현재의 102030세대에게 중요한 욕망이라는 의미가 된다. Y2K(2000년 1월 1일이 되어 20세기에서 21세기로 세기가 바뀌는 시점)를 성인이 되어 겪은 4050세대가 이제 와서 Y2K를 검색하고 당시 문화와 소비를 재현하며 추억에 잠기고 있

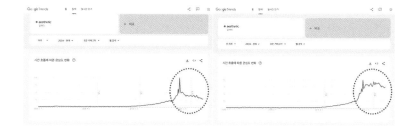

는 게 아니라는 말이다. Y2K 패션의 가장 큰 특징은 화려함과 과감함이다. 화려한 컬러, 과장된 핏, 과감한 노출을 통해 20세기가 아닌 미래지향적인 스타일을 추구했다. 세기말 감성까지 결합하면서 아주 개성적인 시도가 많았다. 지금 Z세대는 이것을 아주 힙하고 개성적이라 여기며 받아들인다. 과거를 추억하는 레트로의 욕망이 결코 아니다. 레트로는 자신이 경험한 과거에 대한 향수를 의미한다. 그러나 아무리 과거의 것이라도 자신이 겪어본 적 없는 것이라면 '새로운데 단지 오래된 것'일 뿐이다. Z세대는 이것을 절대 과거로 인식하는 게 아니다.

Y2K와 올드 머니에 대한 관심도가 최근 수년간 증가하고 있는데 이 둘은 서로 별개가 아니다. 지금 Z세대가 꽂힌 Y2K는 미국의 하이틴 문화를 가리킨다. 1990년대 후반부터 2000년대 초반까지 당시 미국의 10대가 열광했던 것 중 하나가 프레피 룩이다. 1995년에 나온 하이틴 영화 〈클루리스Clueless〉는 베벌리힐스의 사립 고등학교에 다니는 부유층 자녀들의 이야기다. 등장인물들이 부유층 자녀다보니 패션이나 소비, 라이프스타일에서 시선과 흥미를 끄는 것이 많았고 그것이 고스란히 당시 미국의 10대 문화에 영향을 미쳤다. 특히 미국 동부의 명문 사립 고등학교preparatory school에서 입는 교복이나 패션 스타일을 뜻하는

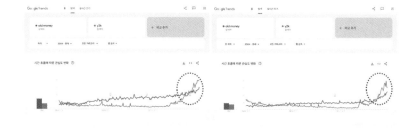

프레피 룩이 유행처럼 번졌다. 프레피 룩이라고 이름 붙였다는 것은 그만큼 명문 사립 고등학교에 다니는 부유한 상류층 자녀들에 대한 동경과 선망, 질투와 시기가 뒤섞인 관심이 당시 10대에게 높았다는 의미다. 진짜 부유한 부모가 갑자기 생기거나 비싼 명문 사립 학교에 다니지는 못할지라도 프레피 룩은 입을 수 있다. 적어도 패션을 통해서나마 욕망을 충족시킬 수는 있다. 미국 프레피 룩의 대표적 패션 브랜드가 폴로 랄프 로렌Polo Ralph Lauren이다.

지금의 10대가 Y2K를 에스테틱하다고 여기며 반응하는 것처럼, 20대는 프레피 룩의 연장선상에 있는 아이비리그 룩Ivy League Look에 반응한다. 아이비리그는 미국 북동부에 있는 예일, 하버드, 프린스턴, 컬럼비아, 브라운, 펜실베이니아, 다트머스, 코넬 등 8개 명문 사립 대학교를 일컫는다. 프레피 룩과 마찬가지로 아이비리그 룩 역시 동부의 사립 학교 스타일이다. 서민은 입학했더라도 비싼 학비 때문에 장학금 아니고선 다니기 힘들어서 부유한 상류층 엘리트의 자녀를 위한 대학교라는 이미지가 강하다. 이런 명문 사립대 남자 대학생들이 1950년대에 입던 패션 스타일이 그 후로 계속 소비된다. 아이비리그 룩의 사례에서 잘 알 수 있듯이, 아이비리그는 미국인이 선망하는 최고 명문대이기에 소설이나 대중 문화에서 중요한 코드로 작용해왔다. 미국 엘리트의 산실로서 정치, 경제, 사회 모든 분야에서 리더가 배출되는 사립 명문대는 실제로 부유층 학생들이 입시에서 유리하다. 부유층 학생들은 수시 입학 제도를 통해 상대적으로 수월하게 들어간다. 거액 기부자나 사회적 영향력이 있는 동문 자녀도 유리하다. 이처럼 프레피 룩과 아이비리그 룩 모두 실버 스푼의 문화, 올드 머니의 문화인 것이다. 지금 Z세대인 1020세대가 Y2K 패션을 필두로 올드 머니 스타일과 취향, 라이프 스타일에 열광하는 건 우연이 아니다.

틱톡에서 #preppy 해시태그가 붙은 쇼츠의 총 조회 수는 276억 회, #preppyaesthetic 42억 회, #preppyoutfits 5725만 회, #preppylook 770만 회, #ivyleague 21억 회, #ivyleaguestyle 240만 회, #oldschool 207억 회, #retro 252억 회, #Y2K 226억 회, #Y2Kaesthetic 34억 회, #Y2Kfashion 21억 회, #oldmoneyoutfit 13억 회 등이다(2023. 8. 5. 기준). 틱톡을 주도하는 건 Z세대다. Z세대는 통상 1997~2012년 출생자를 일컫는다. 이들이 지금 1020세대이고, 2024년 기준 12~27세다. 틱톡 사용자 중 1020세대가 2020년까지는 3분의 2 이상이었고, 지금

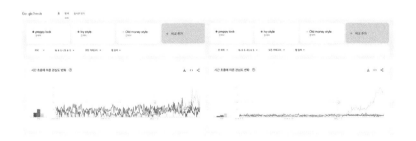

은 절반 정도다. 1020 중에서도 18~24세 사이가 중심축이다. 틱톡 크리에이터 중에서도 18~24세가 과반수를 넘고, 13~24세로 확대하면 전체의 70퍼센트 정도다.

아이비리그 룩보다 더 과거로 가면 댄디즘dandyism이 있다. 18세기 말에서 19세기 초에 영국에서 등장한 댄디즘은 당시 문학과 예술에 대한 관심이 높으면서, 부유한 귀족 스타일에 영향받는 중산층 남자들의 패션이었다. 산업화 시대를 맞아 부의 중심이 바뀌어가고 신분제가 사라지던 영국에서 예술과 패션은 멋진 남성의 필수 아이템이었다. 우아하고 세련된 패션 스타일의 멋쟁이 중년 남성 이미지인 댄디 룩은 21세기 들어서도 계속 관심받아온 스타일이다. 최근 수년간 맞춤 정장에 대한 사람들의 관심이 커져왔다. 이 흐름을 주도하는 이들은 살면서 수트 입을 기회가 많았던 4050세대가 아니라 오히려 수트 입을 기회가 크게 줄어든 2030세대다. 프레피 룩과 아이비리그 룩, 댄디 룩의 공통점은 부유한 상류층 스타일에서 출발했다는 점이다.

미국에서 먼저 확산된 올드 머니 패션을 비롯한 올드 머니 라이프스타일이 한국으로 넘어오고 있다. 당장은 한국적 스타일이 아니라 미국적, 서구적 올드 머니 라이프스타일이 그대로 욕망으로 자리 잡아가고 있다. 시간이 지날수록 한국적 올드 머니 라이프스타일이 추가로 대두할지, 아니면 서구적 올드 머니 라이프스타일만 유행할지는 지켜볼 필요가 있다.

참고로 구글 트렌드에서 최근 10년간(2013~2023) 한국에서 검색어 'aesthetic'과 '감성'에 대한 관심도 변화 추이를 살펴봤다. 에스테틱과 가장 비슷한 느낌을 주는 한국어 검색어를 찾는다면 아마 감성이

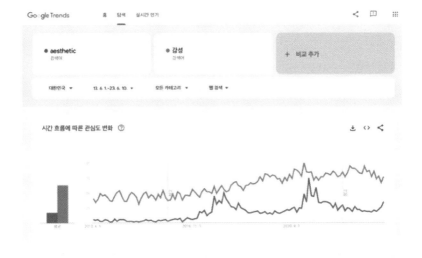

지 않을까? 두 검색어 모두 증가세를 이어가고 있다. 물론 한국에서 에
스테틱은 미국과 같은 느낌으로 사용되지 않는 경우가 많다는 점은 감
안할 필요가 있다. 하지만 분명한 건 자신을 더 멋지게 드러낼 코드로
우리가 감성, 분위기 같은 것을 선택하고 있다는 사실이다. 이런 맥락
에서 부자 스타일인 올드 머니 패션과 취미, 라이프스타일에 대한 욕망
은 102030세대 모두에게 지리 잡을 가능성이 크다.

　　올드 머니는 늘 있었다. 하지만 그들의 라이프스타일이 과거엔 잘
드러나지 않았다. 설령 드러나도 주변의 극소수만 볼 수 있었다. 하지
만 지금은 올드 머니 중에 인스타그램, 틱톡 등으로 자신을 적극 드러
내는 이들이 많다. 슈퍼카나 요트는 못 사도 올드 머니가 선택하는 패
션은 따라 할 수 있다. 진품이 아니어도 좋다. 실물은 차이가 있지만 사
진이나 영상 속에선 큰 차이가 나지 않는다. 아주 꼼꼼하게 살피지 않

고 얼핏 봐선 모른다. 설령 짝퉁이라도 올드 머니 스타일로 보일 수 있다. 올드 머니 라이프스타일 중 패션 분야에 1020세대가 가장 많이 열광하는 건 이 때문이다.

시작은 따라 하기 쉬운 것을 선택할 수 있다. 하지만 올드 머니 라이프스타일에 대한 관심과 욕망이 점점 커지면서 따라 하는 영역이 확장되고, 비슷하게 보이는 것을 넘어 진짜 같은 것을 가지려는 욕망으로 심화된다. 102030세대는 이미 다들 옷을 잘 입고 스타일도 좋다. 패션과 스타일에선 상향 평준화된 것이다. 예술과 지식에 대한 관심 역시 흉내 내기가 아닌 진심 어린 탐닉으로 진화할 가능성이 있다. 적어도 현재의 보편적 4050세대보다 보편적 2030세대가 문화 예술 소비에 더 적극적이다. 이제 취향과 예술, 지적 수준에서도 상향 평준화가 될 수 있을지 지켜봐야 한다. 이것은 올드 머니 트렌드 확산의 순기능이지 않을까?

올드 머니의 원조는 영국이다

▼

영국 상류층을 두고 'blue blood'(피가 파랗다는 것은 가문이 고귀함을 의미한다), 'born with silver spoon'(은수저를 입에 물고 태어난다는 것은 우리식 표현과 비슷한데, 부자로 태어난다는 의미다)이라는 표현을 쓴다. 당대 부자를 깔보는 건 배 아파서 질투하는 것이기도 하고, 부의 과시에 대한 경고 같은 것이기도 하다. 영국 부자는 올드 머니가 보편적이다. 이들에게 부는 물려받은 것이다. 엄밀히 말해 내 것이 아니라 가문의 것이다. 엄청난 고가의 대저택, 대대로 물려받은 세계적 작가의 미술 작품, 아버지에게 물려받은 빈티지 시계, 희소가치가 있어서 아주 비싼 빈티지 자동차를 그들은 돈으로만 여기지 않는다. 그들에게 부와 재산은 자기 대에 잘 유지하다 다음 대로 넘겨주는 것이다. 그들에게 부는 쟁취한 게 아니라 태어났더니 그냥 주어진 것이다. 돈 자랑을 할 이유가 없다. 가난하던 사람이 큰돈을 벌어야 자랑할 욕망이 생기는 법이다. 그래서 영국 부자들은 스텔스 웰스stealth wealth, 즉 숨어서 부를 누리는 것을 지향한다. 조용한 럭셔리quiet luxury가 원래 영국 부자들의 기본적 소비 태도였다. 노골적으로 유명한 브랜드를 드러내며 자신이 가진 부를 자랑하는 건 천박하게 여겼다. 그런 짓은 어설픈 부자들, 갓 부자가 된 초짜들이나 하는 거라고 인식했다. 조용한 럭셔리와 스텔스 웰스에는 이런 배경이 있다.

　사실 영국에선 초호화 지택을 짓거나 터무니없는 비용으로 결혼식을 치러도 '위화감 조성'이라는 식으로 이야기하지 않는다. 사실 관심이 없다. 부자가 자기 돈으로 뭘 하든 신경도 안 쓴다. 영국에서는 부자라고 맹목적으로 '존경'하거나 '사회적 지위'를 부여하지 않는다. 한국에서는 같은 사람인데 부자면 사모님으로 부르고, 가난하면 아줌마라고 부른다. 부자를 존대하고 떠받드는 분위기다. 하지만 영국은 존경받을 만한 부자만 존경한다. 그 외 부자는 그냥 그러거나 말거나 하는 식이다. 뉴 머니와 달리 올드 머니는 존경받는 것이 중요하다. 자신의 윗대에서 대대로 사회적 책임을 다하고 자선과 기부도 적극적으로 하면서 존경을 받아왔으므로 자신의 대에서도 이를 이어가서 존경받아야 한다. 그래서 그들에게 자선과 기부는 선택이 아닌 필수다. 돈만 내놓는 게 아니라 자선 단체나 봉사 단체에 적극적으로 참여해 활동한다. 또한 운동으로 폴로를 하고 요트를 타고 승마를 하고 테니스를 한다.

영국 올드 머니의 패션, 운동, 취미 등이 고스란히 올드 머니 스타일의 기준처럼 되어왔다. 이것이 미국 부자들에게 이어졌다. 미국 부자들이 영국 올드 머니의 태도를 받아들인 것이다. 그리고 부자가 아닌 Z세대도 영국 올드 머니의 스타일과 태도를 따라 한다. 미국의 Z세대가 먼저 시작했고, 전 세계로 번져가고 있다.

올드 머니의 반대말은 처음에는 뉴 머니가 아니라 프랑스어 'nouveau riche'(누보 리슈)였다. 새롭게 부자가 된 사람이니까, 신흥 부자, 벼락부자, 졸부를 가리킨다. 19세기에 쓰던 말이라니 이미 그전부터 벼락부자와 졸부가 많이 나왔던 모양이다. 산업혁명을 통해 새로운 부자들이 등장하기 시작했다. 귀족이나 영주 같은 올드 머니가 아닌 사업과 장사, 투자로 갑자기 큰돈을 번 사람들이다. 이들을 지칭하는 말이 필요해졌던 셈인데, 그 표현을 프랑스어로 했다. 우리나라에서도 1970~1980년대까지 일본어가 우리 언어생활에 많이 녹아 있었다. 일제강점기를 거쳤기 때문이다. 영국도 마찬가지다. 프랑스에 약탈하러 왔다가 정착한 스칸디나비아의 바이킹족(노르만족)이 911년 봉토를 받고 프랑스 왕의 신하가 된다. 노르망디공국이 탄생한 것이다. 1066년 노르망디 공작 기욤(윌리엄) 2세가 영국(잉글랜드)을 정복해 300년 정도 지배했다. 이때 영국의 공식 언어는 프랑스어가 되었고 학교에서도 프랑스어를 배웠다. 이런 문화적 배경이 이어져 19세기까지 영국 상류층에서는 프랑스어 선호 풍조가 있었다. 우리도 35년간 일제강점기를 겪는 바람에 일본어가 언어만이 아니라 문화, 행정, 교육 등에 다양한 영향을 미쳤고 현재까지도 크고 작은 잔재가 남아 있다. 이를 보면 300년간 지배당한 영국이 프랑스어에 영향받은 것은 충분히 이해가 된다. 이후 nouveau riche는 newly rich 혹은 new money가 된다. 올드 머니도 뉴 머니도 사실은 오래된 화두다.

'부와 권력'이라는 말에서 볼 수 있듯 이 둘은 세트를 이룬다. 지위가 높고 권력이 있으면 더 많은 부를 가진다. 이 때문에 인류는 서로 다른 경제적, 사회적 지위를 지닌 채 살아왔다. 계급 혹은 신분은 수천 년간 존재했다. 당연히 부의 편중 또한 오래 이어져왔다. 예를 들어 우리의 경우 삼국 시대에는 주로 왕족-귀족-평민-천민, 고려 시대에는 귀족-중류층(하급 귀족)-평민-천민, 조선 시대에는 양반-중인-상민-천민으로 나뉜 신분 사회였다. 수천 년간 이어왔던 신분 제도는 1895년 갑오개혁과 함께 공식적으로 폐지되었다. 하지만 여전히 고소득층(부자)-중산층-서민-저소득층이라는 경제적 지위에 따른 차이는 존재한다. 그리고 부자 중에는 과거부터 부와 권력을 누려온 올드 머니도 많다. 일제강점기, 한국전쟁을 거치며 올드 머니의 대가 끊어진 가문도 꽤 있다. 그렇지만 그 시기에 새롭게 부를 얻어 뉴 머니가 된 이들이 올드 머니로 지금까지 이어지는 경우도 상당히 많다.

이는 전 세계가 비슷하다. 유럽에서 왕족-귀족-중인(중산층)-평민-노예로 나뉜 계급은 18세기 말 프랑스 혁명을 기점으로 붕괴했고, 노예 제도는 19세기에 사라졌다. 그렇다고 모두에게 기회가 균등한 건 아니다. 과거의 귀족 가문이 부를 유지하면서 여전히 올드 머니인 경우가 많다. 18~19세기에 출현한 신흥 부자가 그 이후 올드 머니 가문으로 현재까지 유지되는 경우도 많다. 지금은 돈이 곧 신분인 시대다. 법적으로 신분을 규정하지는 않지만 의식적으로 우린 차이를 두고 불평

등에 암묵적으로 동의한다. 그만큼 돈의 힘은 강력하다.

돈은 다 같은 돈이지만, 부자라고 다 같은 부자는 아니다

▼

부자라고 해서 다 같지 않다. 돈의 액수가 아니라 가문이 있는 내려온 부자냐 당대에 나타난 부자냐를 확실히 구분한다. 영국에서는 특별한 업적으로 여왕으로부터 작위를 받아도 올드 머니와 동급으로 봐주지 않는다. 세습 부자 가문에 대한 맹목적 경외심 때문이 아니라, 여러 대를 거치면서 지위에 맞는 품격 있는 행동, 사회적 책임, 각종 자선과 기부 행위를 쌓아왔기 때문이다. 칭송받거나 부러움을 사는 것과 존경받는 건 다르다. 올드 머니는 존경의 대상이다. 그러기 위해서 올드 머니는 오랫동안 노블레스 오블리주noblesse oblige를 실천해왔다. 사회적 책임을 다하고 충분히 베풀며 살아온 올드 머니라서 뉴 머니와 달리 존경하는 것이다. 따라서 뉴 머니가 같은 대접을 받으려면 사회적 책임과 자선에 더 적극 나서야 한다. 윗대가 하지 못한 것을 당대에 다 하려면 몇 배 더 노력해야 한다. 오늘날 빌 게이츠 같은 사람은 앤드루 카네기, 존 록펠러 등이 그랬던 것처럼 막대한 돈을 사회를 위해 쓴다. 당대에 뉴 머니에서 올드 머니로 급전환한 경우다. 빌 게이츠를 보고 졸부라고 부르는 사람은 더 이상 없다.

물론 1990년대까진 빌 게이츠를 두고 졸부라 비아냥대는 올드 머니들이 있었다. 미국 남부 캘리포니아에 있는 팜데저트Palm Desert는 인구 5만 명 정도의 소도시다. 고급 리조트와 골프장이 많고, 부자들의 별장도 많다. 그중 빈티지 클럽Vintage Club이라는 골프 클럽이 올드 머니의 공간이다. 아무리 세계적 골프 선수가 와도 회원이 아니라면 출입이 쉽지 않고, 백악관 비밀경호국 수준의 보안 점검 절차를 거쳐야 할 정도라고 한다. 이곳의 회원이 되기는 아주 까다로운데, 기존 멤버들의 동의가 필요하다. 빌 게이츠는 1990년 이 클럽 회원으로 가입했고, 1250만 달러를 주고 집도 샀다. 회원 가입비는 25만 달러이고 주택 가격은 수백만 달러에서 수천만 달러에 이른다. 골프장 내 고급 주택은 부자들의 별장 용도다. 당시 이미 세계 최고 부자 중 하나로 꼽히던 빌 게이츠였지만 빈티지 골프 클럽 멤버들은 그를 새로운 멤버로 받아들일지 까다롭게 심사했고, 겨우 통과했다고 한다. 1986년 마이크로소프트를 상장해 세계적 부자가 되었고 미국에서 가장 유명한 사업가 반열에 올랐음에도 기존 멤버들인 올드 머니 눈에는 갓 떼돈을 번 졸부로 보였을지 모른다. 돈으로 모든 걸 살 수 있고 원하는 건 다 가질 수 있던 그가 올드 머니 세계로 진입하던 초기에는 이렇게 어려움에 부딪쳤다. 물론 30여 년 전 일이니, 이제 그도 현시대의 올드 머니다. 자선과 기부, 환경 운동과 교육 사업 등 인류를 위한 일을 수십 년간 이어가며 올드 머니의 조건인 노블레스 오블리주를 실천했기 때문이다. 빌 게이츠 이후로 IT 창업으로 억만장자가 된 이들이 적극적인 자선 활동을 펼치며 사회적 역할을 다하는 경우가 많다.

빌 게이츠는 현존 부자들 중 가장 많은 돈을 기부한 인물로 유명하다. 자선사업가, 환경운동가이기도 한 그는 2000년 빌 앤드 멀린다 게이츠 재단Bill & Melinda Gates Foundation을 만들어 지금까지 590억 달러 이상을 이 재단을 통해 기부했다. 참고로 한국 최고 부자인 이재용 회장의 재산이 85억 달러(2023. 8. 15. 기준)인데 그보다 7배 많은 돈을 기부했다는 뜻이다. 빌 게이츠의 절친인 워런 버핏도 그동안 기부한 돈이 510억 달러에 달한다. 둘은 세계 최고 부자면서 세계 최고 기부왕이다. 이들의 영향 덕분에 부자들의 기부는 더 늘어났다. 더 기빙 플레지The Giving Pledge는 세계적 부자들이 자신의 순자산 중 최소 절반 이상을 생전에 혹은 사후에 기부하겠다고 공개 약속한 억만장자들의 기부 클럽이다. 빌 게이츠와 워런 버핏이 2010년에 공개 선언을 하며 시작되어 일론 머스크, 래리 엘리슨, 마크 저커버그, 마이클 블룸버그, 폴 앨런, 레이 달리오 등 240여 명이 가입했으며 한국에서는 우아한형제들 김봉진 의장, 카카오 김범수 의장이 동참했다. 흥미롭게도 여기 언급된 이들은 거의 다 뉴 머니다. 당대에 자신이 번 것이니 자기 마음대로 기부도 가능하다. 반면 물려받은 가문의 재산이면 오히려 이런 '극단적인' 기부는 상대적으로 어렵다. 더 기빙 플레지는 미국 억만장자들만의 리그로 시작했지만 점점 확대되어 29개국의 억만장자들이 동참하고 있다. 제프 베이조스는 여기에 참여하진 않았지만 전 재산을 기후 위기 대응과 인류 발전을 위해 기부하겠다고 선언했다.

영국에서 올드 머니가 사랑받고 존경받는 건 영국인에게 자부심을 심어주기 때문이다. 앞에선 부자를 찬미하면서 뒤에선 비난을 하는 한국과는 다르다. 물론 한국에서는 존경받을 만한 올드 머니를 찾아보기 힘들어서 그럴 수는 있다. 영국인은 75퍼센트가 한 달에 한 번 이상 기부나 자선 활동에 참여하며 평생 동안 평균적으로 3만 파운드(약 4900만 원)를 기부한다고 한다. 부자들만이 아니라 모든 국민이 기부에 아주 적극적인 나라가 영국이다. 이것은 영국 부자들이 아주 오래전부터 사회적 책임을 다하며 노블레스 오블리주를 실천하고, 자선과 기부

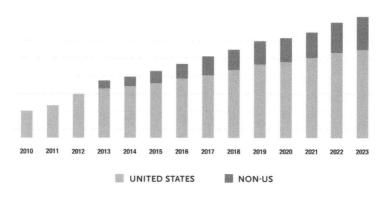

출처: 더 기빙 플레지 홈페이지

에 적극적으로 나선 것과 무관하지 않을 것이다. 영국의 1인당 국민소득은 한국보다 1만 달러 이상 높다. 하지만 영국의 높은 물가를 고려했을 때 그들의 씀씀이가 한국인보다 훨씬 더 풍족하다고 보긴 어렵다.

　영국의 자선 구호 단체 CAFCharities Aid Foundation는 매년 120여 개국 약 200만 명을 대상으로 기부, 봉사 등을 조사해 국가별 기부 지수를 발표한다. 2022년 세계 기부 지수에서 한국은 119개국 중 88위였다. 심지어 2021년에는 110위였다. 2010년부터 이어지는 조사인데, 한국은 최근 몇 년간 하위권으로 떨어졌고 그 이전에는 내내 60~70위로 중위권이었다. 한국의 경제력이 세계 10위권인 점을 감안하면 기부에 아주 박하다. 돈이 없어서라기보다는 부자들이 기부와 자선에 대해 올드 머니의 태도를 보이지 않아 사회 전체의 기부 문화에 변화를 일으키지 못해서일 수도 있다. 이런 상황에서 올드 머니가 2030세대를 중심으로 욕망이 되고, 주요 트렌드 화두로 떠오르는 것은 어쩌면 한국인의 기부, 자선 문화의 변화 계기가 될 수 있다. 앞으로 주목해볼 포인트다.

솔직히 뉴 머니는 부러우면서 배 아픈 존재다

▼

뉴 머니 중에서 IT 스타트업을 창업해 신흥 부자가 되는 것까진 어느 정도 받아들일 수 있었다. 그들을 부러워하고 존경하기도 하면서 그들처럼 되고 싶어하는 열망 또한 커졌다. IT 스타트업의 창업자들이 부자가 된 것만이 아니라 사회적으로 영향력 있는 셀럽이 된 것은 이런 배경 덕분이다. 그런데 IT 스타트업으로 신흥 부자가 된 이들이 점점 늘어나고, 부자가 된 후 '졸부' 같은 면모를 꽤 드러내기도 하면서 뉴 머니를 대하는 사람들의 태도가 조금 달라지기 시작했다. 여기다가 코인이나 주식 투자로 부자가 된 이들이 급증하면서 뉴 머니는 부럽고 존경스러운 존재가 아니라 배 아프고 얄미운 존재로 인식되기까지 한다. 특히 코인이나 주식 투자, 스타트업 창업에 적극적인 2030세대로선 더더욱 이런 인식이 생기기 쉽다. 자신은 해도 안 되는데 누구는 뉴 머니가 되었으니 배 아플 만도 하다. 2020~2021년 주식 시장과 코인 시장이 아주 뜨겁게 달아올랐고 그 와중에 많은 뉴 머니를 만들어냈다. NFT도 뉴 머니를 양산했다.

역대급으로 기회가 생긴 시기가 공교롭게도 팬데믹 기간이었고, 평범한 직장인이나 대학생, 아니 별 볼 일 없어 보이던 사람이 남들 평생 벌 돈을 단기간에 버는 것을 우리는 목격했다. 1020세대 역시 이를 고스란히 지켜봤다. 그들의 돈에 대한 관점, 부자에 대한 태도가 과거 세대와 같을 수가 없다. 기성세대가 갑자기 돈 많이 번 사람을 졸부라 부르며 깎아내렸듯이 Z세대로선 투자로 졸부가 된 뉴 머니가 부럽고 배 아프다. 자신이 뉴 머니의 주인공이 될 수도 있었는데, 자신은 기회를 놓치고 다른 누군가가 그 기회를 잡았으니 시기와 질투가 날 수밖에 없다. 사촌이 땅을 사면 배가 아픈 건 사촌이 만만해서다. 사람들은 일론 머스크가 세계 최고 부자가 되고 빌 게이츠, 마크 저커버그, 제프 베이조스, 래리 페이지 등이 억만장자인 것엔 별로 배 아프지 않다. 국내라면 이재용, 정의선, 구광모 등 재벌가 회장들의 부에 대해선 배 아프지 않다. 하지만 2020~2021년 주식 광풍으로 웬만한 주식은 아주 큰 수익률을 보였고, 코인 광풍으로 투자금의 몇십, 몇백 배를 번 이들이 생겨났다. 노후 자금을 다 벌었으니 조기 퇴직하겠다는 파이어족이 급증한 배경이다.

원래 파이어족은 절약과 저축을 통해 돈 적게 벌어도 안정되게 살아갈 수 있는 삶, 경제적 독립을 지향하는 사람들을 가리켰지만 투자 활황기를 거치며 개념이 변질되었다. 경제적 자유를 이루겠다는 이들마저 다 투자 수익을 염두에 두고 계획을 세운다. 투자로 돈을 벌기란 결코 쉬운 일이 아니지만 계획으로는 그럴싸하다. 특히 투자로 큰돈 번 남들 이야기를 들으면 더 투자가 쉬워 보인다. 우리는 노동으로 번 돈은 고생스럽게 땀 흘린 노력의 대가라고 받아들이는 반면 투자로 번 돈은 운이라 여기는 경우가 많다. 남들의 행운은 배 아플 수밖에 없다.

이러니 뉴 머니의 돈은 부러우면서도 배 아프다. 그래서 그들의 패션이나 취미, 라이프스타일을 따라 하고 싶지가 않다. 설령 따라 하려고 봐도 돈으로만 포장한 깊이 없는 취향이라 폄하하게 된다. 반면 올드 머니는 애초에 넘보지 못할 영역이다보니 배 아플 여지가 없다. 아주 오래전부터 누려온 럭셔리한 패션과 취미, 라이프스타일이라 따라 하고 싶은 것이 많고, 취향 역시 깊이 있고 우아하고 멋지다. 이런 까닭에 올드 머니는 열망이자 욕망이 된다. 시기의 대상이 된 뉴 머니도 올드 머니를 따라 하며 계층 상승을 원한다. 졸부 소리 듣지 않으려고 예술, 문화, 취미, 라이프스타일에서 올드 머니의 것을 보고 배우고 흉내 낸다. 자선과 기부에 나서는 건 진심이라기보다는 자신에게 필요해서다. 돈 빼고 내세울 게 없어선 안 된다. 그래서 뉴 머니는 올드 머니로의 전환에 적극적이다. 사실 지금 우리가 올드 머니라 여기는 가문도 과거로 거슬러 올라가보면 뉴 머니였던 적이 있었다. 뉴 머니는 올드 머니를 지향한다. 결국 모두가 올드 머니를 지향해왔고, 그들을 따라 하고 싶어한다.

올드 머니는 조용한 럭셔리를 추구한다

▼

구글 트렌드에서 'Quiet Luxury'(조용한 럭셔리)와 'Stealth Wealth'(숨겨둔 부, 은밀한 부)라는 검색어에 대한 최근 5년간(2018. 8~2023. 8) 영국과 전 세계의 관심도 추이를 살펴보면 확연히 차이가 드러난다. 원래이 2가지 키워드이자 부를 드러내는 방식은 영국에서는 계속 존재해왔다. 반면 전 세계에서는 관심이 미미하다가 2023년 상반기에 급등한다. 이는 미국도 비슷하다. 영국식 문화가 미국을 필두로 전 세계에 번

져가는 트렌드가 된 것이다. 참고로 트렌드의 유효 기간에 따라 그냥 특이하고 신기한 것은 현상, 몇 달짜리로 짧으면 FAD(반짝 유행), 몇 년을 이어가는 것은 트렌드, 10년 이상 가는 것은 패러다임 혹은 메가 트렌드, 20년 이상 이어지며 사람들의 의식 속에 자리 잡으면 문화라고 한다. 부를 바라보는 관점에서 나온 영국의 올드 머니 문화가 전 세계로 퍼져 한국까지 오고 있다.

네이버 트렌드에서 최근 1년간(2022.6~2023.6) '조용한 럭셔리'와 '올드 머니' 검색어에 대한 국내의 관심도 추이를 전체 연령과 2030세대로 구분해서 살펴봤다. 두 키워드 모두 2023년 들어 관심도가 급등세를 보이고 있으며, 이 추세는 한동안 이어질 가능성이 크다. 두 키워드 모두 우리 사회가 그동안 잘 쓰지 않던 것이다. 이들 키워드에 대한 관심을 주도하는 건 2030세대다. 조용한 럭셔리에 대한 2030세대의 관심이 낮아 보이는 건 상대적으로 올드 머니에 대한 관심도가 훨씬 더 높아서다. 확실히 2030세대의 올드 머니에 대한 관심도는 2023년 2분기에 급등했다. 이런 흐름이 계속 이어진다면 '올드 머니'라는 단어가 한국인의 뇌리에 자연스럽게 자리 잡아갈 가능성이 크다. 이건 단어의

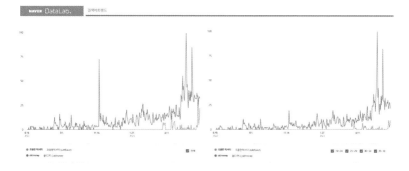

문제에 그치지 않는다. 이 단어가 담고 있는 스토리이자 문화가 '부자'와 '부자의 라이프스타일'을 바라보는 한국인의 시선에까지 영향을 줄 것이다.

2030세대 여성으로 한정해볼 때 럭셔리에 대한 관심도는 비슷한 수준에서 계속 이어져왔다. 그런데 2023년 들어 올드 머니, 올드 머니 패션, 조용한 럭셔리 등에 대한 관심도가 증가하고 있으며, 올드 머니에 대한 키워드 검색은 럭셔리에 대한 키워드 관심을 넘어설 정도다. 럭셔리를 바라보는 태도에 변화가 생겼다고 볼 수 있다. 물론 2030세대 여성의 보편적 시각이 변화하고 있다는 의미인지는 아직 단정하기 어렵다. 엄밀히 말해 조용한 럭셔리나 올드 머니 패션을 더 적극적으로 누리는 건 특정 연령대보다는 소득 상위 계층이라고 봐야 더 정확할 것이다. 소수가 누리는 시장인 셈이다. 소비와 라이프스타일 트렌드는 연령대보다 소득과 소비력을 기준으로 하는 것이 더 합리적이기도 하다. 하지만 2030세대 여성 전반으로 이러한 태도가 확산해 지속될 때는 패션 및 럭셔리 소비재, 의식주 관련 라이프스타일 소비재 및 서비스 업계 등에 영향을 미칠 수밖에 없고, 시장은 훨씬 더 커질 수밖에 없다.

왜 팬데믹 기간 중 빅 로고 유행이 정점을 찍고 내려갔을까?

▼

패션의 욕망에서 계속 상승하는 건 없다. 아무리 뜨겁던 트렌드도 정점을 찍으면 하락세가 찾아온다. 다른 트렌드로 욕망이 넘어가기 때문이다. 원래 빅 로고Big Logo는 1990년대에 나이키, 아디다스, 휠라 등 스포츠 브랜드와 타미힐피거, 게스, 노티카, 미치코 런던 등 캐주얼 패션 브랜드에서 확산되었던 스타일이다. 엄밀히 따지면 고가의 브랜드가 펼치는 전략이 아니었다. 중저가 브랜드들이 자기네 존재감을 드러낼 방법으로 빅 로고를 선택했고, 당시 20대였던 X세대가 빅 로고 패션에 반응했다. 시간이 지나 커다란 로고는 촌스럽다며 로고리스logoless로 넘어갔다. 그런데 2010년대 중후반 빅 로고 패션을 구찌, 루이 비통, 발렌시아가 같은 럭셔리 브랜드들이 적극 구현하기 시작했다. 그러면서 다시금 빅 로고 패션은 스포츠 패션, 캐주얼 패션, 럭셔리 패션 모두에서 활발하게 소비되었다. 특히 럭셔리 브랜드의 빅 로고는 2020~2022년이 절정이었다. 중국인이 명품 소비에 본격 진입한 이후로 티 내기 좋아하는 그들의 속성에 맞춰 빅 로고가 되살아났다는 이야기와, 팬데믹 기간 중 여가와 여행에 돈을 쓰지 못하는 소비자들이 명품 패션 소비로 넘어오면서 빅 로고가 절정을 맞았다는 이야기가 있는데, 둘 다 타당한 해석이다. 처음 명품 브랜드 제품을 산 사람이라면 더 티 내고 싶고 과시하고 싶어질 수 있기 때문이다.

2020~2021년은 주식, 코인 등 투자의 활황기였다. 이때 부동산

시장도 뜨거웠다. 쉽게 투자 성과를 낸 이들, 단기간에 부자(뉴 머니)가 된 사람들이 많아졌다. 이 돈은 고스란히 수입 자동차와 해외 패션 명품 브랜드를 비롯한 고가 제품 소비로 유입되었다. 요컨대 빅 로고의 유행은 단지 1990년대의 추억을 되살린 게 아니라 사람들이 화려하게 자신을 드러낼 이유가 있어서였다. 빅 로고 전략을 채택한 명품 패션 브랜드의 성과가 좋았고, 이에 따라 수년간 빅 로고가 대거 쏟아졌다. 하지만 이런 추세가 계속될 수는 없다. 유행의 최대 적은 익숙해지고 흔해지는 것이다. 빅 로고가 수년간 쏟아졌으니 당연히 로고리스가 대두될 순서다. 그래서 2022년부터 로고리스의 또 다른 말인 '조용한 럭셔리'가 대두되기 시작했고, 2023년 이 말은 패션 업계 전반에서 지지를 받게 되었다. 2022~2023년 진짜 부자들과 잠시 부자라 여겼던 사람들의 옥석이 가려졌다. 주식, 코인, 부동산으로 부자가 되었다고 여겼던 사람들 중에 시장이 침체되며 큰 손실을 보는 이들이 많아졌다. 이런 상황에서 흔들림 없는 진짜 부자들로선 더더욱 조용한 럭셔리 패션을 주목할 수밖에 없다. 적어도 패션에서 구분은 되어야 하니까. 로고를 크게 부각시킨 럭셔리 브랜드의 빅 로고 전략은 대놓고 명품, 럭셔리임을 티 내는 것이다. 이런 태도는 올드 머니의 관점으로 보면 아주 촌스러운 짓이다. 그런데도 럭셔리가 빅 로고를 선택한 건 뉴 머니의 득세 때문이기도 하다. 이제 다시 빅 로고가 저물고 있다. 팬데믹이 끝나는 시점에 경기 침체가 왔고, 운 좋게 코인이나 주식 등으로 반짝 버블 성과를 냈던 뉴 머니들의 자산도 제자리로 돌아갔다. 이들의 옷장엔 빅 로고 명품 패션이 있을 수 있겠지만 신제품으로 나오는 조용한 럭셔리 제품은 없다. 2023년 흐름의 방향이 바뀌었고, 이 추세는

2024년 이후로 한참은 이어질 것이다.

진짜 부자는 티 나는 명품보다 아는 사람만 알아보는 특별한 명품을 선호한다. 안목과 취향에서 계속 진짜 부자 그룹에 속해온 그들만의 리그에서만 알아보면 된다. 그리고 옷이나 가방 따위로 자신을 과시하려 들지 않아도 이미 충분히 과시가 되는 사람들이다. 굳이 로고를 드러내 보여야 할 이유가 없다. 클래식한 기본 아이템에서 소재와 디테일에 대단히 신경 쓰는 것, 보는 사람이 아니라 입고 쓰는 당사자가 만족하게 하는 것이 핵심이다. 화려할 필요 없고 컬러도 절제한다. 빅 로고 패션은 맥시멀리즘maximalism에 가깝다. 로고만 컸던 게 아니라 화려하고 과장되었다. 반면에 조용한 럭셔리는 미니멀리즘minimalism이다. 절

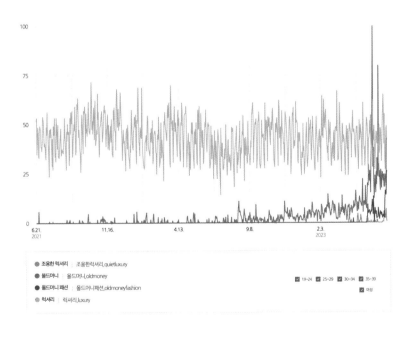

제의 미학, 드러내지 않을수록 더 우아하고 세련되다는 것을 조용한 럭셔리가 다시 말해준다.

조용한 럭셔리에는 헤리티지Heritage도 중요하다. '얼마나 오래'가 아니라 '얼마나 매력적인 유산'인가가 핵심이다. 럭셔리 브랜드가 가진 힘은 눈에 보이는 (변할 수 있는) 디자인이나 스타일이 아닌 매력적이고 (변하지 않는) 역사와 유산, 스토리이기 때문이다. 2023년 포르쉐는 75주년을 맞아 자사의 75년 전 자동차를 비롯해 그동안 자신들이 쌓아온 유산을 맘껏 자랑하며 브랜드의 힘을 과시했다. 포르쉐에 비할 순 없지만 현대자동차도 열심히 포니를 통해 헤리티지를 강조하고 있다. 사실 현대자동차의 헤리티지 전략은 브랜드 가치를 높이기 위해 반드시 성공시켜야 할 일이다. 2024년 국내 주요 대기업들의 헤리티지 마케팅은 더 확산될 것이다. 헤리티지 마케팅의 타깃은 중장년이 아니다. 203040세대가 중요 타깃이다. 이들은 오래된 국산 브랜드에서 헤리티지를 확인하면 브랜드를 대하는 태도가 달라질 수 있는 사람들이다. 하지만 5060세대에겐 국산 브랜드는 외국(미국이나 유럽) 브랜드보다 싸고, 합리적이고, 애국심으로 선택하는 제품이란 기억이 강하다. 각인된 기억은 쉽게 지워지지 않는다. 아무리 현대차가 헤리티지를 이야기해도 그들에겐 '추억'과 '향수'로 받아들일 뿐 '전통'과 '유산'으로서 가치를 높게 여길 가능성은 상대적으로 낮다. 따라서 헤리티지 마케팅에서 '레트로'를 강조하면 안 된다. 추억 공모전 같은 분위기로 가서는 안 된다. 타깃도 중장년으로 잡아선 안 된다. 고급스럽고 품격 있게 헤리티지를 포지셔닝해야 한다. 여기서 활용할 수 있는 것이 바로 올드 머니 스타일이다.

여기서 잠깐!

올드 머니가 중요한 트렌드라고 해서 단순히 올드 머니 키워드만 우려먹을 생각만 하면 안 된다. 예를 들어 패션 업계는 조용한 럭셔리를 반영하거나 프레피 룩 혹은 올드 머니 패션을 어떻게 더 팔 것인지 모색해야 한다. 여행 업계는 해외로 나가는 한국인 여행객에겐 외국의 고성이나 귀족라이프스타일 체험 프로그램 등을 제공하고, 국내로 들어오는 외국인 여행객에겐 궁궐이나 종갓집, 고택 체험 프로그램, 조선 시대 왕 진상품 체험프로그램 등을 제공하는 것을 모색해야 한다. 빈티지 자동차, 빈티지 시계, 빈티지 가구, 미술품 시장 등에서도 올드 머니 트렌드에 반응하는 뉴 머니를 공략할 방법을 더 모색해야 한다. 레저 스포츠 업계는 승마, 요트, 폴로, 테니스 등의 국내 시장을 성장시키는 접근을 해야 한다. 자선 단체, 기부단체, 봉사 단체 등에서는 부자들을 더 공략할 방법을 모색하고, 올드 머니의 화두를 잘 활용해 2030세대를 공략할 방법도 찾아야 한다. 이는 방송, 출판, 전시 등에서도 올드 머니가 활용성 높은 키워드가 된다는 의미다. 분야마다 올드 머니가 적용 가능한 요소를 찾아서 시뮬레이션해봐야 한다. 이런 노력과 시도 없이 그냥 기존에 하던 마케팅 슬로건에 올드 머니라는키워드만 갖다 붙인다면 제대로 된 트렌드 활용이 아니다.

트렌드 전망을 신조어 만들기로 착각하는 이들이 많다. 트렌드를 특이하고 신기한 것으로 오해하는 이들도 많다. 이러다보니 신조어나 말장난처럼 트렌드를 제시하는 곳이 많을 수밖에 없다. 신조어는 기존 개념과다른 것을 효과적으로 설명할 때는 필요하지만 이미 존재하는 뻔한 것에이름표만 바꿔 다는 식이면 곤란하다. 매년 트렌드가 급격히 바뀌는 영역도 있지만 수년간 변함없이 유지되는 영역도 많다. 그렇다고 빠르게 변하는 영역만 돈이 되고 중요한 것은 아니다. 느리지만 큰 기회가 있는 곳 역시 많다. 트렌드는 1년이 아닌 여러 해 동안 이어지는 흐름이다. 따라서 트렌드 키워드를 암기하는 것만으로는 아무 쓸데가 없다. 트렌드의 출현 배경과 이유, 방향을 알아차리는 것이 중요하다. 그래야만 트렌드의 큰 흐름을 자신의 분야에 적용해 커스터마이징할 수 있다. 트렌드는 맹목적 암기가 아님을 명심하자. 의심해보고 가설을 만들어 실험도 해보면서 자기 분야의 답을 찾아야 한다. 이런 태도로 트렌드서를 읽기를 권한다.

세계 최고 부자 중에 올드 머니가 많을까, 뉴 머니가 많을까?

▼

현재(2023년 8월 15일 기준) 전 세계 최고 부자는 일론 머스크(1971~)다. 그는 올드 머니와 전혀 상관없는, 오히려 정반대에 해당하는 사람이다. 그는 남아프리카공화국에서 태어나 살다가 1989년 캐나다로 이주해 퀸스대에서 경영학을 공부하고, 1992년 펜실베이니아대에 편입하며 미국으로 이주했다. 1995년 스탠퍼드대 박사 과정에 등록했다가 인터넷 비즈니스의 잠재성을 보고 자퇴 후 실리콘밸리로 갔다. 그는 24살이던 1995년 첫 창업을 했고, 4년 후 그 회사를 2200만 달러를 받고 대기업에 매각했다. 매각 자금 중 1000만 달러를 투자해 1999년 온라인 금융서비스 회사 엑스닷컴x.com을 설립하고 경쟁사였던 콘피니티를 인수한 후 이메일 결제 분야에 집중하면서 회사 이름을 페이팔Paypal로 바꾸었다. 2002년 이 회사를 이베이eBay가 15억 달러에 인수했는데, 그중 일론 머스크는 1억 6500만 달러를 받았다. 이 돈으로 2002년 스페이스XSpaceX를 설립하고, 2004년에는 테슬라Tesla의 최대 주주이자

CEO가 되었다. 이후에도 솔라시티, 하이퍼루프, 오픈AI, 뉴럴링크, 더 보링컴퍼니, xAI 등을 단독 혹은 공동으로 설립했다. 지금 시대 뉴 머니의 대표 주자가 바로 일론 머스크다.

세계 2위 부자인 베르나르 아르노Bernard Arnault(1949~) LVMH그룹 회장은 대학 졸업 후 아버지가 운영하는 건설 회사에서 경영자 수업을 받고, 1979년 아버지를 이어 대표가 되었다. 이 회사가 성장한 후 그는 과감히 사업을 확장해 럭셔리 브랜드 수십 개를 인수합병하며 LVMH 그룹을 만들었다. 그는 분명 물려받은 올드 머니이긴 한데 물려받은 것보다 훨씬 막대한 부를 자신의 힘으로 일구어냈다. 특히 LVMH그룹에 속한 수십 개의 럭셔리 브랜드는 대부분 올드 머니다. 올드 머니의 유산을 다른 올드 머니가 인수해 훨씬 큰 뉴 머니로 창출한 셈이다. 분류 상 올드 머니에 속하나 그가 보여준 경영 능력과 투자 판단은 뉴 머니로 봐도 무방하다. 물론 베르나르 아르노의 자녀와 후손은 확실히 최고의 올드 머니다.

3위인 제프 베이조스(1964~)는 프린스턴대에서 물리학으로 시작했다가 컴퓨터과학으로 전공을 바꿔 졸업했다. 20대에 여러 기업을 거치며 최연소 부사장까지 오르며 승승장구했는데, 1994년 인터넷의 기회를 보고 사표를 냈다. 공교롭게도 일론 머스크가 인터넷 비즈니스의 가능성을 보고 첫 창업을 한 1995년 같은 해에 제프 베이조스도 아마존닷컴을 창업했다. 1997년 창업 2년 만에 나스닥에 상장되며 억만장자가 되었고, 그 후 닷컴버블 붕괴 때 위기를 맞았지만 잘 넘기고 승승장구해 지금까지 왔다. 팬데믹 기간 동안 일론 머스크와 베르나르 아르노에게 밀린 것이지, 2017년 10월부터 2020년 12월까지 3년 2개월 동안 세계 부자 순위 1위였다.

4위 래리 엘리슨Larry Ellison(1944~)은 1977년 다니던 회사를 관두고 오라클Oracle의 전신인 SDLSoftware Development Lab을 설립했다. 1982년 회사명을 오라클로 바꾸었고, 1986년 나스닥에 상장해 억만장자가 되었다. 현재 오라클 이사회 의장과 CTO(최고기술책임자)를 맡고 있다. 1986년은 마이크로소프트가 나스닥에 상장한 해이기도 하다. 빌 게이츠(1955~)와 래리 엘리슨은 IT 스타트업으로 억만장자가 된 뉴머니들의 롤 모델 격으로 수많은 이들을 IT 스타트업 창업으로 이끈 대표 주자다. 빌 게이츠는 1974년 하버드대를 중퇴하고, 어린 시절 친구 폴 앨런Paul Allen(1953~2018)과 함께 1975년 마이크로소프트를 공동 설립했다. 10위 스티브 발머Steve Ballmer(1956~)는 빌 게이츠의 요청으로 1980년 마이크로소프트에 입사해 나중에 CEO까지 지냈다. 마이크로소프트 출신 억만장자인 빌 게이츠, 폴 앨런, 스티브 발머는 한때 세계 부자 순위 톱 10에 함께 오른 적도 있었다. 2017년 이전까진 세계 부자 순위 1위를 18년이나 차지했던 빌 게이츠가 이제 조금 밀려 6위다. 그렇게 기부를 많이 했는데 여전히 재산이 1171억 달러다. 물론 앞으로도 기부를 할 것이기에 언젠가 억만장자 순위에서 빠질 날도 올 것이다.

빌 게이츠만큼 기부를 많이 한 워런 버핏(1930~)이 부자 순위 5위다. 그는 11세부터 주식 투자를 시작했고, 26세에 17만 5000달러(현재 가치로 환산하면 약 800만 달러)를 투자 수익으로 얻었다. 이를 본 동네 이웃 캐럴 에인절은 1957년 워런 버핏이 하는 투자에 동참해 1만 달러를 투자했는데, 2008년까지 4억 6900만 달러로 불어났다고 한다. 전설적 투자 귀재의 싹수를 미리 알아본 이웃 중에 이런 사례가 더 있다. 그의 아버지는 증권중개인으로 일했고 나중에 공화당 하원의원을 지낸 하워드 호먼 버핏이다. 하지만 올드 머니라고 하긴 어렵다. 어릴 때 용돈을 벌기 위해 식료품점이나 식당에서 일하기도 했던 그는 아버지로부터 돈을 물려받기보다 어릴 적부터 주식 투자에 관심 갖는 환경을 물려받았다. 버크셔 해서웨이Berkshire Hathaway는 1839년 설립된 섬유 회사였는데, 워런 버핏이 1962년부터 이 회사에 지분을 투자하다가 경영권을 인수한 후 지주회사 구조의 종합 투자 회사로 만들었다.

7위 래리 페이지(1973~)와 9위 세르게이 브린(1973~)은 1996년 구글을 창업하고, 2004년 나스닥에 상장해 억만장자가 되었다. 8위 마크 저커버그(1984~)는 하버드대를 중퇴하고 2004년 페이스북을 창업했다. 2012년 회사를 나스닥에 상장하며 억만장자가 되었다. 세계 억만장자 최상위권에 테크 기업 창업자들이 유독 많은 건 지금 시대 부의 중심이 어딘지를 말해주기도 한다.

11위 마이클 블룸버그Michael Bloomberg(1942~)는 미디어 그룹 블룸버그 L.P.의 창업자 겸 CEO로 뉴욕 시장을 지냈다. 그는 투자 은행에서 15년간 일했는데, 회사 합병 과정에서 해고당했다. 이때 받은 퇴직금으로 창업한 회사가 블룸버그 L.P다. 12위 카를로스 슬림 엘루Carlos Slim Helú(1940~)는 멕시코의 경제 대통령이라 불리는 통신 재벌이다. 레바논 이민자 출신으로 대학 졸업 후 20대 중반이던 1966년 사업을 시작해 자수성가로 멕시코 최고 재벌이 되었다. 13위 무케시 암바니Mukesh Ambani(1957~)는 인도 최대 석유, 통신, 유통 기업들을 거느린 릴라이언스 인더스트리Reliance Industries의 회장인데, 이 회사는 그의 아버지 디루바이 암바니Dhirubhai Ambani(1932~2002)가 설립한 회사

다. 14위 프랑수아즈 베탕쿠르 메이예Françoise Bettencourt Meyers(1953~)
는 로레알L'Oréal의 상속자로 세계 최고 부자 15명 중 가장 올드 머니스
러운 사람이다. 로레알의 부는 3대로 이어졌다. 프랑스 화학자 외젠 슈
엘러Eugene Schueller(1881~1957)가 1909년 로레알을 창업해 세계 최고의
화장품 회사로 만들었다. 이를 그의 무남독녀인 릴리안 베탕쿠르Liliane
Bettencourt(1922~2017)가 물려받았고, 이후 그녀의 딸인 프랑수아즈 베
탕쿠르 메이예가 물려받았다. 그녀는 전 세계 억만장자 14위이자 가장
부유한 여성 1위가 되었다.

　15위 아만시오 오르테가Amancio Ortega(1936~)는 가난한 집에서 태
어나 1949년 13세에 의류 가게 심부름꾼으로 일하기 시작했다. 10년
이상 점원, 점장으로 일하다가 1963년 개인 사업을 시작했다. 1974년
자라ZARA를 설립해 마침내 가난한 소년에서 세계 최고의 SPA 패션 브
랜드의 경영자가 되었다. 이후 자라를 비롯한 여러 브랜드를 거느린 모
회사 인디텍스Inditex를 설립하고, 2001년 스페인 증시에 상장했다. 세
계 최고 부자 15명 중 가장 흙수저였던 인물의 성공 신화다. 그의 회사
는 스페인 상장사 중 시가 총액 1위 기업이 되었다.

　《포브스》가 집계한 세계에서 가장 부자인 억만장자 톱 15명
(2023년 8월 15일 기준)의 이 순위는 한동안 계속 유지될 것이다. 이 중
12명이 부모에게 물려받은 부자가 아니라 자신이 창업해 성공한 자수
성가 억만장자다. 세계 최고 부자 톱 15 중 12명이나 뉴 머니인 것이
다. 15명의 나이는 30대 1명, 40대 1명, 50대 3명, 60대 4명, 70대 2명,
80대 3명, 90대 1명이다. 이 순위가 유지되면 2024년에는 40대 1명,
50대 4명, 60대 3명, 70대 3명, 80대 3명, 90대 1명이 된다. 그런데 뉴

올드 머니
뉴 머니

Forbes

THE REAL-TIME BILLIONAIRES LIST

RANK	NAME	NET WORTH	AGE	SOURCE	COUNTRY/TERRITORY
1	Elon Musk	$235.3 B	53	Tesla, SpaceX	United States
2	Bernard Arnault & family	$220.6 B	74	LVMH	France
3	Jeff Bezos	$161.0 B	59	Amazon	United States
4	Larry Ellison	$141.9 B	78	Oracle	United States
5	Warren Buffett	$119.3 B	92	Berkshire Hathaway	United States
6	Bill Gates	$117.1 B	67	Microsoft	United States
7	Larry Page	$109.6 B	50	Google	United States
8	Mark Zuckerberg	$106.9 B	39	Facebook	United States
9	Sergey Brin	$104.7 B	49	Google	United States
10	Steve Ballmer	$99.6 B	67	Microsoft	United States
11	Michael Bloomberg	$96.3 B	81	Bloomberg LP	United States
12	Carlos Slim Helu & family	$95.9 B	83	Telecom	Mexico
13	Mukesh Ambani	$91.8 B	66	Diversified	India
14	Francoise Bettencourt Meyers & family	$90.8 B	70	L'Oréal	France
15	Amancio Ortega	$87.7 B	87	Zara	Spain

출처:《포브스》

머니 12명 중 겨우 10여 년 된 마크 저커버그를 제외하고는 모두 억만
장자가 된 지 20~30년쯤 되었다. 기존의 올드 머니 눈에는 여전히 뉴
머니로 보이겠지만 이들의 기부와 사회적 책임감, 영향력은 올드 머니
를 능가할 정도다. 그리고 이들의 자녀나 후손은 자연스럽게 올드 머니
가 된다.

전 세계 시가 총액 순위 톱 10 중 8개가 IT 기반의 테크 기업이다.
테크 스타트업을 창업한 이들이 얼마나 세계 산업과 경제에 큰 영향력

을 행사하는지 단적으로 확인할 수 있는 대목이다. 테크 기업 창업자들은 뉴 머니가 되고 나서 세계적 명화나 예술품, 빈티지 자동차, 대형 요트, 자가용 비행기, 대저택 등 초고가의 소비를 하는 경우가 많다.

이렇듯 우린 모두 올드 머니를 지향해왔고, 누구나 능력이 되고 기회가 되면 올드 머니 라이프스타일을 누리려고 한다. 그리고 올드 머니들의 세계에 진입해 부와 권력을 이어가려 한다. 어쩌면 이것은 욕망이 아니라 인류 역사에서 학습되고 검증된 가장 합리적인 선택일지 모른다. 누구나 지향해온 올드 머니 라이프스타일이 최근 들어 더 대중적으로 확산되고 있다. 이는 스마트폰과 소셜 네트워크가 자신의 일상을 남들에게 보여주고 과시하고 싶어하는 욕망을 보편적 문화로 만들었기 때문이기도 하다. 사회적 동물인 인간은 원래부터 이런 욕망을 품고 있는데, 스마트폰과 소셜 네트워크라는 도구와 환경이 이 욕망을 더 현실적으로 드러내게 도와준 셈이다.

자수성가형 뉴 머니는 올드 머니를 지향한다

▼

미국 재계의 올드 머니 중에는 19세기에 창업한 기업가 집안이 많다. 카네기 가문, 록펠러 가문, 밴더빌트 가문, 구겐하임 가문 모두 여기에 해당한다. 독립전쟁(1775~1783) 이후 미국이 본격적으로 성장하고, 사회적 인프라를 구축하고, 산업이 태동하던 시기다. 이때 기회를 잡은 사람들의 후손이 대를 이어가며 올드 머니로 살아가는 것이다. 한국 재벌가는 일제강점기부터 한국전행 이후 시기에 창업한 기업가 집안이 많다. 이때가 한국이 인프라를 구축하고 산업이 태동하던 시기다. 이때 기회를 잡은 대표적 인물이 정주영, 이병철, 구인회, 허만정, 최종건, 김종희, 신격호 등이다. 이들에 의해 시작된 범현대, 범삼성, 범LG, 범SK, 범한화, 범롯데 가문은 지금까지도 한국 경제에 절대적 영향력을 끼치고 있다.

　미국이나 한국이나 재계의 대표적 올드 머니 가문의 태동기를 이끈 사람들은 대부분 자수성가했다. 역사상 최고 부자로 꼽히는 앤드루 카네기Andrew Carnegie(1835~1919)는 스코틀랜드에서 생계가 어려워지자 일가족이 미국으로 이민 와서 기차역 심부름꾼, 전보 배달부, 철도 회사 전신 기사 등을 거쳤다. 이후 철도 사업에 투자해 큰돈을 벌었고, 그 돈으로 산 농장에서 막대한 석유가 나오면서 벼락부자가 되었다. 여기서 그치지 않고 석유로 번 돈을 모두 투자해 1892년 카네기 제철Carnegie Steel Company을 세워 승승장구하며 미국 역사상 가장 많은 돈을 번 기업가가 된다.《포브스》가 그의 전성기 시절 재산 가치를 현재 가치로 환산했더니 3720억 달러였다. 현재 전 세계 최고 부자인 일론 머스크의 재산이 약 2200억 달러니 카네기가 얼마나 큰 부자였는지 알 수 있다. 앤드루 카네기는 1901년 회사를 매각해 그 돈으로 1902년 카네기협회, 1905년 카네기교육진흥재단, 1910년 싱크 탱크인 카네기국제평화재단을 만들고 엄청난 기부를 한다. 미국 전역에 2500여 개 공공 도서관을 지어 사회에 헌납했고, 세계적인 공연장 카네기홀을 지었으며, 세계적인 명문대인 카네기멜런대학교를 설립했다. 심지어 네덜란드 헤이그의 국제사법재판소 건물도 카네기재단의 돈으로 지었다. 살아 있는 동안 전 재산의 90퍼센트 이상을 기부했고, 자선 사업 분야의 일부가 미국 유수의 금융 회사인 교사보험연금협회TIAA가 되었다. 카네기국제평화재단은 여전히 싱크 탱크로서 영향력이 크다. 미국인이 가장 존경하는 기업가인 앤드루 카네기는 당대 최고 부자였지만 올드 머니가 아닌 뉴 머니였다. 하지만 그의 집안은 미국을 대표하는 올드 머니 가문이 되었다.

석유왕으로 유명한 존 데이비슨 록펠러John Davison Rockefeller(1839~1937)도 당대 최고 부자이자 뉴 머니였다. 그가 사망할 당시 재산 규모는 미국 GDP 대비 1.5퍼센트였다. 일론 머스크가 아무리 최고의 부자여도 미국 GDP 대비로는 1퍼센트에 한참 못 미친다. 놀라운 건 죽기 전까지 40년간 자선 사업을 적극적으로 했다는 사실이다. 시카고대학교와 록펠러대학교를 설립했고, 록펠러재단을 세워 의학, 과학 등 인류 발전에 기여하는 분야의 연구를 적극 지원했다. 50대에 암에 걸려 시한부 선고를 받은 것을 계기로 자선 사업에 나섰는데, 시한부 선고를 받고도 40여 년을 더 산 뒤 97세에 사망했다. 미국의 대표적 올드 머니 가문이 된 록펠러 가문은 후대에 뉴욕주지사, 부통령 등 유력 정치인을 배출했으며, 대대로 막대한 부를 이어가고 있다.

선박왕, 철도왕으로 불린 코닐리어스 밴더빌트Cornelius Vanderbilt(1784~1877)는 11세에 학교를 그만두고 선박 잡부로 일하다 16세에 배를 사서 사업을 시작해 미국 역대 최고 부자 중 하나로 손꼽히는 인물이 되었다. 교육, 문화 사업에도 적극 나서서 1873년에는 밴더빌트대학교를 설립했다. 밴더빌트 가문도 전형적인 뉴 머니이자 졸부였다. 하지만 교육과 예술 등 자선 사업을 하면서 후대에는 올드 머니가 되었다.

광산왕으로 불린 마이어 구겐하임Meyer Guggenheim(1828~1905)은 스위스계 유대인으로 1847년 미국에 이민 와서 광산으로 큰 성공을 거두었다. 그의 아들인 솔로몬 R. 구겐하임Solomon R. Guggenheim(1861~1949)은 1937년 현대미술을 지원하는 솔로몬R.구겐하임재단을 설립했다. 구겐하임 가문은 1차 세계대전 이후에는 사업에서 손을 떼고 막대한 재산을 기반으로 미술, 항공, 의학, 문화 발전을 위한 자선 사업에 집중했다.

카네기 가문, 록펠러 가문, 밴더빌트 가문, 구겐하임 가문 모두 아메리칸드림을 성취해낸 당대 최고 부자 집안이었지만 당시의 상류층 올드 머니에겐 졸부로 보였을 것이다. 하지만 뉴 머니에서 올드 머니로 전환을 잘 이루어낸 덕분에 지금까지 올드 머니 명문가로서 평판을 이어가고 있다. 예컨대 구겐하임 가문은 구겐하임미술관, 밴더빌트 가문은 휘트니미술관을 지었다. 록펠러 가문은 뉴욕 맨해튼의 랜드마크인 록펠러센터를 짓고 뉴욕의 근현대미술관인 MOMA 설립을 주도했다. 이들 네 가문의 창시자 모두가 당대 기준으로는 장수했다. 앤드루 카네기는 84세, 존 데이비슨 록펠러는 97세, 코닐리어스 밴더빌트는 93세, 마이어 구겐하임은 77세까지 살았다. 오래 살면서 기부와 자선을 많이 하고 문화 예술계에 큰 공헌을 했다. 한국의 재벌가도 문화 예술계에 공을 들여 집안마다 미술관을 필수적으로 가지다시피 했다. 이런 유사성은 우연이 아니다. 한국 재벌이 미국 재벌을 따라 했다기보다, 둘 다 올드 머니로 전환하기 위한 필수적 선택을 했다고 보는 게 더 타당할 수 있다. 돈만 많다고 사회적으로 존경받는 올드 머니가 되는 게 아니기 때문이다.

현대그룹을 만든 정주영(1915~2001) 회장은 가난한 농가의 장남으로 태어났는데, 학력도 현재 기준으로 초등학교 졸업이 전부다. 농사가 싫어 가출해 막노동과 쌀집 점원을 거쳐 쌀가게로 사업을 시작해 돈을 벌었다. 장남의 고생 덕에 동생들은 명문대를 나왔고 일본 유학까지 간 동생도 있다. 정주영 회장은 흙수저로 시작했지만 결국 한국 최고 부자 중 하나가 되어 4대까지 이어지는 재벌가를 일구어냈다. 현대가 3대 중 한 사람이 현대자동차그룹의 정의선 회장이다. 범현대가는 현대자동차그룹 외에도 HD현대그룹, 현대백화점그룹, 현대그룹, 현대해상화재보험그룹, KCC그룹, HL그룹, 후성그룹 등 아주 방대하다. 현대자동차그룹 계열사만 약 50개이며 범현대로 보면 수백 개에 달한다.

삼성그룹을 만든 이병철(1910~1987) 회장은 올드 머니였다. 만석꾼 집안에서 태어나 일제강점기 때 와세다대로 유학 갔다. 졸업하지 않고 중퇴했지만 당시로는 초고학력이다. 그는 아버지에게 지원받은 쌀 300석 가격의 토지를 기반으로 정미소 사업을 시작해 결국은 한국 최고 부자 중 한 사람이 된다. 한국 재계의 중추를 이루는 범삼성가 역시 삼성그룹, CJ그룹, 신세계그룹, 한솔그룹 등 아주 방대하다. 4대까지 이어지고 있는데 삼성전자 이재용 회장, 이재현 회장, 정용진 부회장 등이 3대다. 삼성그룹의 계열사만 60개 정도이며 범삼성으로 보면 수백 개다.

LG그룹의 공동 창업주 구인회(1907~1969) 회장은 정치인 집안, 허만정(1897~1952)은 만석꾼 집안 출신이었다. LG그룹은 훗날 LG그룹과 GS그룹, LS그룹, LX그룹, LIG그룹으로 분리되는데 여전히 두 가문 모두 올드 머니로 건재하다. LG그룹의 계열사만 60여 개이고 범LG로 보면 수백 개다.

SK그룹(당시 선경그룹) 창업주 최종건(1926~1973) 회장은 사업가 집안 출신이었다. 경성공립직업학교(현재 서울과학기술대학교) 기계과를 졸업한 후 일본 기업인 선경직물에서 근무했으며 광복 이후 적산 불하로 선경직물을 인수했다. 최종건 회장이 일찍 타계하자 미국 시카고대 경제학 석사 과정을 하고 사업에 합류한 동생 최종현 회장이 사업을 이어받았다. 현재 최태원 회장이 2대이고, 3대인 그의 자녀들이 SK그룹에서 일하고 있다. SK그룹 계열사만 130여 개다.

한화그룹을 만든 김종희(1922~1981) 회장은 당시 명문고인 경기상고에 들어갔다가 한국인 학생을 구타하는 일본인 학생을 때려 퇴학당하고 원상상고를 졸업했다. 1942년 조선화학공판에 입사해 일하다가 광복 이후 지배인이 되었다. 한국전쟁이 터지자 공장을 부산으로 옮기고 한국화약을 창업했다. 이후 화약, 기계, 석유화학, 에너지 분야로 사업을 확장해 성장하며 한화그룹이 되었다. 현재 김승연 회장이 2대이고, 김동관 부회장이 3대다. 한화그룹의 계열사만 60여 개다.

롯데그룹을 만든 신격호(1921~2020) 회장은 일본으로 건너가 고학하며 어렵게 와세다실업학교 고등부 화학과에서 공부했다. 1944년 일본에서 사업을 시작했으나 결과는 좋지 않았다. 1946년 전공을 살린 비누 사업이 성공하고, 1948년에는 껌 제품을 주력으로 삼은 롯데를 설립해 승승장구했다. 일본에서 성공한 뒤 1967년 한국에서 롯데제과를 설립해 일본과 한국 양국에서 롯데그룹을 키웠다. 현재 신동빈 회장이 2대이고, 신유열 상무가 3대다. 롯데그룹의 계열사만 70여 개이고, 범롯데로 보면 농심그룹, 푸르밀, 롯데관광 등이 있다.

생각보다 재벌가들이 거느린 계열사와 관계사가 아주 많으며, 재벌 그룹들의 경제 규모가 한국 경제에서 차지하는 비중 역시 무척 크

출처:《포브스》

다. 한국 경제는 이들 6개 가문이 잡고 있다고 해도 과언이 아니다. 이 가문들 외에 상위 10개 가문, 혹은 더 넓혀서 상위 20개 가문을 꼽아보면 한국 경제는 이들 손안에서 돌아가는 셈이나 마찬가지다. 그만큼 올드 머니의 힘이 세다. 이쯤 되면 당신은 왜 자신의 할아버지는 그때 사업에 나서지 않았을까 원망스러울지 모른다. 하지만 당신의 자녀 혹은 손주가 당신이 지금 했던 원망을 미래에 당신에게 똑같이 할 수도 있다. 단지 재미 삼아 최고 부자들의 과거를 들여다본 것이 아니다. 트렌드는 배경과 이유, 방향이 있다. 그것을 알아야 앞으로 기회를 잡을 수 있다. 과거를 아는 건 미래를 알기 위한 기본 단계다.

《포브스》가 집계한 한국에서 가장 부유한 20명(2023년 8월 15일 기준) 중 올드 머니는 13명이다. 이들 모두 할아버지 혹은 아버지가 일궈놓은 부를 물려받았다(삼성가는 무려 1위를 비롯해 톱 10 중 4명이고, 현대가는 톱10 중 2명이다). 7명의 뉴 머니는 모두 창업자로 온라인 게임 및 인터넷 서비스가 5명, 엔터테인먼트가 1명, 바이오가 1명이다. 이들 뉴 머니도 그들의 자녀는 올드 머니로 살아가게 할 것이다.

당신이 부자가 될 가능성은 얼마나 될까?

▼

새로운 큰 부자들이 나올 다음 시기는 언제일까? 지금 글로벌 최고 부자들이자 미국 최고 부자들 중에는 1970년대 중후반~2000년대 초반에 창업한 이들이 많다. 본격적인 IT 산업 성장기의 수혜자들로 이 중에는 올드 머니를 능가하는 부를 누리는 뉴 머니가 많다. 마이크로소프트(1975), 애플(1976), 오라클(1977), 선마이크로시스템스(1982), 어도비(1982), 시스코(1984), 엔비디아NVIDIA(1993), 아마존(1994), 구글(1998), 페이팔(1998), 세일즈포스닷컴(1999), 링크드인(2002), 스페이스X(2002), 테슬라(2003), 페이스북(2004), 유튜브(2005) 등이 여기 해당한다. 특히 페이팔 공동 창업자와 창업 멤버들이 2002년 이베이에 회사를 매각하고 받은 막대한 돈으로 각자 투자자나 스타트업 창업자로 변신해 많은 회사를 만들었다.

한국에서도 최상위권 부자들은 재벌가 올드 머니가 아니면 대개 1990년대 중후반~2010년 시기에 IT 기업을 창업한 이들이다. 다음(1995), 엔씨소프트(1997), 네오위즈(1997), 컴투스(1998), 네이버(1999), 위메이드(2000), 넷마블(2000), 넥슨(2002), 크래프톤(2007), 카카오(2010), 쿠팡(2010), 배달의민족(2010) 등이 여기 해당한다. 미국의 페이팔처럼 한국에서는 넥슨, 네오위즈 공동 창업자와 창업 멤버들이 투자자나 스타트업 창업에 나서 여러 회사를 만들었다. 지금도 수많은 스타트업 창업자들이 뉴 머니가 되기 위해 도전하고 있다.

사실 재벌급 큰 부자는 자주 나올 수 있는 게 아니다. 다만 나오기 좀 더 유리한 시기가 있다. IT 산업은 오늘날 세계의 모든 산업과 연결되어 있는, 가장 중요하고 가장 큰돈을 버는 산업이다. 전 세계 시가 총액 톱 10 중 8개가 IT 기업일 정도다. 당연히 IT 산업의 태동기이자 본격적 성장기에 진입한 이들이 기회를 잡았다. 앞으로 어떤 산업이 IT 산업이 보여준 것 같은 강력한 힘을 발휘할 수 있을까? 다음 세대의 세계 최고 부자들이 나올 분야는 어떤 산업일까? 바로 클린 테크Clean Tech일 것이다.

《라이프 트렌드 2023: 과시적 비소비》에서 '전방위로 확장하는 클린 테크'라는 제목으로 클린 테크 시장이 활발하게 전개되는 양상을 비중 있게 다룬 바 있다. 《ESG 2.0: 자본주의가 선택한 미래 생존 전략》(2022)에서도 클린 테크에 기업들이 어떻게 접근하는지 다루었다. 이미 빅테크 기업들과 전통적 대기업들 모두 클린 테크 분야에 투자하고 진출해 있다. 완전히 새로운 뉴페이스가 새로운 시장을 이끌지, 기존의 재력을 가진 세계적 기업이 다음 산업의 주도권도 가질지 지켜볼 일이다. 하지만 앞으로 뉴 머니가 가장 많이 나올 분야가 클린 테크 산업이란 건 분명하다. 이 책《라이프 트렌드 2024: OLD MONEY》에서 '가스레인지 사용을 금지하다'라는 제목으로 다루는 내용도 궁극엔 클린 테크가 만들어낼 산업의 기회와 연결된다. 분명 뉴 머니는 계속 나온다. 그리고 뉴 머니는 당대에 그치지 않고 대를 이어가며 영향력과 부를 유지, 확대하고자 한다. 이 과정에서 뉴 머니는 올드 머니로 전환을 도모한다. 과거에도 그랬고, 지금도 그러며, 앞으로도 그럴 것이다.

그럼 당신이 부자가 될 가능성은 얼마나 될까? 가능성이 제로는 아니지만 거의 제로에 가까울 만큼 쉽지 않은 건 확실하다. 이런 현실을 인정하기 싫어서인지 올드 머니 스타일을 적극 받아들이는 Z세대가 럭키걸 신드롬lucky girl syndrome도 받아들였다. 20대 여성들 사이에서 일었던 럭키걸 신드롬은 2022년 연말부터 뜨기 시작해 2023년 1월에 정점을 이루었다. 말 그대로 '행운녀'라는 뜻이다. 자신이 세상에서 가장 운 좋은 사람이며, 노력 없이도 원하는 건 다 얻게 될 것이라고 자기 최면을 거는 식이다. 긍정적인 마인드를 가지자는 의미에선 나쁘지 않겠다 싶겠지만, 이런 자기 최면에 빠지다보면 노력 자체를 더 안 하게 되어 오히려 기회를 잡기가 더 어려워진다. 이룬 것도 없는 사람이 스스로 행운녀라 굳게 믿으며 이미 자기가 뭔가 이루어내고 있다고 착각하게 되면 오히려 부정적인 결과를 낳을 수 있다. 어쩌면 부자는 되고 싶고 갖고 싶은 것은 많은데 노력해봤자 안 되는 시대에 이런 식으로 위안 혹은 착각이라도 필요하다 싶었는지 Z세대 사이에서 유행처럼 번졌다. 틱톡에서 #luckygirlsyndrome이라는 해시태그가 붙은 쇼츠의 총 조회 수는 11억 회가 넘는다. 구글 트렌드에서도 lucky girl syndrome이란 검색어는 2022년 가을까진 쓰지도 않던 말이었는데 갑자기 폭증해 2023년 1월 정점을 찍었으며, 이후 내려오긴 했지만 여전히 검색되고 주목받고 있다.

2006년 11월 《시크릿The Secret》이란 책이 출간되어 세계적 베스트셀러가 되었다. 수 세기 동안 성공한 1퍼센트의 사람들은 다 알고 있는 부와 성공의 비밀을 알려준다는 내용이다. 럭키걸 신드롬처럼 생각이 현실이 되고, 스스로가 거는 자기 주문이 부와 성공을 끌어당긴다는 식이다. 미국에서 최단기간 500만 부 판매 신화를 썼고, 전 세계 40여 개국에서 수천만 권이 팔렸다. 한국에서도 100만 부 이상 팔렸는데 2007~2008년까지 베스트셀러 순위 1위를 독점했을 정도로 인기였다. 공교롭게도 그 시기가 글로벌 금융위기 때였다. 이런 상황에서 성공하고 부자가 될 수 있는 특별한 비밀을 알려준다니, 그것도 너무나 간단하고 쉬운 방법이니 많은 이들이 열광했다. 물론 뜨겁게 열광한 만큼 차갑게 냉소한 이들도 많았다. 기성세대가 반응했던 《시크릿》을 지금 Z세대가 럭키걸 신드롬이란 이름으로 다시 받아들인 셈이다. 책 대신 틱톡 영상으로 받아들이고 소셜 네트워크에서 관심을 이어간다는 점만 다를 뿐이다. 그러나 럭키걸 신드롬은 금방 식겠지만 올드 머니 스타일에 대한 관심은 오래간다. 럭키걸 신드롬은 FAD(반짝 유행)이고 올드 머니 스타일은 트렌드이기 때문이다.

이미 부자가 아니라면 새로운 부자가 될 가능성이 점점 줄어드는 시대다. 이른바 부의 고착화 시대에 올드 머니의 힘은 더 강력해지고 있다. 범현대, 범삼성, 범LG, 범SK, 범롯데, 범한화 등 한국을 대표하는 재계의 올드 머니 가문은 대부분 3~4대를 이어오며 부를 키웠다. 관계

회사만 수천 개다. 한국에서 매출 순위 500대 기업 중 절반 이상이 이들과 관계가 있을 것이다. 이들 6개 가문 외에도 3대 이상 이어진 대기업 가문이 꽤 많다. 이들 모두 현재 시점에서 한국의 올드 머니다. 한국 경제를 주도한 빅 6 가문의 창업주 중 흙수저 출신 자수성가형 뉴 머니는 정주영 회장, 신격호 회장이다. 이병철, 구인회, 허만정은 출신부터 올드 머니였다고 볼 수 있다. 다만 이들이 사업 성공으로 일군 부는 물려받는 재산과는 비교 불가능할 만큼 크다.

뉴 머니도 대를 이어서 부를 유지하면 올드 머니가 된다. 단 돈만 많은 게 아니라 그 돈으로 말미암아 사회적 역할, 영향력을 가지기 때문에 가능하다. 중요한 것은 이것이다. 그래야만 부를 오래 이어갈 수 있다. 올드 머니가 아닌 대표 기업으로는 넥슨, 넷마블, 엔씨소프트, 위메이드, 크래프톤, 컴투스 등 게임 회사와 네이버, 카카오, 라인, 쿠팡, 배달의민족, 당근마켓, 토스, 야놀자 등이다. IT 서비스 회사가 대부분이다. 이들도 지금은 뉴 머니지만 시간이 지나 다음 세대로 넘어가면 올드 머니로 자리 잡을 가문이 꽤 나올 것이다. 돈만 물려주는 게 아니라 문화 자본을 물려주고, 사회적 영향력과 사회경제적 지위를 물려줄 것이기 때문이다.

당신은 문화 자본, 취향을 물려받았는가?

▼

프랑스 사회학자 피에르 부르디외Pierre Bourdieu(1930~2002)는 문화와 취향이 현대인의 계층 구분에서 중요한 기준이라고 했다. 돈이 아니라 어떤 문화, 어떤 예술을 누리고 어떤 취향을 가지는가가 계층의 기준이라는 뜻이다. 이 기준을 충족하기 위해선 경제력만큼이나 자신이 속한 환경이 중요하다. 풍부한 경험을 누리고 취향을 쌓아가려면 오랜 시간이 걸린다. 어떤 집안에서 태어나 자라느냐가 여기에 지대한 영향을 끼친다. 올드 머니가 바로 이런 환경이다. 올드 머니는 돈만 많이 물려받는 게 아니라 문화 자본, 취향까지 물려받는다. 이들은 미술품을 소유하고, 전시회에 자주 가고, 예술가와 교류한다. 클래식 음악과 오페라를 즐겨 듣고, 공연장에 자주 가고, 고급 오디오를 갖추고 있다. 또 테니스와 승마, 요트 같은 취미를 즐긴다. 대대로 물려받은 저택도 있다. 집 가격이 아니라 집의 역사와 가문의 스토리가 중요하다. 그래서 가구와 조명에 공들이는 것도 취향이자 문화 자산이다.

영국에서 자수성가한 유력 정치인이 다른 정치인으로부터 "자신의 가구를 자기 손으로 산 사람a man who bought his own furniture"이라는 말을 들은 적 있다. 사실 이 말은 멸시와 조롱 섞인 말이다. 아무리 부자가 되었어도 올드 머니의 문화와 취향, 문화 자산을 갖추지 못한 사람은 '졸부' 취급하는 게 영국이다. 영국만이 아니라 미국, 한국 역시 올드 머니의 힘은 여전히 유효하고, 그들이 보유한 문화 자본은 중요하다. 이러니 은행들이 예술에 투자할 수밖에 없다. 자산가는 은행에 중요한 고객이다. 은행이 미술품 소유나 예술가에 대한 후원, 전시와 공연 후원, 테니스, 승마, 골프 대회 후원 등을 하는 건 이 때문이다.

하나금융경영연구소에서 매년 발간하는《2023 대한민국 웰스 리포트》에 따르면, 식료품 지출이 일반 부자는 전체 지출의 23퍼센트인 반면 슈퍼리치는 5퍼센트다. 이 5퍼센트가 액수로는 분명 더 클 것이다. 중요한 점은 슈퍼리치는 식료품에 쓰는 돈의 5배 정도를 여행에 쓴

다는 사실이다. 또 식료품에 쓰는 돈의 4배를 교육(본인과 가족)에 쓰고, 2.5배 정도를 자기계발(운동, 학습 등)과 패션(의류, 신발 등)에 쓰고, 2배 정도를 오락과 문화에 쓴다. 심지어 사교 모임에도 식료품보다 더 많은 돈을 쓴다.

이 보고서에 따르면 슈퍼리치는 월평균 3700만 원을 소비 지출했다. 연간 4억 4000만 원 정도다. 대출금 상환액 등을 제외한 순수 일상 소비 지출 규모다. 여행에 24퍼센트를 쓴다고 했으니 1억 원 넘게 쓰는 셈이다. 패션에 5000만 원 정도를 쓰고 자기계발에도 5000만 원 정도를 쓴다. 오락, 문화 비용도 4000만 원이 넘는다. 식료품에만 2200만 원을 쓴다. 금융 자산 10억 원 이상 부자들의 의식주도 충분히 윤택할 것이다. 하지만 금융 자산 100억 원 이상의 슈퍼리치는 의식주만이 아니라 자신의 성장과 관리(교육, 운동 등), 경험(문화, 패션, 예술, 여행 등)에 적극적이다.

　미술품 보유 비율을 보면 슈퍼리치는 41퍼센트인 반면 일반 부자는 23퍼센트, 대중 부유층은 14퍼센트, 일반 대중은 6퍼센트다. 향후 구매 의향이 있다는 답변에서도 슈퍼리치가 월등히 높으며 일반 부자, 대중 부유층, 일반 대중 순이다. 부의 순위가 미술품 보유에 대한 태도와 일치한다. 그런데 이 차이가 단지 돈이 많아서 생기는 걸까? 미술품이 전 세계적으로 슈퍼리치가 선호하는 투자 자산이자 자산 관리 수단인 건 맞다. 하지만 미술품 투자는 주식이나 부동산보다 불확실성과 변

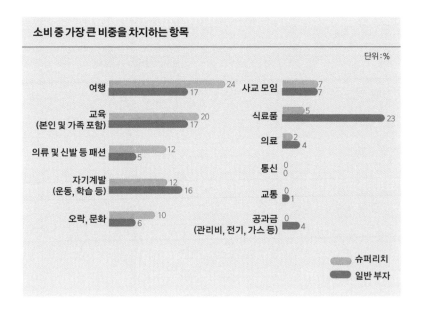

소비 중 가장 큰 비중을 차지하는 항목

단위:%

여행	24 / 17
교육(본인 및 가족 포함)	20 / 17
의류 및 신발 등 패션	12 / 5
자기계발(운동, 학습 등)	12 / 16
오락, 문화	10 / 6
사교 모임	7 / 7
식료품	5 / 23
의료	2 / 4
통신	0 / 0
교통	0 / 1
공과금(관리비, 전기, 가스 등)	0 / 4

슈퍼리치　일반 부자

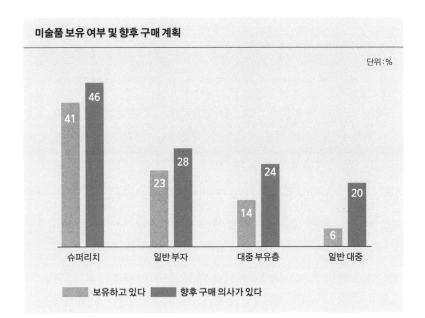

미술품 보유 여부 및 향후 구매 계획

단위 : %

슈퍼리치	일반 부자	대중 부유층	일반 대중
41 / 46	23 / 28	14 / 24	6 / 20

■ 보유하고 있다　■ 향후 구매 의사가 있다

동성이 큰 경우도 있다. 그러므로 투자 가치만이 아니라 미술품 소유가 주는 즐거움도 큰 요인으로 작용한다. 세상에 하나밖에 없는 작품을 내가 소유하고 나만 즐긴다는 건 아주 매력적인 욕망이다(특히 회화의 경우에는 유일한 작품이라는 희소가치가 확실하다).

　서울에서 올드 머니가 거주하는 대표적 동네는 종로구 평창동, 성북구 성북동, 용산구 한남동, 동부이촌동 등이다. 고급 단독 주택이 많은 지역이다. 오래전부터 재벌가 총수, 유명 학자와 예술가, 고위 관료가 많이 살았고 여전히 올드 머니가 많이 산다. 강남, 서초, 성수 등의 고급 주상복합 아파트에는 뉴 머니가 많이 거주한다. 물론 최근 들어 뉴 머니들이 단독 주택에 관심을 보이면서 평창동, 성북동, 한남동으로 들어가거나 별장을 가지기도 한다. 반대로 나이가 많은 올드 머니 중에선 단독 주택보다 좀 더 편리한 아파트에 거주하고자 강남으로 옮겨 가는 경우도 있다. 한남동의 주상복합 아파트가 100억 원대에 거래되기도 하고, 압구정 현대아파트나 성수동 트리마제 같은 고가 아파트의 대형 평수 가격은 평창동이나 성북동의 단독 주택 가격에 맞먹거나 능가하기도 한다. 물론 대저택은 대지 몇백 평 규모라서 100~200억 원대도 많다. 집 가격은 올드 머니와 뉴 머니를 가르는 절대 기준이 아니다. 강남의 부동산 개발로 부자가 된 뉴 머니를 우리 사회는 졸부라고 대놓고 비하했다. 문화 자본을 열심히 쌓아서 올드 머니들과 어울리며 변신을 하지 않았다면 그들은 여전히 뉴 머니다.

과거엔 올드 머니를 따라 하는 이들은 뉴 머니뿐이었다. 일반 사람들은 따라 할 엄두조차 내지 않았다. 우리는 본능적으로 자신보다 사회경제적 지위가 높거나 비슷한 친구를 선호한다. 당연히 부자는 부자들끼리만 어울린다. 부자들은 집값이 비싼 동네에 살면서 부자 이웃과 어울렸다. 그들의 자녀 역시 비싼 사립 학교에 다니며 그들끼리 어울렸고, 상대적으로 명문대에 더 많이 들어가 그들끼리 인맥을 다졌다. 가난한 집 아이보다 부유한 집 아이가 명문대 갈 확률이 더 높은 건 어찌 보면 당연한 일이다. 한국의 초고소득층 슈퍼리치(금융 자산 100억 원 이상에 총자산 300억 원 이상인 부자)의 소비 지출에서 교육비가 차지하는 비중은 크다. 하나금융경영연구소의 《2023 대한민국 웰스 리포트》에 따르면, 슈퍼리치는 월평균 3700만 원을 소비 지출했다. 연간 4억 4000만 원 정도다. 그중 교육(본인 및 가족 포함)에 20퍼센트, 자기계발(운동, 학습 등)에 12퍼센트를 쓴다. 교육에 9000만 원, 자기계발에 5000만 원 정도를 쓴다는 이야기다. 슈퍼리치는 평균적으로 총자산

323억 원, 연평균 소득 12억 원 이상이다. 직업으로는 기업 경영자, 의사, 변호사가 많다. 이런 경제력과 가정 환경을 갖춘 집일수록 자녀를 명문대에 보내려는 욕망이 훨씬 크지 않을까? 국내 명문대뿐 아니라 해외 명문대로 유학 보내려는 의지도 아주 크지 않을까?

명문대 선호는 올드 머니 스타일이다

▼

한국장학재단에 따르면 서울대, 연대, 고대 신입생 중 국가 장학금 신청자의 절반이 최고 소득층인 9~10분위다. 2021년 기준 서울대에서 장학금을 신청한 신입생 중 55.5퍼센트가 9~10분위인데, 2017년에는 40퍼센트 정도였다. 반면 최저 소득층인 1~2분위는 2017년 21.6퍼센트에서 2021년 11.6퍼센트로 줄었다. 설마 1~2분위가 일부러 장학금 신청을 하지 않았을 리는 없을 테니 실제로 1~2분위에 해당하는 신입생이 줄었다고 볼 수 있다. 고려대도 장학금 신청 신입생 중 9~10분위는 2017년 35.9퍼센트에서 2021년 51.6퍼센트로 늘고, 1~2분위는 19.7퍼센트에서 12.8퍼센트로 줄었다. 연세대도 9~10분위는 36퍼센트에서 41퍼센트로 늘고, 1~2분위는 21.5퍼센트에서 19.3퍼센트로 줄었다. 흔히 SKY라 부르는 가장 선호도 높은 명문대에 고소득층 학생들이 많은 건 우연이 아니다. 소득 격차와 교육 격차는 무관하지 않다. 신입생 중 9~10분위 비율의 전국 대학 평균은 25퍼센트이므로 명문대가 확실히 더 높다. 그리고 SKY에는 9~10분위 중에서도 9분위보다 10분위가 2배가량 더 많다. 특히 SKY 의대는 9~10분위가 75퍼센트 정도다. 전국의 모든 의대 평균도 9~10분위가 50퍼센트 이상이며, 로

스쿨도 절반이 넘는다. 고소득층이 명문대를 독식하고, 평균 소득이 가장 높은 직업인 의사도 독식한다. 빈곤층 아이가 성인이 되어서도 빈곤하게 살 확률이 아주 높은 사회, 부의 고착화와 부의 대물림이 극심한 사회, 이런 현상이 갈수록 심화하는 사회가 한국이다.

참고로 통계청의 2023년 1분기 기준 전체 가구의 월평균 가계 소득은 514만 원이다. 가계 소득은 근로 소득, 사업 소득, 금융 소득 등을 포함하는데 이 중 근로 소득은 345만 원이다. 소득은 1~10분위로 나뉘며 1이 가장 낮고 10이 가장 높다. 1분위는 월평균 가계 소득이 약 69만 원이고, 2분위는 약 155만 원이다. 9분위는 월평균 약 853만 원이고, 10분위는 약 1466만 원이다. 연간으로 치면 9분위 이상은 1억 원이 넘고 10분위는 2억 원에 가깝다.

한국에서 상위 10퍼센트의 연평균 통합 소득은 1억 4640만 원이다. 10분위는 상위 10퍼센트 이상에 해당한다. 상위 1퍼센트의 연평균 통합 소득은 4억 7000만 원이고, 상위 0.1퍼센트의 연평균 소득은 18억 4970만 원이다. 1년에 4억 7000만 원을 버는 사람이 50만 명쯤 된다는 이야기다. 2022년 기준 금융 자산 10억 원 이상인 사람이 42만 명으로 전체 인구 중 0.82퍼센트다. 이들이 가진 금융 자산(주식, 펀드, 예금, 적금 등)이 전체의 60퍼센트이므로 1퍼센트도 안 되는 사람들이 절대다수의 부를 가진 것이다.

고등교육법 시행령 개정에 따라 기회균형전형이 더욱 확대되어 2024학년도 대학 입시부터는 저소득층, 장애인, 농어촌 및 도서벽지 거주자 등 사회적 배려 대상자를 모집 인원의 10퍼센트 이상 선발해야 한다. 그런데 이 제도가 시행된다고 명문대의 고소득층 신입생 비율이 낮아질까? 절대 아니다. 더 높아질 가능성마저 있다. 고소득층은 모든 대학을 선호하는 게 아니다. 명문대만 선호한다. 부의 대물림을 위해서든 경제적 기회를 위해서든 인맥을 쌓는 데서든 명문대가 유리하다고 보기 때문이다. 불평등과 빈부 격차가 갈수록 심화하는 상황에서 고소득층이 자녀를 명문대에 입학시켜야 할 이유는 더 커졌고, 이에 따라 더 적극적으로 투자에 나설 것이다. 미국 명문대에서는 오래전부터 사회 배려자 전형이 있었다. 부유층이 기부금을 내고 입학하는 것이나 저소득층과 사회적 약자가 배려를 받고 입학하는 것이나 엄밀히 말하면 동일하다. 성적 기준이 아닌 특혜라는 점에선 마찬가지다.

예일대 대학 신문인《예일데일리뉴스Yale Daily News》2022년 1월 기사에 따르면, 예일대 학부생 가정의 연평균 소득은 19만 2600달러이고, 학부생의 19퍼센트는 소득 분포의 상위 1퍼센트, 69퍼센트는 상위 20퍼센트에 속하며, 소득 분포의 하위 20퍼센트에 속하는 학생은 2.1퍼센트에 불과하다. 1991년생이자 2013년에 졸업한 예일대 학생들을 대상으로 조사한 결과다. 당시 예일대 학부생 10명 중 7명이 소득 상위 20퍼센트 가정 자녀에 속한 셈이다. 우리로 치면 9~10분위 가정 출신이라는 이야기다. 1~2분위 출신은 100명 중 2명에 불과하다. 우리보다 빈부 격차에 따른 교육 격차가 훨씬 더 심하다. 하지만 지금은 조금 달라졌다. 저소득층 학생에 대한 재정 지원을 지속적으로 늘려왔고, 약자와 소수자도 더 배려해왔다. 이 덕분에 현재는 하위 20퍼센트 가정 출신 학생이 약 20퍼센트라고 한다. 참고로 2021~2022학년도 예일대 등록금은 7만 7750달러였다. 우리 돈으로 1억 원가량이다. 이 정도 학비를 매년 낼 수 있으려면 고소득층일 수밖에 없다. 배려받는 저소득층의 경우 등록금은 지원받겠지만 그것으로 학교 생활이 다 해결되지는 않는다. 앞서 언급한 예일대 대학 신문의 기사 제목은 〈"다른 계급 캐릭터로 코스프레하기": 예일대에서 저소득층 학생으로 살아가기Cosplaying as a different class character": life as a low-income student at Yale〉다. 저소득층 학생들이 대학에서 만난 고소득층 친구들과 어울리기 위해 패션이나 취미, 소비에서 가난한 티를 내지 않으려고 자신을 꾸미거나 포장한다는 내용으로, 이를 코스프레라고 표현했다. 그리고 코스프레에 대한 스트레스도 다루었다. 자신이 속한 경제 계층이 겉으로 가장 잘 드러나는 요소가 패션이다. 공교롭게도 올드 머니 패션에 대한 관심도가 높아진 지금 시점이 이런 상황과 연결된다. 2009년부터 시행된 기회균형전형이 점점 확대되는 한국의 대학에서도 나타날 수 있는 문제다. 이에 따라 한국의 20대, 바로 Z세대가 올드 머니 패션에 반응할 가능성이 충분하다. 그중에서도 아이비리그 룩은 오래전에도 인기였지만 다시 인기를 끌 가능성이 크다. 시작은 패션이겠지만 올드 머니 스타일은 의식주 전반의 라이프스타일로 확대될 것이다.

앞서 살펴봤듯이 아이비리그 룩은 명문대를 대표하는 아이비리그 학생들의 패션 스타일로, 올드 머니 스타일 중 하나다. 올드 머니가 명문대를 선호했고 이에 따라 미국의 올드 머니 가문 자녀는 주로 아이비리그를 나왔다. 아이비리그 8개 대학 중 가장 오래된 곳이 1636년 설립된 하버드대학이다. 예일, 프린스턴, 컬럼비아, 펜실베이니아, 브라운, 다트머스 등은 1700년대에 세워졌고, 코넬대가 가장 늦은 1865년 설립되었다. 7개가 미국 건국 전(미국이 영국 식민지이던 시절)에 세워진 셈이다. 아이비리그는 미국 대학의 원조 격으로 이 대학 출신들이 오늘날 미국의 산업, 경제, 정치, 과학 등을 쌓아올렸다고 해도 과언이 아니다. 그러므로 학교 인맥이 나머지 대학보다 월등할 수밖에 없다. 아이비리그 룩은 애초에 영국 귀족의 패션 스타일에서 유래했다. 영국에서 비롯한 국가가 미국이니 그럴 수밖에 없다. 아이비리그 룩과 연결되는 것이 영국 옥스퍼드대와 케임브리지대 학생들 스타일을 일컫는 옥스브리지 룩Oxbridge Look이다. 그리고 이와 연결되는 것이 사립 학교 스타일인 프레피 룩이다. 프레피 룩을 입던 아이들이 대학에 진학해 아이비리그 룩을 입는 것이다. 프레피 룩이 미국에서 활발하게 확산된 건 70여 년 전(2차 세계대전 이후) 일이다. 중고등학생이나 대학생뿐 아니라 성인이 되어서까지 패션에서 올드 머니 스타일이 중요하게 자리 잡고 있는 셈이다. 미국에서는 영국 올드 머니에 대한 동경이 계속 존재했다. 시간이 지나며 다소 사그라들었지만 최근 들어 Z세대에게서 되살아났다.

20대에게 대학은 삶에서 중요한 공간이자 문화다. 한국에서 서울대, 연세대, 고려대 등을 선호하는 것도 명문대가 가진 인맥 효과와 무관하지 않다. 가뜩이나 인맥과 집단을 중시해온 한국 사회에서는 끌어주고 밀어줄 선후배 네트워크가 더더욱 중요할 수밖에 없다. 이 네트워크는 과거엔 아주 강력했고, 지금도 예전 같진 않더라도 여전히 유효하다.

부자가 되는 건 멀지만 부자처럼 보이는 건 가깝다

▼

2022년 8월, 권위 있는 과학 학술지 중 하나인 《네이처Nature》에 흥미로운 논문 하나가 실렸다. 제목은 〈사회적 자본 1: 측정 및 경제적 이동성과의 관계Social capital I: measurement and associations with economic mobility〉로, 가난한 아이에게 부유한 친구가 많으면 커서 소득이 더 높아진다는 가설을 분석한 것이다. 연구진은 다 같이 가난한 지역이라도 어떤 가난한 지역 출신은 다른 가난한 지역 출신보다 부자가 될 확률이 훨씬 더 높다는 점에 주목했다. 그 이유를 찾는다면 가난한 이들의 경제적 지위를 높이는 방법을 찾을 수 있을 터였다. 가난과 경제적 불평등 해결이 이 연구의 목적이었다. 빈곤층을 위한 어떤 정책이 그들의 사회경제적 지위를 높이는 데 실질적으로 도움이 될지 연구한 것이다. 25~44세 미국인 페이스북 사용자 7220만 명(해당 연령대 실제 인구 중 84퍼센트)의 사회관계망 데이터 210억 개를 분석했는데, 샘플 조사가 아닌 전수 조사에 가까웠다. 현실 세계의 친구 관계를 분석하기는 어렵기에 페이스북의 사회관계망 데이터를 분석한 것이다. 페이스북이 이 연구를 위해 데이터를 제공했고, 사생활 보호를 위해 개인 정보는 가린 채 사용자들의 인맥이자 사회적 자본을 분석했다.

"친구를 잘 사귀어야 한다" "친구 따라 강남 간다" 같은 말에서 알수 있듯이, 아주 오래전부터 우리는 자기보다 사회경제적 지위가 나은 사람과 어울리는 것이 자신의 경제적 지위를 높이는 데 도움이 될 것이라고 본능적으로 알고 있었다. 이 논문에서는 가난한 아이가 친구 중 70퍼센트가 부유한 가정인 동네에서 자랄 경우 미래에 소득이 20퍼센트 증가한다는 구체적 사실을 밝혀냈다. 이를 경제적 연결성economic connectedness이라고 하는데, 이것이 높을수록 경제적 계층 이동이 원활해진다. 요컨대 가난과 불평등을 줄이려면 어릴 때부터 빈곤층과 부유층의 교류가 원활한 여건을 만드는 정책이 필요하다는 것이 이 연구의 핵심 결론이다. 거꾸로 보면 정책을 통해 인위적으로 그렇게 조절해야 하며, 그냥 놔두면 부유층은 부유층끼리만 어울리며 계속 그들만의 리그를 더 견고하게 만든다는 뜻이다. 결국 불평등과 빈부 격차 심화는 정책의 힘으로 엄청난 노력을 해야 해결할 수 있는 과제인 셈이다. 서로 다른 경제적 계층끼리 섞이고 어울리게 하는 정책을 인위적으로 도입할 수야 있겠지만 현실은 결코 녹록하지 않다. 만약 당신이 고소득층이라면 저소득층과 어울리는 걸 원하겠는가?

소득 상위 그룹이 같은 상위 그룹을 친구로 삼을 가능성이 훨씬 크고, 하위 그룹은 같은 하위 그룹과 친구 맺을 가능성이 큰 것은 굳이 연구해보지 않아도 짐작할 수 있다. 이러한 사실이 뒤쪽 도표에서 보듯 이 연구를 통해 구체적으로 입증되었다. 소득 상위 1퍼센트 그룹과 친구가 되려면 상위 10퍼센트 그룹 안에 드는 게 유리하고, 그게 안 된다면 적어도 평균 그룹 중 상위가 되어야 한다. 그런데 놀랍게도 상위 1퍼센트 그룹의 인맥 중에는 하위 10퍼센트 그룹도 있다. 과연 어떻게 이들은 친구가 되었을까?

사람들은 어디에서 친구를 많이 사귈까? 누구는 중고등학교에서 만난 친구가 평생 가고, 누구는 교회에서 만난 사람과, 누구는 어릴 적 살던 동네의 또래와 친구가 된다. 대학에서도 친구를 많이 사귀고, 직장에서도 친구가 생긴다. 그런데 과연 부유층은 어디에서 친구를 가장 많이 사귈까?

아이들은 사회경제적 지위보다 자신의 관심사나 과외 활동을 통해 친구를 사귀고 어울릴 수 있다. 성인이 되면 점점 사회경제적 지위

개인 소득별 인맥 그룹 차이

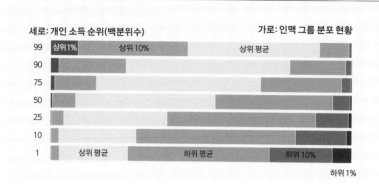

세로: 개인 소득 순위(백분위수)　　　　　　　　가로: 인맥 그룹 분포 현황

와 계층의 벽이 높아진다. 그런 점에서 미국에서는 학교에서 서로 다른 계층을 인위적으로 섞는 접근을 중요하게 생각하는데, 안타깝게도 한국에서는 초등학생들도 이미 사회경제적 지위로 상대를 구분하고 가르고 있다. 비싼 아파트와 임대 아파트를 가르고, 부모의 직업이나 자산을 가지고도 가른다. 그나마 이런 벽을 무너뜨리고 어울릴 환경은 대학밖에 없다.

　부유한 고소득층은 저소득층보다 대학에서 훨씬 친구를 많이 사귄다. 저소득층은 고소득층보다 동네에서 훨씬 많은 친구를 사귀고, 종교 단체에서도 친구를 많이 사귄다. 중산층은 직장에서 상대적으로 더 많은 친구를 사귄다. 고등학교에서 친구를 사귀는 건 소득 대비 편차가 가장 적긴 하지만 중산층이 좀 더 많다. 결국 부자 동네에서 살며 어릴 때부터 부자 이웃을 두고, 사립 학교 다니며 부자 친구를 사귀지 않는 빈곤층이라면 대학이 부자 친구와 사귈 가능성이 그나마 가장 높은 곳

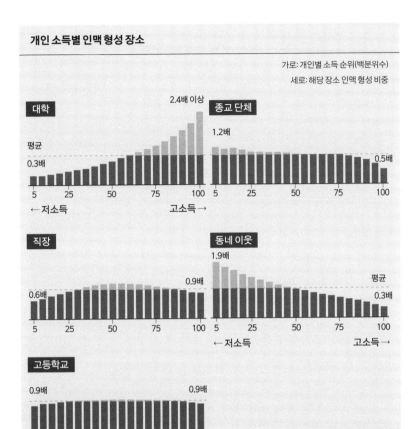

개인 소득별 인맥 형성 장소

가로: 개인별 소득 순위(백분위수)
세로: 해당 장소 인맥 형성 비중

대학

2.4배 이상

평균
0.3배

5   25   50   75   100
← 저소득   고소득 →

종교 단체

1.2배

0.5배

5   25   50   75   100

직장

0.6배

0.9배

5   25   50   75   100

동네 이웃

1.9배

평균
0.3배

5   25   50   75   100
← 저소득   고소득 →

고등학교

0.9배

0.9배

5   25   50   75   100

이다. 물론 빈곤층이 대학 가는 건, 그중에서 명문대 가는 건 쉽지 않은 일이어서 미국이나 한국이나 부의 대물림만큼 교육 격차도 갈수록 더 심화한다.

이 연구 논문은 하버드대 공공경제학과 라즈 체티Raj Chetty 교수가 제1 저자이고, 스탠퍼드대 경제학과 매슈 잭슨Matthew O. Jackson 교수,

뉴욕대 경영대학원 테리사 쿠츨러Theresa Kuchler 교수와 조해너스 스트뢰벨Johannes Stroebel 교수 등 총 22명의 연구진이 공동 저술했다. 이들 중 14명이 하버드대 소속이며, 또 이들 대부분은 '오퍼튜니티 인사이츠Opportunity Insights' 연구 프로젝트에 속해 있다. 오퍼튜니티 인사이츠는 하버드대에 기반을 둔 연구팀과 정책 분석가들이 협력해 경제적 불평등 문제를 해소하기 위한 연구를 한다.

오퍼튜니티 인사이츠는 "아메리칸드림은 왜 점점 퇴색하는가?"에 대한 답으로, 출생 연도에 따라 자신의 부모보다 더 많은 소득을 가질 가능성을 수치화한 적 있다. 1945년 출생자 90퍼센트는 자신의 부모보다 더 많은 돈을 번다. 부모보다 자녀가 더 부유한 삶을 사는 이 비율은 계속 하락해 1955년생은 70퍼센트, 1965년생은 59퍼센트, 1975년생은 57퍼센트, 1985년생은 50퍼센트가 된다. 1985년생 중 50퍼센트는 부모보다 더 벌고, 나머지 50퍼센트는 그러지 못한다. 자녀 세대가 부모 세대보다 더 부유해진다는 명제에 금이 가는 시점이자 부모보다 가난해진다는 새로운 명제가 시작되는 시점이다.

미국만 이런 것이 아니다. 한국은 부의 양극화, 불평등이 더 심각하다. 1985년생은 2024년 기준 39세. 이들보다 나이가 더 적은 사람들은 부모 세대보다 부유해진다가 아닌 가난해진다의 범주로 들어갈 확률이 높다. 바로 MZ세대가 여기에 해당한다. 두 세대 중 특히 밀레니얼세대(1982~1996년생, 2024년 기준 28~42세)보다 Z세대(1997~2012년생, 2024년 기준 12~27세)가 더 심각해질 수 있다. 여기서 흥미로운 점은 올드 머니룩 패션, 소비, 라이프스타일의 트렌드 코드로 적극 소비하기 시작한 것이 Z세대라는 사실이다. 부자는커녕 부모 세대보다 소득이

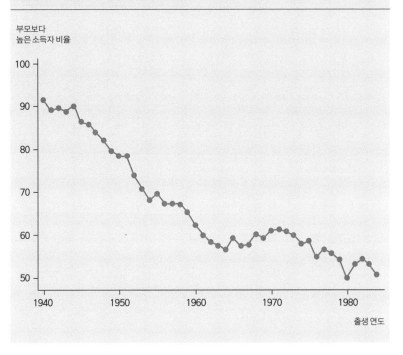

출생 연도별 부모보다 높은 소득자 비율

부모보다
높은 소득자 비율

출생 연도

적을 세대가 올드 머니에 관심을 쏟는 건 '새로운 욕망'이자 '새로운 스타일에 대한 갈구'일 수 있다. 그리고 이는 패션과 대중문화, 엔터테인먼트, 여행, 레저, 인테리어, 가구, 예술, 전시 등 다양한 분야에서 기회가 될 수 있다. 현실이 개선되어서 사람들이 페이스북과 인스타그램에다 멋진 일상을 드러내고 있는 게 아니다. 현실이 팍팍할수록 사람들은 '소비'를 통한 '현실 도피' '위안' '작은 사치'를 지향한다. 이것은 허영이나 망상이 아니라 즐겁게 만족하며 살아가기 위한 합리적 대응일 수 있다.

막연히 꿈만 꾸면서 부자가 되기를 기다리기보다 올드 머니 스타일을 소비하는 것으로 욕망을 대체하는 것은 꽤나 합리적 선택이다. 부자가 되는 건 멀고 부자처럼 보이는 건 가깝다. 당신이 소셜 네트워크에서 보여주는 일상은 당신의 진짜 일상보다는 좀 더 럭셔리하고, 좀 더 풍요롭고, 좀 더 멋지다. 누구나 자신을 드러내며 과시할 수 있는 시대를 맞아 대부분의 사람은 일종의 코스프레를 하고 있다. 이것은 지극히 보편적인 행동이자 욕망의 표현이다. 당신이 부자가 될 가능성이 낮기에 올드 머니 스타일에 대한 욕망이 더 커지고 있는지 모른다. 올드 머니 스타일에 대한 관심의 진원지가 Z세대라는 건 이 가설을 설득력 있게 만들어준다. 미국에서 촉발된 올드 머니 트렌드가 과연 한국에서도 자리 잡을까? 그렇다. 이미 그렇게 되기 시작했다. 2024년은 아주 흥미로운 해가 될 것이고, 당신은 올드 머니 트렌드가 전방위적으로 확산하는 것을 목격할 것이다.

2장

반려자를
반려하다

변화를 솔직히 인정할수록 커지는 기회

Life_Trend_2024

#반려 #반려의 주도권 #반려자 #반려동물 #반려식물 #반려로봇 #연애 #결혼 #비혼 #저출산 #저혼인 #1인 가구 #생애미혼율 #외로움 #동물 복지 #기업 복지

LIFE TREND 2024

반려자를 반려하게 된 시대, 과연 누가 당신 옆에서 살아갈 것인가? 2024년 당신의 곁을 지킬 존재를 생각해보라. 누가 당신 곁에 있는가? 이 답에 따라서 당신의 의식주와 소비 욕망, 라이프 스타일이 결정된다.

국어사전에서 '반려伴侶'는 짝이 되는 동무를 의미하는데, 주로 동반자(배우자)를 일컫는다. 반려라는 말에 결혼과 부부가 은연중에 내재해 있는 셈이다. 국어사전 속 의미는 과거에서 현재까지 쌓여온 것이다. 과연 현재에서 미래로 쌓여가는 의미에서도 반려에 결혼과 부부가 중심

반려² 伴侶 ⊕
명사 짝이 되는 동무.
유의어 동무¹ 동반자 짝꿍

[발:려]
◀) 전체 4 │ 서울 4

표준국어대사전

반려³ 返戾 ⊕
명사 주로 윗사람이나 상급 기관에 제출한 문서를 처리하지 않고 되돌려줌.
유의어 반납² 반벽² 반환²

역할을 할까? 이 질문의 답을 이미 당신도 알고 있다.

반려자伴侶者를 반려返戾하게 된 시대, 과연 누가 당신 옆에서 살아갈 것인가? 2024년 당신의 곁을 지킬 존재를 생각해보라. 누가 당신 곁에 있는가? 이 답에 따라서 당신의 의식주와 소비 욕망, 라이프스타일이 결정된다.

당신은 반려자, 반려동물, 반려식물, 반려로봇 중 누구에게 가장 관심이 큰가?

▼

네이버 검색어 트렌드에서 최근 2년간(2021. 6~2023. 6) 반려자, 반려동물, 반려식물, 반려로봇의 관심도 추이를 살펴봤다. 반려동물에 대한 관심도(검색량)가 가장 높고, 그다음이 반려식물이며, 이어서 반려자와 반려로봇이 엎치락뒤치락한다. 반려자는 반려로봇에 꽤 앞서는 듯했다가 최근 들어 엇비슷하다가 살짝 밀리기까지 한다. 현실에서 반려로봇이 그리 대중화되지 않은 상황임을 고려하면 향후 반려를 대표하는 4가지 대상의 관심 순위는 '반려동물 〉 반려식물 〉 반려로봇 〉 반려자' 구도로 굳어질 가능성이 커졌다. 반려자, 즉 사람이 가장 밀리는 형국이다. 반려동물한테 밀리는 건 일견 받아들일 만한데 반려식물, 아니 반려로봇한테까지 밀린다는 건 생각해볼 일이다. 우리에게 반려의 존재로서 '사람'의 위상이 얼마나 떨어져 있는지를 성찰하게 한다.

성별에 따른 차이가 있을까? 반려자에 대한 관심이 가장 높은 시기를 30~40대라고 가정하고(결혼을 가장 많이 하는 연령대가 30대이기도 하다) 이들을 남녀로 구분해서 살펴봤다. 3040세대 여성은 반려식물에

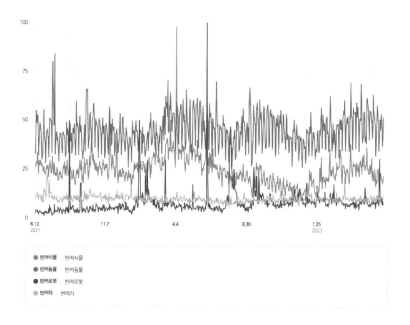

대한 관심도가 반려동물에 거의 근접한다. '반려동물 = 반려식물 〉 반려자 = 반려로봇' 구도에 가깝다. 반면 3040세대 남성은 반려동물에 대한 관심이 다른 3가지보다 훨씬 높다. '반려동물 〉 반려식물 〉 반려자 = 반려로봇' 구도다. 팬데믹 기간에 반려식물에 대한 관심이 급등했는데, 여성들이 이를 흡수한 셈이다. 반려동물과 반려식물 둘 다 반려자보다 관심도가 월등히 높다. 3040 중 남성은 반려동물에 대한 관심도가 높긴 해도 여성에 비하면 그리 높진 않다. 3040세대 남성이 상대적으로 반려자(사람)에 대한 관심도가 더 높고, 3040세대 여성은 사람 대신 동물, 식물을 반려의 대상으로 더 선호한다고도 볼 수 있다.

혼인 건수 급감에 결정적 영향을 끼친 건 결혼 적령기의 남성일까 여성일까? 여성이 더 큰 영향을 주었을 가능성이 있다. 실제로 결혼

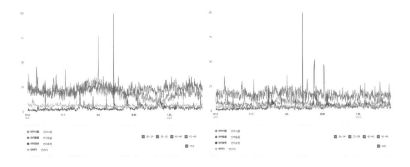

을 필수라고 여기는 여성은 남성보다 훨씬 적다. 한국리서치가 2023년 5월에 1000명을 대상으로 조사한 〈2023 결혼 인식 조사〉에 따르면 남자는 결혼을 해야 한다가 59퍼센트, 해도 좋고 하지 않아도 좋다가 36퍼센트, 하지 않아야 한다가 6퍼센트다. 반면에 여성은 해야 한다가 33퍼센트, 해도 좋고 하지 않아도 좋다가 56퍼센트, 하지 않아야 한다가 11퍼센트다. 남녀 차이가 확연하다. 이 조사 때만 그런 게 아니라 예전부터 모든 조사에서 결혼을 대하는 남녀의 태도는 이런 식으로 차이가 났다. 남성이 결혼에 좀 더 호의적인 것은 한국 사회에서 결혼이 남성에게 좀 더 유리한 제도이자 문화이기 때문이라고 해석 가능하다.

　남녀 차이뿐 아니라 연령대별 차이도 난다. 결혼을 해야 한다는 답변이 30대는 30퍼센트인 반면, 50대는 46퍼센트, 60대 이상은 64퍼센트다. 2030세대에게 결혼은 해도 좋고 안 해도 좋은, 말 그대로 선택의 문제지만 5060세대 이상은 가급적 해야 한다고 여긴다. 같은 30대여도 남성은 44퍼센트가 결혼해야 한다고 한 반면 여성은 15퍼센트만 그렇게 답했다. 여성은 해도 좋고 하지 않아도 좋다가 72퍼센트고, 남성은 51퍼센트다. 40대도 남성은 결혼해야 한다고 54퍼센트가 답했지만

결혼에 대한 남녀 인식 차이

질문: 결혼에 대해 어떻게 생각하십니까?
응답자 수: 1,000명
비고: 해야 한다(반드시 해야 한다+하는 편이 좋다), 하지 않아야 한다(하지 않는 게 좋다+절대 하면 안 된다)
응답 제시
조사 기간: 2023. 05. 26~30.

	사례 수 (명)	해야 한다	해도 좋고 하지 않아도 좋다	하지 않아야 한다
전체	(1,000)	46	46	8
성별				
남자	(496)	59	36	6
여자	(504)	33	56	11
연령				
18~29세	(166)	35	52	13
30대	(151)	30	61	9
40대	(181)	38	54	9
50대	(194)	46	44	10
60세 이상	(308)	64	31	4
혼인 여부				
미혼	(327)	31	58	10
배우자 있음	(575)	56	37	6
사별, 이혼	(99)	33	53	14

	사례 수 (명)	해야 한다	해도 좋고 하지 않아도 좋다	하지 않아야 한다
전체	(1,000)	46	46	8
성별X연령				
남자_18~29세	(87)	53	34	13
여자_18~29세	(79)	15	72	12
남자_30대	(78)	44	51	5
여자_30대	(73)	15	72	13
남자_40대	(92)	54	42	4
여자_40대	(89)	21	66	13
남자_50대	(98)	55	39	6
여자_50대	(96)	36	50	14
남자_60세 이상	(141)	76	22	2
여자_60세 이상	(167)	54	39	7

출처: 한국리서치 정기조사 여론 속의 여론(hrcopinion.co.kr)

여성은 21퍼센트만 답했다.

심지어 '사랑하는 사람이 있다면 결혼해야 한다'라는 문항에 30대 남성은 64퍼센트가 동의한다, 27퍼센트가 동의하지 않는다고 답했지만 30대 여성은 36퍼센트가 동의한다, 55퍼센트가 동의하지 않는다고 답했다. 40대에서도 남성은 71퍼센트 동의, 여성은 45퍼센트 동의, 18~29세에서도 남성은 56퍼센트 동의, 여성은 35퍼센트 동의였다. 2030세대 여성 다수가 사랑과 결혼을 연결시키지 않았다. 그만큼 한국 사회에서 결혼이라는 제도와 문화가 여성에게 불리하거나 손해라는

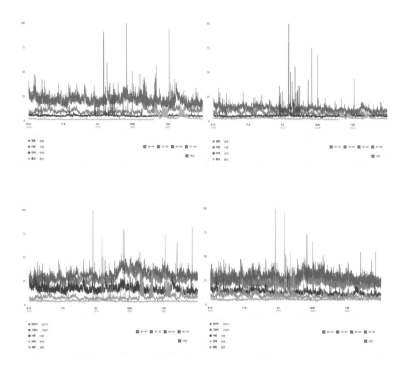

인식이 팽배하다. 솔직히 이건 인식의 문제가 아니라 사실이 그렇기도 하다. 맞벌이가 당연한 시대지만 가사 노동에서 여성의 부담이 여전히 훨씬 높고 가부장적 가족 중심주의 문화도 여전하다. 직장의 노동 시간은 길고 출산과 양육에 대한 직장의 배려는 부족하다. 집값은 비싸고 주택 대출에 대한 이자 부담은 크다. 입시 위주의 교육열과 교육비 부담도 크다. 이런 상황에서 '결혼'을 '사랑'만으로 선택할 수는 없는 노릇이다. 사랑만 믿고 가기엔 현실의 벽이 너무 높다. 만약 결혼 제도와 문화를 여성에게 좀 더 유리하게 바꿔놓을 수만 있다면 저혼인, 저출산 문제가 해소될 여지가 있다. 물론 단기간에 그렇게 바뀔 가능성은 거의 없다. 그래서 결혼과 출산은 갈수록 더 줄어들다가 더 이상 줄어들 수 없을 만큼 바닥으로 떨어져서야 정체될 것이다.

네이버 검색어 트렌드에서 살펴본 최근 7년간(2016. 6~2023. 6), 3040세대 여성과 남성의 '결혼, 이혼, 연애, 돌싱' 4가지 검색어의 검색량(관심도) 추이를 살펴봤다. 3040세대 여성과 남성 모두 검색어 관심도만 봤을 때는 '이혼〉결혼〉연애〉돌싱' 순서인 것 같다. 하지만 4가지 중 이혼에 대한 관심도 비중은 여성이 남성보다 더 높다.

그리고 '결혼, 이혼, 연애'라는 키워드에 '강아지, 고양이'를 추가해서 관심도를 비교해봤다. 결혼, 이혼, 연애 모두 강아지와 고양이에 대한 관심도에 크게 뒤처진다. 확실히 3040세대에게 반려자(사람)는 뒤로 밀리고 반려동물이 더 중요하다. 어떻게 동물을 사람에 비하겠느냐 하겠지만, 현실에서 3040세대에게 강아지와 고양이는 사람을 대신해 함께 살며 즐거움과 위안과 행복을 주는 존재가 되고 있음을 간과해선 안 된다. 반려동물에게 쓰는 돈은 더 많아질 것이고, 이에 따라 더 다양한 상품과 서비스가 나오고, 더 고급화된 시장도 만들어질 것이다. 반려동물 시장은 성장세가 가파른 미래 시장일 수밖에 없다.

사랑한다면 돈을 써라

▼

KB금융지주 경영연구소의 《2023 한국 반려동물 보고서》에 따르면, 반려동물을 기르는 가구는 552만 가구이고 인구수로는 1262만 명이다. 전 국민 4명 중 1명꼴이다. 2022년 말 기준으로 조사한 보고서인데, 2020년 말 기준 조사(《2021 한국 반려동물 보고서》) 때는 반려동물을 기르는 가구가 536만 가구, 인구수는 1282만 명이었다. 가구 수는 16만 가구 늘었는데 인구수는 20만 명 준 것은 1인 가구가 증가했기 때문이다. 반려동물을 기르는 552만 가구 중 반려견은 394만 가구, 반려묘는 149만 가구로 가구 수에서 3배 정도 차이가 난다. 그런데 동물 수에서는 반려견 473마리, 반려묘 239마리로 2배 차이다. 개는 가구당 1.2마리, 고양이는 1.5마리다. 개는 1마리를 기르는 이들이 많은 반면 고양이는 2마리 이상을 기르는 이들이 많아서다. 일부일처제 사회라서 반려자는 1명이지만 반려동물은 하나일 필요 없다. 여력만 된다면 많아도 상관없다. 그리고 추세를 보면 개는 감소세, 고양이는 증가세다. 이 또한 1인 가구 증가와 연결된다.

이 보고서에서 흥미로운 점이 몇 가지 있다. 그중 하나가 바로 양육비다. 전체 반려가구의 월평균 양육비는 15만 4000원이다. 반려동물을 기르는 552만 가구를 대입시키면 월 8500억 원, 연간으로는 10조 2000억 원이다(농촌경제연구원에서 2021년 연간 양육비를 3조 4000억 원으로 계산하고 2027년에 6조 원이 될 거라 예측한 바 있지만 계산 방식에 따라 규모는 달라질 수 있다). 누군가는 이 돈을 벌고 있다는 이야기다. 우리가 사랑하는 존재, 우리가 가족이라고 여기는 존재, 우리가 함께 살아가는 반려의 존재에게는 지속적으로 돈을 쓴다. 이 돈은 더 늘어나면 늘어났지 줄어들지는 않을 것이다. 사실 월 양육비 15만 4000원은 평균일 뿐이며 월 20만 원 이상인 가구가 거의 30퍼센트를 차지한다. 552만 가구 중 165만 가구는 연간 240만 원을 쓰고, 그중에서도 상위 10퍼센트인 16만 가구는 아마 연간 1000만 원대를 쓸 수도 있을 것이다. 반려동물을 기르는 사람들에게 강아지나 고양이는 '동물'이 아닌 '가족'이다.

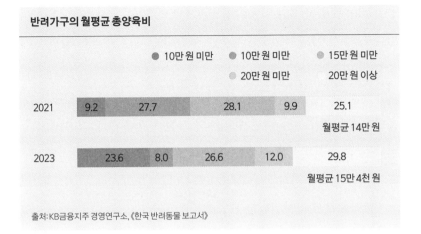

반려가구의 월평균 총양육비

	10만 원 미만	10만 원 미만	15만 원 미만	20만 원 미만	20만 원 이상

| 2021 | 9.2 | 27.7 | 28.1 | 9.9 | 25.1 |

월평균 14만 원

| 2023 | 23.6 | 8.0 | 26.6 | 12.0 | 29.8 |

월평균 15만 4천 원

출처: KB금융지주 경영연구소, 《한국 반려동물 보고서》

가족이 아플 때 병원 가는 것, 가족을 위해 더 좋은 음식을 먹이려고 하는 것은 당연하다. 가족의 교육과 즐거움을 위해 돈을 쓰고, 가족을 꾸미려고 돈을 쓰는 것도 당연하다. 가족이 죽으면 정성껏 장례를 치러주고 싶은 것 또한 당연하다. 다 돈이다.

최근 2년간 동물병원에 갔다는 응답자는 75.9퍼센트이고, 2년간 지출한 동물병원비 평균은 64만 2000원이다. 그중 200만 원 이상을 지출한 비율도 약 10퍼센트다. 이 수치를 반려동물을 기르는 552만 가구에 대입해보면 75.9퍼센트인 419만 가구가 2년간 동물병원에 반려동물을 데려가 치료를 받았다. 이 가구 수에 동물병원비 평균치를 곱하면 총 2조 6900억 원이 된다. 더 흥미로운 건 반려가구 41.5퍼센트가 반려동물 원격 의료 상담이 필요하다고 답했고, 실제로 원격 의료 상담 서비스가 제공된다면 48.8퍼센트가 이용할 의향이 있다고 답했다는 점이다. 또한 반려동물 원격 진료가 된다면 43.2퍼센트가 이용할 의향이 있다고 답했다. 그리고 이런 원격 진료가 유료라도 36.4퍼센트는 이용할 의향이 있고, 1회 이용료로 평균 4만 9000원까지 지불할 의향이 있다고 했다. 이 중에서 1인 가구는 1회 이용료로 6만 9000원까지 지불할 의향이 있다고 답했다. 1인 가구가 돈을 더 쓸 의향이 있다는 것은 그들에게 반려동물이 확실히 가족이자 반려의 존재임을 보여준다. 동물병원과 원격 진료에 대한 수요는 더 커질 수밖에 없고, 더 비싸고 품질 높은 의료 서비스에 대한 수요도 커질 수밖에 없다. 시장이 커질수록 프리미엄 시장 역시 동반해서 커진다.

반려동물보험 가입률은 11.9퍼센트인데 수도권이 12.5퍼센트로 조금 더 높다. 여전히 10가구 중 9가구는 반려동물보험에 가입하지 않았다. 이것은 기회다. 이들의 태도와 행동이 바뀌면 반려동물보험 시장이 커질 여지가 충분하다. 2021년 조사에선 반려동물보험에 대해 들어본 적 없다는 응답이 37퍼센트였으나 2023년 조사에선 11퍼센트로 크게 줄었고, 보험에 대해 인지하고 있는 응답자가 10명 중 9명가량이었다(보험이 있다는 정도만 안다 65.9퍼센트, 상품 종류와 특징까지 안다 23.1퍼센트). 보험사로선 반려동물보험 시장은 반드시 공략해야 할 시장이다. 소비자에게 낯설었던 보험 상품에서 이젠 상당히 인지도가 늘어난 보험 상품이 되었으므로 2024년은 중요한 분기점이 될 수 있다.

보험연구원이 2022년 1월에 발표한 〈세대별 보험 상품 가입 변화와 시사점〉에 따르면, 2010~2019년까지 10년간 30대의 개인형 생명보험 신계약 건수는 7.2퍼센트포인트 감소했다. 60세 이상의 신계약 건수가 19.8퍼센트포인트 증가한 것과 대조된다. 고령층은 보험에 관심이 커지는 데 반해 30대는 왜 관심이 줄었을까? 주요한 이유로 꼽히는 것이 결혼 감소, 독신(비혼주의자) 증가, 사망률 감소 등이다. 결혼도

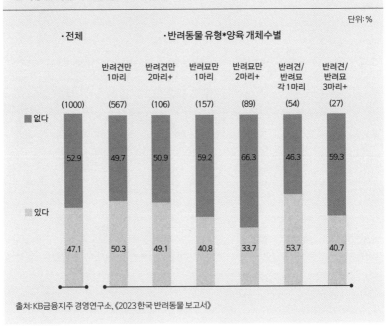

반려동물 때문에 여행을 포기한 경험

단위: %

	•전체	•반려동물 유형*양육 개체수별					
		반려견만 1마리	반려견만 2마리+	반려묘만 1마리	반려묘만 2마리+	반려견/ 반려묘 각 1마리	반려견/ 반려묘 3마리+
	(1000)	(567)	(106)	(157)	(89)	(54)	(27)
■ 없다	52.9	49.7	50.9	59.2	66.3	46.3	59.3
■ 있다	47.1	50.3	49.1	40.8	33.7	53.7	40.7

출처: KB금융지주 경영연구소, 《2023 한국 반려동물 보고서》

안 하고 혼자 살겠다는 사람에겐 자기가 사망하고 받을 생명보험금은 아무 쓸모없다. 혼인 감소와 1인 가구 증가가 30대의 보험 가입률을 낮추는 데 영향을 주는 것이다. 이런 추세는 3040세대로 확대되었다. 그래서 보험사들은 더 적극적으로 노령층을 공략한다. 보험에 대한 관심도가 낮은 3040세대를 아무리 공략해봤자 성과를 내기가 쉽지 않기 때문이다. 하지만 3040세대의 생명보험 이탈과 그들의 반려동물보험 유입은 연결해볼 필요가 있다.

반려동물 시장이 확대되면 상품이 아닌 서비스 시장 또한 주목해야 한다. 반려동물을 대신 돌봐주는 반려동물 호텔, 산책을 대신 시켜

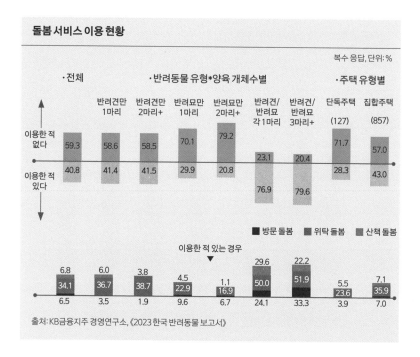

돌봄 서비스 이용 현황

복수 응답, 단위: %

	· 전체	· 반려동물 유형*양육 개체수별						· 주택 유형별	
		반려견만 1마리	반려견만 2마리+	반려묘만 1마리	반려묘만 2마리+	반려견/반려묘 각 1마리	반려견/반려묘 3마리+	단독주택 (127)	집합주택 (857)
이용한 적 없다	59.3	58.6	58.5	70.1	79.2	23.1	20.4	71.7	57.0
이용한 적 있다	40.8	41.4	41.5	29.9	20.8	76.9	79.6	28.3	43.0

■ 방문 돌봄 ■ 위탁 돌봄 ■ 산책 돌봄

이용한 적 있는 경우 ▼

	전체	반려견만 1마리	반려견만 2마리+	반려묘만 1마리	반려묘만 2마리+	반려견/반려묘 각 1마리	반려견/반려묘 3마리+	단독주택	집합주택
산책 돌봄	6.8	6.0	3.8	4.5	1.1	29.6	22.2	5.5	7.1
위탁 돌봄	34.1	36.7	38.7	22.9	16.9	50.0	51.9	23.6	35.9
방문 돌봄	6.5	3.5	1.9	9.6	6.7	24.1	33.3	3.9	7.0

출처: KB금융지주 경영연구소, 《2023 한국 반려동물 보고서》

주는 서비스도 한국 사회에선 성장 가능성이 크다. 반려동물 시장이 먼저 시작되어 성장한 미국에서는 이런 서비스 시장이 크고, 여기에 돈을 쓰는 것을 당연하게 받아들인다. 특히 반려동물 증가가 1인 가구 증가와 연결되는 점은 이 사업에 유리한 상황이다. 직장 다니며 일하고 돈 벌기 바쁜 1인 가구가 반려동물을 내내 곁에서 직접 보살피긴 어려우니 돌봄 서비스를 이용할 가능성은 그만큼 커진다.

지금 반려의 중심에 반려동물이 있다는 건 누구도 부인하지 못한다. 당분간은 주목해야 할 시장이 바로 반려동물 시장이고, 새로운 상품과 서비스가 계속 나올 분야다. 참고로 KB금융지주 경영연구소는 2018년부터 《한국 반려동물 보고서》를 주기적으로 내고 있다(2023년

보고서가 네 번째다). 모두 읽어보면 최근 몇 년간 한국 사회에서 반려동물에 대한 트렌드 변화를 잘 알 수 있다. 2024년 이후에 나오는 보고서도 읽어보기를 권한다.

사랑하는 만큼 돈을 쓴다. 동물이 반려의 존재로서 입지를 더 굳건히 하는 시대에는 그동안 사람이 누려왔던 것들이 동물에게로 대거 이동할 수밖에 없다. 반려동물뿐 아니라 반려식물 시장도 점점 커지고 있다. 이에 따라 비즈니스 기회가 확대되고 프리미엄 시장도 만들어진다. 반려로봇은 후발 주자이지만 가장 빠르게 반려의 존재로 급부상할 가능성이 있다. 아마 10년 내로 반려동물과 반려식물의 위상을 넘볼 것이다. 이에 반해 반려자는 반려의 주요 존재 중에서 위상이 반등할 가능성이 희박하다. 그렇다고 걱정할 필요는 없다. 대신에 자기 자신에게 더 집중할 것이고, 이것이 또 다른 욕망과 새로운 기회를 만들 것이다.

기업의 복지도 반려의 변화를 받아들인다

▼

현재 가장 중요한 반려의 존재는 반려동물이다. 기업의 직원 중 203040세 대 비중이 절대적이다. 이들 중 미혼이나 비혼자도 많고, 반려동물과 함께 사는 경우도 많다. 당연히 결혼, 출산, 양육을 중심으로 설계된 직 원 복지 혜택에 변화가 생길 수밖에 없다. 배우자와 아이 없이 비혼주 의자로 사는 직원은 받을 혜택이 없어 오히려 역차별이 된다. 이런 점 에서 결혼하지 않거나 반려동물과 함께 사는 직원을 위한 복지 혜택을 마련할 필요가 있다. 기업의 이런 변화가 저출산을 더 부추길 것이라는 우려는 억지다. 저혼인, 저출산이 고착화한 주원인은 기업이 제공한 것 이 아니며, 이 문제를 못 풀어가는 건 정부와 사회다. 오히려 기업의 이 런 변화와 대응은 지극히 현실적이고 합리적인 선택이다. 기혼자와 비 혼자에게 동등한 복지 혜택을 제공하려는 것일 뿐이다. 기업에서 다양 성, 형평성, 포용성을 뜻하는 DE&IDiversity, Equity & Inclusion는 아주 중요 한 화두다. 비혼을 선택한 이들의 가치관과 선택을 존중하는 건 DE&I 에도 부합한다.

대표적 사례로 러쉬코리아는 2017년부터 비혼 선언을 하는 임직 원에게는 결혼하는 사람과 마찬가지로 회사 축하금과 신혼여행 10일 휴가 등을 제공한다. 반려동물이 있는 미혼 직원에게는 매달 5만 원의 반려동물 수당을 지급한다. 자녀가 있는 기혼자에게 주는 양육 수당과 같은 개념으로 반려동물을 가족으로 인정한 것이다.

롯데백화점은 2022년부터 40세 이상 미혼 직원이 신청할 수 있는 미혼자 경조 제도를 운영한다. 결혼하는 직원이 받는 경조금과 휴가를 동일하게 지급하고, 결혼식 화환 대신 반려식물을 보낸다. 반려동물 경조 제도도 도입했는데, 반려동물이 죽으면 장례 휴가 1일을 쓸 수 있다. 게임업체 펄어비스는 반려동물을 키우는 미혼 혹은 자녀 없는 기혼 임직원에게 최대 3마리까지 병원 통원과 입원 의료비, 보상 책임 등을 받을 수 있는 반려동물보험을 지원해준다. LG유플러스는 2023년부터 근속 5년 이상, 38세 이상인 직원이 비혼을 선언하면 결혼 축하금과 똑같이 기본급의 100퍼센트를 지급하고 결혼 휴가와 똑같이 특별 유급 휴가 5일을 제공한다. 만약 추후 마음이 바뀌어 결혼을 하게 되어도 상관없다. 다만 결혼 축하금과 특별 휴가에 해당하는 혜택을 이미 받은 셈이니 중복 제공은 하지 않는다. NH투자증권은 2021년 7월부터 45세 이상의 비혼 직원이 희망하면 결혼 축하금과 같은 기본급 100퍼센트를 지급한다. KB증권은 2022년부터 40세 이상 미혼 직원이 비혼 선언을 하면 100만 원을 지급한다. 이렇게 비혼 선언한 직원에게 결혼하는 사람과 같은 수준의 혜택을 제공하는 사례는 점점 늘어날 것이고, 주요 대기업에서는 보편적 제도로 자리 잡을 것이다.

여기서 한발 더 나아가 반려동물을 가족으로 인정해 수당을 제공하는 기업도 늘어날 수밖에 없다. 반려의 존재가 바뀌면 직장에서 이를 반영해주는 건 당연하다. 반려동물 양육 수당, 반려동물 상조, 반려동물보험을 지원하는 것 등을 비롯해 가족과 함께하는 행사처럼 반려동물과 함께하는 행사도 만드는 식으로 직원 복지를 확대해나갈 것이다.

더 나가면 반려동물과 함께 출근도 가능하게 할 것이다. 이러려면 아이를 위한 기업 내 유치원처럼 동물을 위한 돌봄 시설을 만들어야 한다. 미국 기업 중에는 반려동물과 함께 자유롭게 출근하는 펫 프렌들리 pet friendly 오피스가 많다. 아마존, 구글, 세일즈포스, 에어비앤비, 우버 등 테크 기업들이 펫 프렌들리의 대표적 사례다. 가장 치열하게 일하는 곳이자 2030세대가 다수인 테크 기업에 펫 프렌들리는 중요한 복지 제도이자 조직 문화가 될 수 있다. 심지어 반려동물 건강 관리를 위해 정기 검진뿐 아니라 심리 상담이나 정신 건강 프로그램을 제공하는 곳까지 있다. 사람과 다를 바 없다. 확실히 반려의 존재이자 가족으로 대우하는 셈이다. 아마존은 반려동물과 함께 일하면 스트레스를 낮추고 생산성을 높일 수 있다는 것을 강조하는 기업이다. 아마존은 미국, 호주를 비롯해 전 세계 사무실 중 약 100곳에 반려동물 출입이 가능하며, 이곳에 등록된 동물만 1만 마리 이상이라고 한다. 캐나다의 식품 회사 마스캐나다는 본사에 반려동물이 뛰어놀 전용 운동장을 마련하고, 직원들에게 반려동물 돌봄 휴가를 제공하고, 동물병원에 가야 할 일이 생기면 휴가 처리가 가능하게 한다.

국내 기업들의 비혼과 반려동물 관련 복지 제도의 변화는 이제 본격화하고 있다. 앞선 외국계 기업이나 테크 스타트업 등이 2010년대 후반부터 시작하고 2022~2023년에 대기업이 속속 받아들이기 시작했으니, 2024년에는 더 많은 기업의 동참을 목격하게 될 것이다. 이는 결국 기존 반려동물 시장의 성장뿐 아니라 반려식물, 반려로봇 등 반려의 새로운 존재를 대상으로 한 기회 또한 증가하는 계기가 된다.

중국과 일본, 한국 모두 반려의 중심축이 이동 중이다

▼

반려의 변화는 우리만 겪는 게 아니다. 서양은 먼저 겪었고 아시아는 지금 본격적으로 겪고 있다. 그런 점에서 우리와 비슷한 문화권인 중국, 일본을 주목해봐야 한다. 중국 유통 플랫폼 징둥京东에서 발표한 《2022년 중국 반려동물 산업 백서》에 따르면, 2022년 중국의 반려동물은 1억 1700만 마리이며 이 중 반려견은 5119만 마리, 반려묘는 6070마리로 고양이가 훨씬 더 많다. 연평균 소비액은 반려견이 2882위안(약 52만 원)으로 전년 대비 9.4퍼센트 증가했고, 반려묘는 1883위안(약 34만 원)으로 전년 대비 3.1퍼센트 증가했다. 2022년 중국의 반려동물 시장 규모는 4936억 위안, 한화로 약 89조 원이다. 2021년 대비 25.2퍼센트라는 가파른 성장세를 보이고 있으며, 2025년에는 8114억 위안(약 146조 원)으로 커질 것으로 예상한다.

중국은 반려동물에 접근은 뒤늦었지만 강력한 내수 시장과 1인당 국민소득의 상승세에 힘입어 관련 시장의 성장세가 가장 가파르다. 중국은 2019년 1인당 국민소득 1만 달러에 처음 진입했다. 2022년 1인당 GDP(국내총생산) 기준으로는 1만 2732달러, 1인당 명목 GNI(국민총소득) 기준으로는 1만 2608달러다. 하지만 중국의 네이멍구자치구에 있는 인구 220만 명의 어얼둬쓰鄂尔多斯시는 1인당 GDP가 3만 8000달러다. 이 지역만 보면 한국과 일본의 1인당 국민소득 수준을 넘는다. 상하이시는 인구 2500만 명에 1인당 GDP 2만 5000달러, 베이징시는 인구 2200만 명에 1인당 GDP 2만 6000달러 수준이다. 이처럼 베이징, 상하이, 어얼둬쓰, 톈진, 장쑤성 등 경제력 높은 주요 도시와 성은 1인당 소득이 2~3만 달러대다. 국민 전체는 1만 달러대 초반이지만 대도시를 중심으로 보면 2만 달러대 이상이며 그중에서 상위 계층은 선진국 소비자의 구매력을 능가한다. 중국은 개, 고양이 외 다른 반려동물에 대한 수요와 시장도 아주 크다.

일본펫푸드협회JPFA에 따르면, 2022년 기준 일본의 반려동물 중 개와 고양이만 1589만 마리다. 반려견 705만 3000마리, 반려묘 883만 7000마리로 고양이가 개보다 178만 4000마리 많다. 2016년까진 개가 더 많았는데 이후 역전하며 격차가 더 벌어졌다. 사실 전 세계 반려동물 사육 수는 계속 증가세인데, 일본의 경우 개는 10여 년 전부터 감소세이고 고양이는 2020년부터 감소세로 돌아섰다. 이런 감소세는 계속될 가능성이 크다. 일본은 사람 노령화가 심각하지만 반려동물 노령화도 심하다. 반려동물의 절반 이상이 노령 상태. 이처럼 반려동물 숫자는 감소하는데 반려동물 시장은 오히려 커지고 있다. 일본 야노경제연구소에 따르면 일본의 반려동물 관련 시장 규모는 2021년 1조 7187억 엔이었는데 한화로 16조 원에 가깝다. 2022~2023년도 비슷한 수준이었고, 2024년에는 1조 8000억 엔대로 올라가리라 전망하고 있다.

일본은 2021년 5월에 반려동물 간호법이 시행되어 국가 고시로 반려동물 간호사 제도가 도입되었다. 2023년 4월부터 반려동물 고시 출신 간호사들이 동물병원에서 근무하게 되어 반려동물 의료, 간호 서비스의 품질이 높아지고 시장도 성장할 계기가 마련되었다. 반려견 식품 시장의 프리미엄화도 두드러져 한 달 사료 금액만 4만 엔이 넘는 고급 사료까지 출시되고 있다. 혼다자동차는 ZR-V 모델을 반려견이 타기 편한 자동차로 포지셔닝해서 홍보하고 있고, 반려견 관련 자동차 액

세서리 라인인 혼다 도그Honda Dog 시리즈를 판매하고 있다. 파나소닉의 주택 설비 및 건축 자재 계열사인 파나소닉 하우징 솔루션스Panasonic Housing Solutions는 반려동물이 편하게 지낼 수 있는 설계, 부상을 막기 위한 미끄럼 방지 가구 등을 파는 반려동물용 건축 자재 브랜드를 출시해 파나소닉의 공기청정기를 비롯한 가전제품과 연계해서 팔고 있다. 이렇듯 대기업들까지 반려동물 시장을 다양하게 공략하고 있을 정도로 반려동물의 보호자와 반려동물을 위한 서비스 시장이 계속 커지고 있다.

한국의 반려동물 중 개와 고양이는 712만 마리(반려견 473만 마리, 반려묘 239만 마리)다. 일본은 우리보다 수에서 2배 이상 많고 시장 규모는 2~3배 정도 크다. 중국은 반려동물이 16배 이상 많고 시장 규모는 10배 이상 크다. 1인당 국민소득이 한국에 비해 3분의 1 수준인 중국의 시장 규모와 성장세는 주목할 만하다. 일본은 시장 규모가 한국보다 크긴 해도 인구가 3배이고 1인당 국민소득이 비슷한 것을 감안하면 성장세는 미미하다. 물론 일본은 우리보다 반려동물 문화와 시장이 먼저 발전했고 기업의 대응도 더 적극적이다. 한국의 관련 기업으로서는 일본, 중국 진출이 중요하지만 거꾸로 일본과 중국 기업의 한국 진출에 대한 대응 또한 필요하다. 결국 핵심은 한국, 중국, 일본 모두 반려자(사람)의 위상은 자꾸 떨어지고 반려동물의 위상은 갈수록 높아진다는 사실이다. 이는 경제뿐 아니라, 사회, 문화, 정치 전반에서 새로운 변화를 계속 만들어낼 수밖에 없다.

당신에게는 누가 반려자인가?

▼

통계청의 인구주택총조사 자료에 따르면 1인 가구 비율이 2000년 15.5퍼센트에서 2020년 31.7퍼센트로 20년간 2배가 되었다. 반대로 4인 가구는 31.1퍼센트에서 14.7퍼센트로 반 토막 났다. 2021년 기준으로 1인 가구 비율은 33.4퍼센트, 1인 가구 수는 716만 6000명이다. 이런 추세대로라면 2024년에는 1인 가구가 800만 명에 육박할 것이다. 주민 등록을 기준으로 하는 행정안전부의 《2022 행정안전통계연보》를 보면 2021년 1인 세대는 946만 1695세대로 전체 세대의 40.3퍼센트였다. 2018년 36.7퍼센트, 2019년 37.8퍼센트, 2020년 39.2퍼센트에 이어 2021년 처음으로 40퍼센트 선을 넘었다. 이 추세라면 2024년에는 1인 가구가 1000만 명이 된다고 봐도 무리가 없다. 기준에 따라 구체적 수치는 조금씩 다르지만 1인 가구 비율, 1인 가구 수가 지속적 증가세라는 사실은 변함없다. 주요 지표들을 살펴보면 확실히 '반려자'의 위상이 달라질 수밖에 없음을 알 수 있다.

혼인 건수는 2015년 30만 3000건에서 2022년 19만 2000건으로 7년 새 11만 건 이상 크게 줄었다. 출생아 수는 43만 8400명에서 24만 9000명으로 7년 새 19만 명 정도가 줄었다. 조혼인율, 출산율 같은 수치로는 막연히 줄어드는구나 싶겠지만 감소한 결혼 건수와 출생아 숫자를 보면 너무나 심각함을 알 수 있다. 게다가 이런 감소 추세는 계속되고 있으며 언제가 바닥일지도 장담할 수 없다. 1인 가구가 늘어난다는 건 결혼을 덜 한다는 것이고, 결혼을 덜 하니 아이도 덜 낳는다. 그런데 이와 정반대인 추세가 하나 있다. 바로 반려동물 숫자다. 농식품

부 자료에 따르면 반려동물 양육 가구 비율은 2018년 23.7퍼센트였는데, 2022년에는 25.4퍼센트다. 2018년 반려동물 수는 반려견 507만 2272마리, 반려묘 128만 400마리로 총 635만 2672마리다. 반려동물 중 절대적 비중을 차지하는 개, 고양이만 집계한 수치다. 2022년에는 반려견 544만 7952마리, 반려묘 254만 561마리로 총 798만 8513마리다. 2018년 대비 무려 163만 5841마리가 더 늘어났다. 혼인 건수와 출생아 수가 줄어든 데 반해 반려동물 수가 증가한 것은 우연이 아니라 인과관계에 따른 결과다. 이제 우리에게 반려자보다 반려동물이 반려의 존재로 더 우위가 되었다고 할 만하다.

참고로 1인 가구 증가 추이는 앞으로도 지속될 것이다. 우리뿐 아니라 주요 선진국에서 1인 가구 비중이 높아지는 것은 거스를 수 없는 흐름이다. 출산율은 우리가 좀 더 낮긴 하지만 전반적으로 선진국의 출산율은 계속 낮아질 수밖에 없고 이는 인구 감소로 이어질 것이다. 개인의 경제적 자립 능력이 충분한 상태라면 굳이 서로 힘을 합쳐 가구를 이루어 살아야 할 이유가 크지 않고 혼자 살아가는 데 불편함도 없다. 그러니 반려의 존재가 반드시 사람이 아니어도 된다. 반려동물, 반려식물, 반려로봇이어도 무방하다. 전 세계가 이런 추세에 직면하고 있지만, 특히 우리가 좀 더 극적으로 경험하고 있다.

한국인은 끈끈한 가족 간 유대 혹은 가부장적 가족관 때문에 어떤 국가보다 가족, 결혼, 출산(대를 잇는 일)을 중시해왔다. 그랬던 한국이 세계 최저 수준의 출산율을 기록 중이다. Z세대의 결혼과 가족에 대한 태도를 보면 향후 한국에서 저출산, 저혼인, 1인 가구 증가는 멈추지 않을 것이다. 물론 이 모든 사태에 기성세대가 가진 결혼관, 가족관, 양육 태도가 영향을 끼쳤다. 저출산의 심각성을 국가 차원에서 강조하며 막대한 예산을 쏟아붓는 나라가 한국이다. 그런데 현실에서는 출산 휴가조차 마음대로 쓰지 못하는 직장 분위기가 여전히 팽배하고, 오명 높은 해외 입양 역시 줄어들 기미가 없다. 정부나 정치권에서는 말만 무성할 뿐 막상 이런 문제에 대한 구체적인 해결책 마련에서는 의지와 노력이 부족하다. 현재 저출산, 저혼인, 1인 가구 증가, 반려동물 증가는 하나로 연결된 패키지나 마찬가지다. 이 흐름은 꺾이지 않는다. 그러니 이 흐름이 지속되는 상황을 기본으로 두고 이에 대한 다양한 대응과 대비를 하는 것이 최선이다.

연애하지 않는 20대, 그들의 미래는??

▼

반려의 존재로서 '사람'을 받아들이는 과정이 연애다. 연애가 결혼을 위한 사전 단계인 건 아니다. 예전에는 그랬지만 지금은 그렇지 않다. 연애는 그냥 연애로만 끝나도 된다. 그런데도 연애에 대한 관심이 상대적으로 낮다. X세대가 20대였을 때만 해도 가장 큰 관심사는 연애였을지 모른다. 예를 들어 1990년대 대학 캠퍼스에서는 연애하고 친구들과 어울려 놀며 낭만을 이야기했다면 지금 대학 캠퍼스에서는 그러지 않는다. 심지어 대학 신입생이 교수나 선배에게 털어놓는 고민조차 '연애'가 아닌 '취업'이 일방적 우위다. 신입생마저 관심사가 온통 취업에 쏠려 있다. X세대의 경우 대학 3, 4학년이 되면 취업에 신경 쓰기 시작했고 1, 2학년 때는 그다지 현실에 연연하지 않을 수 있었다. 물론 밀레니얼세대도 대학 시절을 통틀어 취업 고민이 모든 고민보다 우선했다. 그러나 지금 20대 대학생들만큼은 아니었다. 그만큼 취업이 어려워진 시대다. 기업들이 능력주의, 성과주의 노선으로 확실히 넘어가려 하면서 채용 문이 갈수록 좁아지고, 들어가고 나서도 치열하게 일해야 살아남을 수 있다. 거기다 AI의 역습이 몰고 올 일자리 구조의 변화까지 염두에 두어야 한다. 지금 20대로서는 미래에 대한 불안감, 취업과 경제적 문제에 대한 고민이 어떤 시대, 어떤 세대보다 심각할 수밖에 없다. 이런 그들에게 깊고 진지한 연애는 사치처럼 여겨지고, 서로를 배려하고 아끼며 미래를 함께하는 결혼은 비현실적인 환상처럼 보이기 쉽다.

네이버 검색어 트렌드에서 최근 5년간(2018. 7~2023. 7) 20대의 연애와 취업에 대한 관심도(검색량)를 30대와 비교해보았다. 20대는 연애

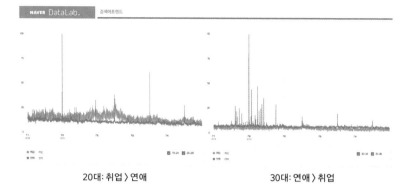

NAVER DataLab. 검색어트렌드

20대: 취업 〉 연애   30대: 연애 〉 취업

보다 취업에, 30대는 취업보다 연애에 관심도가 더 높았다. 지금 20대
가 30대가 되면 연애에 대한 관심이 커질 수 있을까? 20대가 취업을 앞
두고 있기에 그렇지 취업하고 나면 달라질 거라고 말할 수 있을까? 답
은 '아니다'에 가깝다. 흔히 2030세대라고 하나로 묶어 말하지만 사실
20대와 30대는 다른 점이 많다. 뭐든 대상층을 두루뭉술하게 뭉뚱그
려 파악하기보다는 잘게 쪼개어 세부 타깃층으로 파악하는 것이 중요
하다. 2개 세대를 임의로 묶어 총 30년이란 광범위한 기간을 아우르는
MZ라는 국적 불명의 대상층은 이제 그만 버릴 필요가 있다.

　이번에는 네이버 검색어 트렌드에서 취업, 연애 외에 편입, 여
행, 고양이를 함께 포함해 관심도 추이를 비교해보았다. 연령대는
19~24세로 대학생이 대부분인 대상층이었다. 고양이가 가장 관심도
가 높았으며 편입, 여행, 취업, 연애 순으로 여전히 연애가 가장 낮았다.
일부 시점, 대개 편입 시점인 기간에는 고양이보다 편입에 더 높은 관
심을 보였다. 19~24세 대학생에게 편입은 취업을 위한 학벌 상승 수단

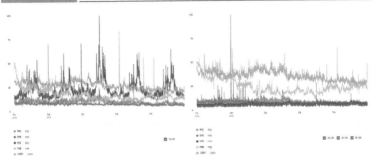

19~24세(대학생): 고양이 = 편입 〉여행 〉취업 〉연애   25~39세: 고양이 〉여행 〉연애 〉취업 = 이직

이기도 하다. 편입하거나 재수하는 재학생이 과거보다 많아진 건 이 영향이다. 취업과 편입이야 그렇다 치고, 왜 이들은 고양이에게 이토록 지대한 관심을 보이는 걸까? 반려의 존재라는 중요한 역할을 '사람'인 애인이나 배우자가 없어도 '동물'인 고양이가 대신하는 것이다. 고양이뿐이겠는가? 강아지를 넣어봐도 고양이에 버금갈 정도로 높다. '고양이(강아지) = 편입 〉여행 〉취업 〉연애' 순인 셈이다. 한편 2030세대 중 25~39세를 대상으로 편입 대신 이직이라는 검색어를 넣어 추이를 비교해봤다. 고양이와 여행이 압도적으로 높고 그다음이 연애, 취업, 이직 순이었다. '고양이 〉여행 〉〉〉〉연애 〉취업 = 이직'인 셈이다. 여기서 20대에게 연애에 대한 관심도가 낮다는 사실만큼이나 고양이에 대한 관심이 아주 높다는 사실은 현재뿐 아니라 미래에까지 영향을 준다.

그런데 고양이가 아무리 관심도가 높다고 해봤자 2030세대에게 더 압도적으로 관심 있는 키워드는 따로 있다. 바로 부동산과 주식이다. 취업, 연애, 고양이에 부동산, 주식을 함께 포함해 5년간의 관심도

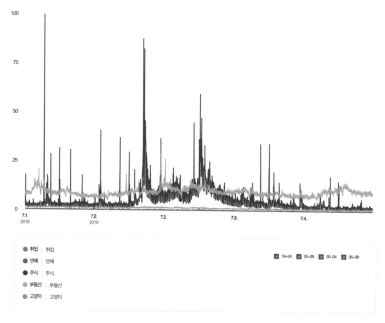

취업 취업
연애 연애
주식 주식
부동산 부동산
고양이 고양이

19~39세: 부동산 〉주식 〉고양이 〉연애 = 취업

추이를 살펴보면 2030세대에게 최근 수년간 부동산이 얼마나 뜨거운 관심사였는지, 팬데믹 초반 주식 열풍이 불 때 얼마나 열렬히 동조했는지 알 수 있다. 돈 싫어할 사람 어디 있겠는가. 하지만 2030세대가 주식과 부동산에 이처럼 집착한 것은 그만큼 경제 상황이 암담하고 집값이 비싸기 때문이다. 이른바 '영끌'을 해서라도 주식과 집을 사야 돈을 벌 수 있다는 생각을 가져서다. 경제가 점점 침체하고 집값이 과하게 높은 사회에서 '결혼'은 더 먼일이 된다. 결국 2030세대의 이런 관심사는 돌고 돌아서 다시 저혼인, 저출산, 1인 가구 증가로 귀결된다. 부동산과 주식, 고양이 모두 연애와 결혼이 어려운 시대상을 드러내는 키워드인 셈이다.

결혼을 가장 많이 하는 연령대가 30대일 텐데 30대의 미혼율 또한 급상승 추세다. 통계청의 '2020년 인구주택총조사'에 따르면, 30대 662만 7045명 중 미혼 인구가 281만 5227명으로, 30대 미혼율이 42.5퍼센트다. 역대 최고치인데 상승 추세도 가파르다. 2025년 인구주택총조사에서 30대 미혼율은 결과를 안 봐도 지금보다 더 높아질 것이다. 30대 미혼율은 1990년 6.8퍼센트, 2000년 13.4퍼센트, 2010년 29.2퍼센트, 2020년 42.5퍼센트였다. 2025년에는 50퍼센트에 육박하지 않을까?

30대 미혼율에 남녀 차이가 있는데, 남성 미혼율은 50.8퍼센트,

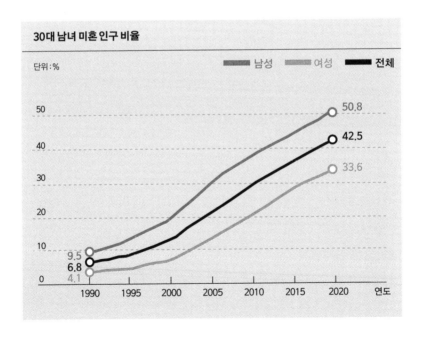

30대 남녀 미혼 인구 비율

단위:% 　　　　　　　　　　　 ▩▩▩ 남성　▩▩▩ 여성　▬▬▬ 전체

여성 미혼율은 33.6퍼센트다. 왜 남성이 더 미혼이 많을까? 남성 인구가 더 많은 점도 이유고, 30대 중후반 여성이 40대 초중반 남성과 결혼하는 식으로 부부 중 남성의 나이가 좀 더 많은 점도 영향이 있다. 중요한 건 30대 남성 절반이 미혼이란 점이다. 2015년 조사에선 44.2퍼센트였는데 5년 만에 6.6퍼센트포인트나 올랐다. 이런 추세면 2025년에는 30대 남성 10명 중 거의 6명이 미혼일 수 있다. 결혼을 안 하거나 해도 늦게 하거나 해서 30대 미혼율은 계속 높아질 텐데, 40대가 되면 이 문제가 해결될까? 절대 아니다.

생애미혼율은 45~55세 인구의 미혼율(이혼과 사별은 포함되지 않고, 단 한 번도 결혼하지 않은 사람의 비율) 평균을 낸 값이다. 한국의 생애미혼율이 2000년 기준 남성 1.6퍼센트, 여성 1.3퍼센트에서 2020년 기준 남성 16.8퍼센트, 여성 7.6퍼센트로 20년간 크게 증가했다. 사실 생애미혼율이 미미한 수치일 때는 별로 신경 안 쓰던 통계였는데, 2010년대 들어 증가세가 가파르게 바뀌면서 이젠 간과할 수 없는 통계가 되었다. 2035년 추정치는 남성 30퍼센트, 여성 20퍼센트가량이다.

일본은 2020년 기준 생애미혼율이 남성 28.25퍼센트, 여성 17.81퍼센트였다. 일본 중에서도 도쿄는 남성 32.15퍼센트, 여성 23.79퍼센트였다. 즉 도쿄 남성 3명 중 1명은 평생 독신이란 이야기다. 우리도 서울의 생애미혼율이 가장 높다. 1인 가구 비율 역시 서울이 가장 높다. 일본의 생애미혼율을 보면 심각한데 지금 추세라면 한국의 생애미혼율도 다르지 않을 것이다. 결국 평생 '반려자(배우자)' 없이 살아갈 사람이 계속 늘어난다는 뜻이다. 그래서 비혼자들끼리 공동 주거하는 공동체도 점점 늘어날 것이다. 우린 결코 혼자서 살아갈 수는 없다.

공동체에 속하든 반려동물이나 반려식물과 함께하든 어떤 존재와 더불어 살아가려 한다. 인간이 가진 이런 기본적인 욕망이 누군가에게는 비즈니스 기회, 누군가에게는 정책 과제가 된다.

사실 우린 외롭다, 반려의 존재가 필요하다

▼

글로벌 조사 기관 입소스Ipsos에서 발표하는 보고서《세계 행복 2023Global Happiness 2023》에 따르면 한국은 조사 대상 국가 32개국 중 행복도가 31위다. 우리나라 행복도가 낮은 건 새삼스럽지 않다. 그런데 이 보고서의 조사 항목 중 시선이 가는 것 몇 가지가 있다.

한국은 싱글의 '애인이나 배우자가 생길 것에 대한 기대치'가 32개국 중 32위다. 기혼자의 '행복한 관계 유지 능력에 대한 기대치'는 29위다. 싱글이든 기혼이든 '반려자'로서 사람에 대한 기대치가 최하

위권인 셈이다. 아울러 '필요할 때 의지할 수 있는 친한 친구나 친척이 1명 또는 여러 명 있다'라고 답한 비율이 61퍼센트로 32개국 중 30위다. 전체 평균은 72퍼센트였다. 이 3가지를 보면 한국인에게 '사람' 결핍이 심각한 수준임을 알게 된다. 분명 과거에는 혈연, 가족, 이웃사촌을 무척 소중하게 여기는 풍조와 상호부조 문화가 강했다. 지연, 학연 등 인맥을 가장 잘 따지고 끈끈한 정을 자랑했다. 특히 지금보다 소득이 훨씬 적고 경제 상황이 열악하던 시대에 인간관계가 더 돈독했으며, 서로 뭉치고 돕기를 잘했다. 그런데 경제적으로 한결 여유로워진 오늘날에는 인간관계가 더 소원해졌다. 이는 개개인의 성향 문제 때문이 아니라 우리 사회 자체가 바뀐 탓이다.

우리가 유독 더 극적인 변화를 겪었을 뿐, 전 세계적으로 반려의 존재에서 사람의 위상이 예전과 같지 않은 점은 마찬가지다. 반려의 존재 중 반려동물이 가장 앞서 있고, 반려식물이 최근에 떠오르고 있으며, 반려로봇이 앞으로 더 중요해지리라는 것 모두 비슷하다. 초고령화, 외로움, 고독사 문제는 전 세계의 공통 화두다. 일본을 비롯해 미국, 프랑스, 덴마크 등에서는 고독사 예방을 위한 주거 공동체 제도, 독거노인을 위한 다양한 지원 제도가 만들어지고 있다. 특히 반려로봇이자 돌봄로봇으로서 AI 로봇에 대한 관심이 커지고 있다. 반려동물은 정신과 육체 건강에 긍정적인 영향을 주기에 반려의 존재로서 노인들에게 필요하지만, 노인들은 몸이 불편하거나 쇠약한 경우가 많아 반려동물을 키우고 관리하기 쉽지 않다. 노인들이 죽은 후 반려동물만 혼자 남는 것도 부담스러운 일이다. 그런 점에서 AI 반려로봇이 현실적 대안으로 각광받고 있다. 반려로봇이라고 해서 꼭 사람처럼 생긴 로봇일 필요는 없으므로 먼저 개나 고양이 같은 반려동물처럼 생긴 로봇이 시도되고 있다. 이미 수년 전부터 한국은 물론이고 미국, 일본, 중국 등 전 세계적으로 반려동물 로봇을 계속 개발 중인데 점점 진화하고 있다. 로봇 반려동물을 받아들이다보면 사람 형태의 반려로봇을 받아들이기도 더 쉬워질 것이다. 로봇이 반려의 중요한 존재가 되리란 사실은 누구도 부인할 수 없으며, 언제 구현될지만 남았다. 2024년, 우리는 좀 더 현실로 다가온 반려로봇을 만날 수 있을까?

3장

각집살이, 이상과 현실 사이 부러움 혹은 합리주의

'나 혼자 사는' 부부가 트렌드에 미칠 영향

Life_Trend_2024

#각집살이 #세컨드 하우스 #별장 #다주택 #각침대 #각방 #합리주의 #새로운 부부관 #탈가부장제 #동거 #별거 #이혼 #졸혼 #고령화 #부부 관계 #결혼 제도 #가족 제도

한국 사회에서도 결혼관, 가족관, 부부관의 관성이 하나둘씩 무너지고 있다. 그중에서 새롭게 주목해볼 것이 각집살이다. 이것은 단지 주거에서 그치지 않고 라이프스타일과 취향, 효율성까지 포괄하는 문제다.

LIFE TREND 2024

'나 혼자 산다'는 미혼, 비혼에만 해당할까? '혼자' 독립된 공간에서 살아가는 사람이면 누구에게나 해당하지 않을까? 각자 나 혼자 산다를 하는 부부는 어떨까? 바로 '각집살이' 이야기다. 각집살이는 서로의 보호자일 수는 있어도 각자의 일상과 삶은 터치하지 않는다. 느슨한 연대인 셈이다.

결혼이 어떠해야 한다는 것은 부부가 알아서 정하면 되는 일이지 사회가 획일적 기준으로 정하는 건 지금 시대에는 맞지 않는다. 한국 사회에서도 결혼관, 가족관, 부부관의 관성이 하나둘씩 무너지고 있는데, 그중에서 새롭게 주목해볼 것이 각집살이다. 이것은 단지 주거에서 그치지 않고 라이프스타일과 취향, 효율성까지 포괄하는 문제다. 그리고 각집살이에 대한 관심이 커질수록 각방, 각층에 대한 관심과 태도 또한 영향받는다. 나아가 누군가에게는 비즈니스 기회가 된다.

'각집살이'와 '별거'는 같지만 다르다

한자어 별거別居를 우리말로 옮기면 각집살이가 되는 건 맞다. 하지만 그 속에 담긴 의미와 뉘앙스는 다르다. 라이프스타일의 변화이자 결혼관, 가족관의 변화 때문에 그동안 써왔던 별거라는 말과 구분해서 쓸 새로운 말이 필요해진 것이다. 별거는 사전적으로 '부부나 한집안 식구가 따로 떨어져 산다'라는 의미다. 별거의 반대말은 동거다. 별거의 연관 검색어는 이혼이다. 사람들의 관성에서는 부부는 같은 집에 함께 살아야 한다는 생각이 여전하다. 사실 별거라는 말에는 여러 의미가 내재해 있다. 따로 사는 것은 같지만 이유에 따라 의미가 달라진다. 예컨대 이혼을 전제로 하거나 사이가 안 좋아서 따로 사는 '별거'와 각자 일하는 지역이 다르거나 삶의 공간을 확장 혹은 분리하는 차원에서 따로 사는 '별거'는 다르다. 별장을 가지는 건 기존 집이 싫어서가 아니다. 기존 집과 다른 또 하나의 거처를 통해 삶의 공간을 확장하는 것이다. 그래서 별거와 다른 의미로 사용되는 새로운 말인 각집살이가 필요해졌다. 네이버 검색어 트렌드에서 보면 별거보다 훨씬 적게 사용되긴 한다. 그러나 이전과 비교해보면 각집살이에 대한 검색량은 확실히 늘었다.

뉴스 검색에서 '각집살이'라는 키워드가 본격 등장한 시점은 2015년이다. 물론 방송 프로그램에 나온 일부 인사의 발언에 따라 반짝 등장한 정도였고 금세 사라졌다. 쓰이지 않던 이 말이 2021년 들어 다시 뉴스 검색에서 등장했는데 이때도 유명인의 발언 때문이었다. 홍혜걸, 여에스더 부부가 서울과 제주에서 각집살이를 하고 있다고 예능 프로그램에서 이야기하며 각집살이 라이프스타일을 소개했다. 이를

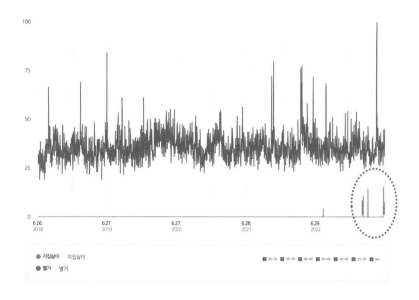

필두로 2022년에도 각집살이가 뉴스 검색에 계속 등장했고, 2023년 들어서는 가수 정훈희, 방송인 염경환, 배우 송일국, 개그맨 이봉원 등 각집살이를 한다고 밝힌 이들이 급증했다. 별거라는 말 대신 각집살이라는 말이 대중화하는 데 이들이 기여했다고 볼 수 있다. 각자의 집에 따로 살지만 주기적으로 만나고 사이도 좋아 보였기 때문이다. 별거가 '이혼'에 가까운 부정적 뉘앙스라면 '각집살이'는 경제적 여유가 있는 부부가 할 수 있는 '결혼 라이프'의 한 유형처럼 인식되기 시작했다.

확실한 변화다. 2015년만 하더라도 문화평론가 김갑수가 자신이 각집살이 10년 차라면서 결혼 생활의 대안 중 하나이자 이상적인 부부 관계일 수 있다고 주장했지만 대중은 이를 긍정적으로 받아들이지 않았다. 그냥 저런 사람도 있구나, 하는 시각으로 일종의 기행처럼 여겼

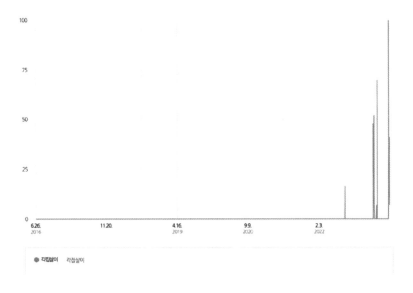

다. 하지만 2022~2023년을 지나며 각집살이에 대한 인식은 빠르게 대중화되었다. 여러 연예인이나 유명인이 자신의 각집살이를 스스럼없이 공개하는 것도 이런 영향이다. 각집살이를 하고 있는 이들은 의외로 많을 것이다. 대중이 별거라는 부정적 뉘앙스로 바라볼 때는 굳이 각집살이를 밝힐 이유가 없었다. 괜한 오해나 불필요한 구설에 휘말릴 필요가 없으니까. 하지만 대중의 시선이 변했음을 알자 드러내는 이들이 늘어나기 시작했다. 예능 프로그램에서도 각집살이는 '자극적인' 호기심이 아니라, 경제적 여유가 만들어낸 '부러움' 혹은 새로운 삶의 방식 중 하나라는 차원에서 '앞서감'의 뉘앙스로 다룬다. 확실히 각집살이에 대한 호의적 시선이 생겨났고, 이에 따라 '별거'와는 구분되는 '각집살이'를 한국 사회가 받아들였다고 볼 수 있다.

집 외에 별장을 더 가지든, 집 2개에 부부가 각자 살든, 아니 집

3개를 번갈아 쓰든 상관없다. 투자의 목적이 포함되든 투자와 무관하든 아무 상관없다. 집을 사든 임대하든 이 또한 상관없다. 어떤 식이든 세금만 제대로 내면 된다. 자본주의 사회에서는 부자가 서민처럼 소비해도 문제다. 그렇다고 각집살이를 부자만 하는 건 아니다. 세컨드 하우스로 비싼 집만 생각해선 곤란하다. 도시 외곽의 조립식 모듈러 주택이어도 되고 값싼 농어촌 주택이어도 된다. 삶의 공간을 분리하고 확장하는 건 부부 사이에서 알아서 정할 일이다. 하고 싶으면 하는 것뿐이다. 어떻게 살아야 할지에 대한 답은 없다. 한방에 꼭 붙어 지내지만 동상이몽 하고 원수 같은 사이도 있고 각자 집에 살지만 연애하듯 만나고 아주 친한 사이도 있다. 그러니 어떤 라이프스타일이 '옳다'는 식의 접근은 위험하다.

각방은 이미 자리 잡아가고 있다

▼

부부가 각자 방을 쓰는 것을 사전적으로는 '각방자리'라고 하는데, 흔히 '각방 쓴다'고 말한다. 지금이야 각방 쓰는 부부에 대한 편견이 없어졌지만, 한국 사회에서 각방 쓴다는 말은 '싸웠다' 혹은 '사이가 좋지 않다'는 의미였던 시절이 있었다. 각방 쓰기는 사이가 좋지 않은 부부가 하는 걸까? 아니면 각자 잠을 편하게 자기 위해, 혹은 각자의 공간을 갖기 위해 하는 걸까? 조선 시대 양반 부부는 각방을 썼다. 궁궐에서도 왕과 왕비는 각방을 썼다. 서양의 왕족, 귀족 부부 역시 각방을 썼다. 사이가 안 좋아서가 아니라 공간이 충분해서다. 경제적 여력만 있다면 생활 공간은 충분히 누릴수록 좋다. 사실 각방, 각집, 한 달 살기 모두 부자의 문화에서 먼저 시작했다. 각자의 영역을 확보하고, 충분히 삶의 공간을 누리고, 사생활을 어느 정도 보장하는 일상의 여유와 편리 혹은 즐거움을 위한 선택이었다. 한 달 살기가 사이 나쁜 부부가 각자 단기 별거하며 감정을 식히기 위한 것은 아니지 않은가? 삶의 공간을 확장하고 삶의 질을 높이기 위한 선택일 뿐이다. 한 달 살기 확산이 각집살이에 긍정적 영향을 주었으리라 본다. 중요한 것은 이제 한국 사회에서 각방, 각집에 대한 인식과 태도가 변화했다는 사실이다. 부정적이기만 하던 데서 중립적 혹은 긍정적으로 바뀌고 있다.

결혼하고 부부는 한 침대에서 생활하다가 시간이 지나면서 좀 더 편하게 자고 싶어서 '각침대'로 넘어갔다가 거기서 좀 더 진화해 '각방'을 쓴다. 여기서 전제는 부부 사이가 원만하다는 것이다. 사이가 안 좋아서 서로 보기 싫고 옆에 있기 싫어서 각방으로 넘어가는 경우가 아닌 것으로만 한정한다. 여기서 좀 더 경제력에 여유가 있으면 2층 이상의 주택에서 '각층'을 쓰거나 아파트 아래층 위층으로 '각층'을 써도 된다. 이 단계를 넘어가면 '각집'이 된다. 사실 각층, 각집은 집을 바꾸거나 추가로 확보해야 해서 돈이 좀 들어간다. 각방은 집을 바꾸지 않고 있는 방의 활용을 바꾸는 것이니 돈을 추가로 들이지 않고 가능하다(아니다. 각방과 각침대는 침대 회사, 침구 업계가 아주 좋아한다). 이렇듯 중요한 것은 관성이 아니라 효율성과 합리성이다.

한국 사회가 바야흐로 '부부는 이렇게 해야 한다'는 식의 획일적 기준을 버리고 있다. 203040세대는 획일적 기준이 아닌 각자의 기준, 즉 다양성을 추구한다. 전통적인 결혼관, 부부관, 가족관을 고수하는 이들은 대개 506070세대 이상이다. 물론 노년층 중에서도 비주류이긴

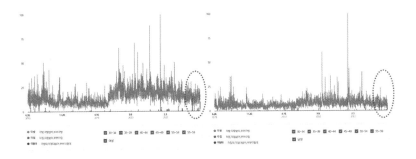

하지만 전통적 관점을 버리는 이들이 있다. 엄밀히 말하면 전통적 관점이 아니라 그냥 오래된 관성일 뿐이다. 전통으로 봐도 조선 시대 양반 부부는 각방을 많이 썼으니까.

네이버 검색어 트렌드에서 살펴보면 304050세대에서 남녀 모두 각방에 대한 관심도가 꾸준하다. 그중 여성은 2019년 하반기 이후부터 각방에 대한 관심도가 그 이전보다 높아졌고, 높아진 수준이 이후로 계속 유지된다. 그리고 2023년 들어서 각집에 대한 관심도가 각방 수준으로 올라온다. 확실히 각집에 대한 관심은 2022년 이전과 2023년 이후가 완전히 다르다.

각방자리나 각집살이 확산이 이혼 증가로 이어질까? 솔직히 각방자리와 각집살이가 이혼을 늘릴지, 아니면 부부 사이를 더 좋게 만들어 이혼을 줄일지는 알 수 없다. 하지만 사이 나쁜 부부가 한방 쓰기를 고집한다고 사이가 좋아지거나, 사이 좋은 부부가 각방 혹은 각집을 쓴다고 사이가 나빠질 것 같지는 않다. 과거와 달리 개성, 취향, 사생활, 자아가 더 중요해진 시대를 살아가는 사람들은 결혼 후에도 각자의 선택권, 재산권, 사생활, 자기만의 공간 등을 보장받으려고 한다. 이런 권리를 더 존중하고 보호해준다고 사이가 나빠지는 건 아니다. 핵심은 결혼 제도에 대한 기존의 관행, 관성을 깨고 각자 자신에게 맞는 방식으로 라이프스타일을 조율하기를 원하는 이들이 갈수록 더 늘어날 것이라는 사실이다. 다양성, 형평성, 포용성이 사회 전반으로 확산하듯이 이 흐름이 부부 관계, 결혼과 가족이란 제도 속에서도 드러나기를 바라는 이들이 많다.

이혼을 그럴듯하게 포장한 것이 '졸혼'일까?

▼

2017년 한국에서는 갑자기 '졸혼卒婚, そつこん'이란 말이 유행했다. 얼마나 관심이 뜨거웠던지 관심도에서 '이혼' '별거'를 압도했고, 심지어 405060세대에게 최고 관심사인 '부동산'보다 높았을 정도였다. 사람들이 아주 솔깃해한 화두였던 만큼 거꾸로 생각해보면 결혼 생활에 대한 불만과 아쉬움이 컸다는 의미로 해석된다. 한국에서 결혼은 아주 긍정적인 말이지만 이혼은 대단히 부정적인 말이다. 들어가는 문이 있으면 나가는 문이 있는 건 당연하고 이 둘은 비슷하게 받아들여져야 한다. 그런데 우리는 결혼을 들어갈 수는 있어도 나오면 안 되는 것이라는 관점을 가졌다. 그러다보니 결혼 생활의 만족도가 낮고 가정 문제가 심각함에도 이혼을 금기시했다. 그나마 세상이 조금씩 달라지긴 했으나 이혼에 대한 부정적 인식은 여전했다. 이런 상황에서 졸혼이라는 말은 새로운 대안으로 보이기에 충분했다. 하지만 관심이 금세 식어버렸다. 다만 졸혼이란 말에 대한 관심이 사그라들었을 뿐이지, 결혼은 형

식이 아니라 내용이 더 중요하며, 이를 위해선 각자에게 맞는 대안을 모색하는 것이 필요하다는 '합리적' 인식은 더 커졌다.

뭐든지 이분법으로 세상을 보는 이들이 있다. 부부가 '같은 집에 살면서 서로를 제어하며 결혼을 유지'하거나, 아니면 '각자의 자유를 누리기 위해 이혼'하거나 둘 중 하나뿐일까? 그 중간 지대가 존재하면 안 될까? 엄밀히 말해 졸혼은 결혼한 이들의 독신주의 선언 같은 것이다. 법적으로 서로 부부 관계는 유지하되 각자 따로 거주하면서 자유를 누리며 살아가는 방식이다. 다른 누군가와 사귀려고 결혼 상태를 잠시 벗어나는 것이 아니다. 재혼을 원한다면 그냥 이혼하면 된다. 졸혼은 배우자가 싫어서가 아니라 결혼 제도의 관성을 잠시 멈추고 싶어서 하

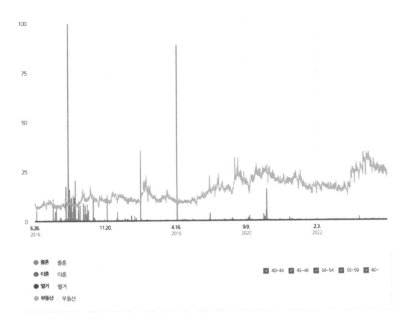

는 일일 뿐이다. 자칫 졸혼을 결혼 생활은 유지한 채 자유연애(불륜)를 즐기려는 사람들이 만들어낸 말장난으로 해석하는 이들도 있다. 설령 그런 의도가 있건 없건 그건 중요치 않다. 중요한 것은 졸혼이 결혼의 관성을 벗어나려는 시도라는 점이다.

졸혼은 '결혼을 졸업한다'라는 말로, 부부가 이혼하지 않은 상태로 서로의 삶을 간섭하지 않고 각자 자유롭게 사는 것을 뜻한다. 일본 작가 스기야마 유미코杉山由美子가 2004년 출간한 책《졸혼을 권함卒婚のススメ》에서 처음 사용한 말이다. 한국에 이 말이 처음 등장한 건 그로부터 10년이 지나서다. 뉴스 검색에서 졸혼이란 키워드가 본격 등장한 시점은 2016년이다. 일본에서 그랬듯 한국에서도 '신기하고 참신한 발상' '은근 그럴듯하고 재미있는 방식'이라는 반응이 많았다. 물론 잘 모르는 사람의 일일 때는 이런 반응이다가 막상 자기 주변 사람의 일일 때는 부정적 시선이 되기도 한다. 그래서인지 실질적 확산은 되지 않았다. 하지만 결과는 시간이 더 지나봐야 안다. 졸혼이라 부르든 각집살이로 부르든 기존 결혼 제도의 개별적 커스터마이징은 계속될 것이기 때문이다. 결혼은 필수라면서 무조건 다 하는 시대가 끝나고 자기가 원해서 적극적으로 선택한 이들이 주류인 시대가 될수록 과거의 관성이나 획일적 방식은 깨질 수밖에 없다.

한국은 여전히 경직되고 가부장적인 결혼 문화를 가진 나라다

▼

일본에서 처음 등장한 졸혼이란 화두를 적극 받아들이고 관심 가진 유일한 나라가 한국이었던 것은 우연이 아니다. 한국과 일본은 결혼과 이혼을 대하는 경직된 태도뿐 아니라 낮은 출산율, OECD 최하위인 혼외 출생 비율, 아이는 결혼한 사람들만 낳는다는 태도 등에서 다 비슷하다. 타인의 시선을 신경 쓰는 문화도 닮았고, 초고령화도 일본에 이어 우리가 뒤따라 겪고 있다. 이혼에 대한 시선이 부담스러운 두 나라에서 졸혼이란 말이 나오고 주목받았던 것이지, 사실 이혼이 완전한 선택권으로 인식되면 굳이 졸혼을 강조할 이유는 없다. 결혼했다가 이혼했다가 필요하면 다시 재혼하면 되니까. 아니면 결혼 상태로 각집살이하면 된다. 이렇게 하기 부담스러운 사회가 일본이어서 나온 말이고, 한국도 비슷한 사회여서 이 말에 관심이 갔던 것이다.

졸혼이란 키워드는 2017년 한국 사회에서 반짝 소비된 후 영영 잊히게 될 말일까? 아니다. 한국 사회가 졸혼이란 개념에 열광했던 것은 '이혼' '별거' 같은 부정적인 말을 대신할 새로운 말이 필요해서였다. '결혼을 졸업한다'는 것은 이혼과는 다른 접근이었기 때문이다. 한국 기성세대 머릿속 결혼관은 20대에 결혼해 40~50년 살면 수명이 끝났던 시대의 기억이다. 60~70세가 인생의 끝이던 시대에는 결혼 생활을 끝까지 유지하는 걸 미덕으로 여겼다. 설령 부부 사이가 좋지 않더라도 자녀 때문에 버텼고, 자녀가 다 자라서 독립하고 나면 60대가 되었다. 그러면 다 늙어서 무슨 이혼이냐며 그냥 적당히 살자 했을 것이다. 하지만 이제는 90~100세까지 사는 시대가 되었다. 지금은 60, 70대여도 젊고 활동적이다. 새롭게 인생을 시작해도 될 나이다. 황혼 이혼이 급증한 것, 졸혼이란 말이 등장한 것 모두 수명이 길어진 것과 무관하지 않다. 앞으로 우리 사회는 고령화가 더 심화할 것이고, 이혼이든 졸혼이든 결혼 생활의 변화를 원하는 노년층을 더 많이 보게 될 것이다. 기성세대 노년층마저 이런 변화를 받아들인다면 203040세대는 오죽하겠는가? 결국 결혼과 가족을 둘러싼 변화는 더욱더 확산될 것이다.

인류가 아주 오래전에 만든 제도이자 문화가 결혼이다. 그동안 세상은 계속 변해왔지만 결혼에 대한 인식과 태도는 별로 바뀌지 않았다. 그랬던 것이 1970~1980년대를 거치며 유럽에서는 결혼 대신 동거를 선택하는 이들이 늘어났고, 지금은 동거가 결혼보다 더 보편화되었다. 유럽에서 출생아의 절반 정도는 부모가 결혼하지 않은 상태, 즉 동거 상태에서 낳는다. 동거하며 아이를 낳고 키우는 것이 일반적이다. 유럽의 총리, 대통령 중에도 결혼하지 않은 채 동거만 하다 아이를 낳은 이들이 꽤 된다. 그들에게 '결혼'과 '동거'는 각자의 선택일 뿐, 사회적 시선에서 둘은 별반 다르지 않다. 결국 시대에 맞는 사회 제도와 법의 진화가 필요할 따름이다.

한국의 현행법은 '혼인과 혈연, 입양으로 맺어진 관계'로만 가족을 정의한다. 피로 연결된 혈연 관계, 입양하거나 결혼한 관계가 아닌 '친구'나 '반려동물'은 가족이 될 수 없다. 고약한 혈족보다 피 한 방울 안 섞인 친구나 대안 가족과 함께 사는 것이 더 행복할 수 있는데 법적으로는 가족이 되지 못한다. 1인 가구가 계속 늘어나고 노령화가 갈수록 심각해지는데 혼자 사는 노인끼리 서로 돌보며 노후를 함께 살아가면 이제 가족으로 봐도 되지 않을까? 싱글맘끼리 모여서 공동 거주하며 살아가도 좋은 가족이 되지 않을까? 반려동물이 결혼한 배우자나 피를 나눈 형제자매보다 더 친밀한 사람에겐 반려동물이 진짜 가족 같지 않을까? 법에서는 인정하지 않지만 이런 대안 가족이 충분히 훌륭한 가족이 될 수 있다.

결국 법의 변화가 필요하다. 프랑스는 1999년부터 팍스PACS, Pacte Civil de Solidarite라고 부르는 시민연대계약 혹은 공동생활약정을 통해 결혼하지 않고도 부부와 동일한 법적 지위를 누리게 했다. 독일도 2001년 생활동반자법을 제정해 동거 커플을 가족의 권리와 부양 의무, 채무 연대 책임 같은 법적 지위에서 부부와 동일하게 대한다. 일본의 경우 2015년 도쿄 시부야구 지자체가 파트너십 증명 제도를 도입해 동거하는 두 성인을 법률상 혼인에 상응하는 관계로 인정하고 있다. 법이 가족과 결혼을 대하는 태도가 관행이 아닌 현실 중심으로 바뀌는 것은 중요하다.

4장

넥스트 핫플레이스의 필수 조건

2024년 주목할 동네, 광화문 거점의 4세대 후보지?

Life_Trend_2024

#넥스트 핫플레이스 #4세대 핫플레이스 #광화문 거점 #홍대 거점 #압구정/청담 거점 #이태원 거점 #개발 제한 구역 #골목길 #구도심 #확장성 #접근성 #도시 재생 #문화 예술 경험

LIFE TREND 2024

이 주제를 다루는 이유는 새로운 핫플레이스가 계속 쏟아졌고, 앞으로도 그럴 것이기 때문이다. 과연 당신이 살고 있는 동네, 혹은 출퇴근길에 지나가는 곳이 뜨는 동네가 될 수 있을까?

어떤 동네가 핫플레이스가 된다는 건 랜드마크 한두 곳만 가치가 급등하는 게 아니라 동네 전체 가치가 올라간다는 뜻이다. 유동 인구가 늘어나고, 매장의 매출 규모가 올라가고, 임대료가 오르고, 건물의 가격도 오른다. 뜨는 동네가 된다는 건 돈이 몰린다는 이야기다. 누군가는 부동산의 관점으로, 누군가는 상권이자 장사의 관점으로, 누군가는 새롭게 놀러 갈 콘텐츠와 소비의 관점으로 이 문제를 바라볼 것이다.

《라이프 트렌드 2017: 적당한 불편》에서 '다음 핫플레이스는 어디가 될까'라는 주제로 핫플레이스가 만들어지는 조건과 주목할 동네를 다룬 적 있다. 개발 제한 구역으로 묶여 낡고 오래된 구도심의 도시 재생이 핫플레이스를 만드는 핵심 원동력임을 제시하고, 2호선 라인이 전통적 핫플레이스와 새로운 핫플레이스가 공존하는 교통 거점으로 작용하며, 3호선과 6호선 라인은 새로운 핫플레이스에서 중요하다고 지적했다. 7년 만에 다시 이 주제를 이야기해보고자 하는 이유는 그사이 새로운 핫플레이스가 쏟아졌고, 앞으로도 그럴 것이기 때문이다. 과연 당신이 살고 있는 동네, 혹은 출퇴근길에 지나가는 동네가 뜨는 곳이 될 수 있을까? 이 글은 이 질문에 대한 답을 찾는 단서를 제공할 것이다.

왜 새로운 핫플레이스는 점점 빨리 등장할까?

▼

땅이 계속 커지는 것도 아니고 인구도 정체되어 있는데 왜 새로운 핫플레이스가 계속 나오는 걸까? 최근 10년간 서울에서는 새로운 핫플레이스가 쏟아져 나왔다. 과거와 확실히 달라진 점이다. 20세기 서울에서는 새로운 핫플레이스가 쉽게 나오지 않았다. 1970~1980년대부터 핫플레이스였던 곳이 20~30년간 계속 자리를 지켰을 뿐, 쉽게 뜨고 지는 일은 드물었다. 하지만 2000년대 들면서 달라지기 시작했고, 2010년대 들어선 더더욱 핫플레이스 유효 기간이 짧아졌다. 그냥 기존 핫플레이스가 유지되면 안 될까? 왜 새로운 곳이 필요할까? 2030세대 소비자가 취향과 경험 소비에 눈을 뜨면서 '새롭고' '멋진' 곳을 계속 원하고, 인스타그래머블한 공간을 더 많이 찾고, 새로운 경험을 사진으로 찍고자 하는 욕망이 더 커졌기 때문이다. 이로 인해 새로운 핫플레이스가 계속 나올 수밖에 없는 시대가 된 것이다. 아무리 재미있고 매력적인 것도 자주 경험해 익숙해지면 식상하다. 그렇기에 새로운 동네, 넥스트 핫플레이스Next Hot Place는 멈추지 않고 생겨날 수밖에 없다. 우리가 새로운 트렌드를 놓치지 않고 주목해야 하는 이유도 마찬가지다. 욕망은 계속 새로운 것에 반응하기 때문이다.

넥스트 핫플레이스는 아주 값진 정보, 무엇보다 돈이 되는 정보다. 그래서 이런 동네를 찾고, 그 안에서 특정 위치와 특정 건물을 찾아내고, 거기서 어떤 콘텐츠로 어떤 매장을 운영하느냐 등을 고민하는 일은 대단히 중요하다. 핫플레이스 이야기를 하면 사람들이 가장 궁금해하는 3가지 질문이 있다.

첫째, 핫플레이스 동네는 한번 뜨면 계속 가는가?

아니다. 신촌, 이대 등 오래전부터 쇠락한 곳도 있고, 경리단길처럼 최근에 쇠락한 곳도 있다. 핫플레이스의 수명은 10년 정도로 본다. 새로운 콘텐츠와 자본이 계속 유입되면 20년 이상 갈 수 있고, 초기의 콘텐츠와 자본이 전부라면 5년 정도로 짧아질 수도 있다. 그러니 떴다고 자만해선 안 된다. 잡은 고기에겐 계속 밥을 줘야 하는 법이다. '가는 말이 더 간다'라는 투자 명언처럼 뜬 동네를 잘 관리하면 핫플레이스로서 수명은 길어질 수밖에 없다. 고인 물은 썩기 마련이다. 새로운 콘텐츠와 새로운 공간, 새로운 창업가가 계속 유입되어야 좋은 물이 유지된다.

둘째, 한번 쇠락하면 다시 부활할 기회는 없는가?

있다. 삼청동은 떴다가 조금 식었다가 요즘 다시 뜬다. 해방촌도 그렇다. 이미 떴던 곳은 뜰 만한 이유가 있는 동네다. 교통이 좋고, 핫플레이스 거점이 인접해 있다. 여기에 새로운 콘텐츠와 자본이 유입되어 계기를 만들어내면 얼마든지 부활할 가능성이 있다. 그러니 꺼진 불도 다시 봐야 한다. 물론 신촌, 이대는 완전히 꺼진 불로 보인다. 불을 되살리려는 시도가 없는 건 아니지만 그렇다. 근본적으로 접근에 한계가 있고 이해관계가 복잡하게 얽혀 있는 동네는 부활의 원동력 자체가 부족하다.

셋째, 요즘 주목하면 좋을 동네는 어디인가?

가장 민감한 질문인데, 틀릴 리 없는 가장 안전한 답은 성수동이다. 이미 너무 떴다고 하는 이들도 있지만 여전히 성수동은 진행형이며 전성기는 더 오래갈 듯하다. 뚝섬, 서울숲으로 연결되는 확장성도 좋다. 아울러 삼청동, 가회동, 송현동, 계동, 원서동, 순라길, 익선동으로 이어지는 라인도 주목할 곳이다. 경복궁, 창경궁, 종묘를 잇는 트라이앵글 속에 들어가 있는 동네들이고, 개발 제한 구역 지정 덕분에 서울에서 유니크한 감성과 건물, 공간, 골목이 꽤 남아 있어 요즘 트렌드 코드에 부합한다. 물론 이어지는 내용을 읽다보면 주목할 동네가 더 보일 것이고, 각자의 관점을 녹여 넣으면 숨은 동네를 찾아낼 수도 있을 것이다. 핵심은 동네만 주목한다고 되는 게 아니라는 점이다. 동네는 의외로 크고 넓다. 그 속에서도 옥석을 가리는 것, 이것이 관건이다.

사람들은 시세가 없던 곳이 급격히 떠서 핫한 곳으로 변하는 동네를 자신이 먼저 발견해 엄청난 기회를 누리기를 바란다. 하지만 이런 동네를 찾아내서 투자하는 데는 안목도 필요하지만 뜨기까지 버틸 힘도 필요하고 동네를 띄울 능력도 있어야 한다. 아무런 노력 없이 존재감 없던 싼 동네가 갑자기 비싼 동네가 되는 건 아니다. 물밑에서 누군가가 많은 힘을 들여 뜰 환경과 분위기를 만들어냈다. 그러니 뜨기 전 동네보다 이미 뜨기 시작한 동네에 주목하는 편이 더 수월하다. 뜨기 시작했으나 아직 더 뜰 여지가 많은 동네 말이다.

넥스트 핫플레이스는 4세대 핫플레이스다?

▼

서울의 핫플레이스는 크게 1~4세대로 나눠볼 수 있다.

1세대 핫플레이스는 교통 거점으로 남녀노소 유동 인구가 많은 곳이다. 명동, 서울역, 영등포역 등이 대표적이다. 명동은 일제강점기 때 상업 지구로 본격 개발되어 은행과 백화점이 몰려 있었고 전차 노선에서도 주요 거점이었다. 즉 교통, 금융, 상업의 중심지 같은 곳이었다. 이처럼 명동은 서울에서 가장 오래된 대표 핫플레이스였고 지금도 중요한 상권으로서 가치가 있다. 그러나 이제는 더 이상 과거와 같은 위상을 누리고 있지는 못하며, 뭔가 새롭고 요즘 뜬다는 의미의 핫플레이스라고 부르기에는 아쉬운 점이 있다. 명동은 지하철 4호선이 지나고 지하철 1, 2호선 시청역, 2호선 을지로입구역과 아주 가깝다. 1974년 지하철 1호선이 처음 개통되었을 때 구간은 서울역에서 청량리까지였다. 1980년 개통된 지하철 2호선도 공식 기준점이자 시작점은 시청역이다. 이미 영향력 있는 상권이자 교통 거점을 중심으로 초기 지하철 노선이 만들어진 셈이다. 1세대 핫플레이스는 접근성에서는 여전히 장점이 있다.

2세대 핫플레이스는 대학가와 지하철 노선이 연결되어 젊은 층 유동 인구가 많은 곳이다. 20대가 주도한 핫플레이스로 신촌, 이대, 홍대, 건대, 강남역 등이 대표적이다. 2030세대가 많이 몰린 유흥과 음주의 중심지였다. 주로 2호선 라인에 해당하는데 일부는 1970년대부터 뜨기 시작했지만, 1980년대에 본격적인 핫플레이스가 되어 1990년대까지 뜨거웠다. 2000년대 이후 일부는 식었고, 유흥가 역할로는 명맥을 이어가고 있다.

3세대 핫플레이스는 외국 문화와 럭셔리 상권이 만들어낸 핫플레이스로 압구정, 청담, 이태원, 한남, 서래마을 등이다. 88 올림픽 이후 1990년대 들어 핫플레이스로 급부상했다. 패션, 뷰티, 고급 레스토랑,

카페 등이 중심이며 여전히 상권으로서 유효한 가치를 가진다. 2030세대 중심의 핫플레이스보다 다소 비싼, 30~50대까지 아우르는 욕망의 거점이다.

4세대 핫플레이스는 낡고 오래된 동네, 재개발이 잘 되지 않은 동네다. 궁궐이나 공원, 미군 기지 등의 이유로 개발 제한 구역으로 묶여 있던 동네들에서 시작된 구도심의 도시 재생형 핫플레이스로 서촌, 삼청동, 원서동, 연남동, 연희동, 경리단길, 가로수길, 신당동 등이 대표적이다. 2010년대 이후 모든 핫플레이스는 여기에 해당한다고 볼 수 있다. 서울뿐 아니라 부산 등 지방 대도시에서도 새로운 핫플레이스는 모두 이런 배경에서 만들어졌다고 해도 과언이 아니다. 도시 재생, 로컬 크리에이터 등이 유행어가 될 정도로 전국적으로 다들 낡고 오래된 동네와 골목길, 비탈진 언덕(좋은 뷰)에 새로운 가치를 부여하기 시작했다. 이에 따라 단기간에 임대료와 부동산 가격이 급등하면서 필연적으로 젠트리피케이션 문제가 발생해왔다. 4세대 핫플레이스는 인접한 기존 1, 2, 3세대 핫플레이스의 영향을 이어받거나 새로운 대안으로 수혜를 입기도 한다. 즉 기존 핫플레이스와 직간접적으로 연결되어 영향을 주고받은 관계다. 많은 동네가 새롭게 4세대로 부상하는 만큼 빨리 지는 곳도 있으며, 의도적으로 동네를 띄우기 위해 이해관계를 가진 세력이 개입하기도 한다. 4세대 핫플레이스는 현재 진행형이므로 당분간 등장할 새로운 핫플레이스 모두가 여기에 해당한다.

사실 핫플레이스의 1~4세대 진화는 서울만이 아니라 뉴욕, 런던 등 세계적 대도시에서도 유사하게 이루어졌다. 오래된 대도시일수록 낡은 구도심이 기회를 누릴 가능성은 언제나 있다. 낡고 오래되어 외면

받던 곳에서 가치 있고 참신한 곳으로 대변신을 하니 전화위복, 새옹지마인 셈이다. 도시가 오래되면 신도심이 등장해 기존 도심은 구도심이 되어 밀려난다. 그러다가 신도심에 익숙해져 식상해지면 다시 구도심을 개발해 오래된 곳에서 새로운 가치를 찾아낸다. 뉴욕, 런던, 파리, 도쿄 등의 구도심이 새롭게 가치를 인정받으며 되살아났고, 서울도 최근 구도심의 4세대 핫플레이스가 계속 등장하고 있다. 이런 흐름은 한동안 이어질 것이다.

핫플레이스가 되기 위한 필수 조건

▼

과거에는 대학가와 교통 거점이 중요했다. 서울의 전통적인 대표 핫플레이스는 1970~1980년대에 등장했다. 대학가가 주도했는데 연세대, 이화여대가 자리한 '신촌'이 선두였다. 청바지와 포크송, 록으로 대표되던 1970~1980년대 대학 문화의 거점이면서 2030세대가 주도하는 유흥가이자 핵심 상권이었다. 지금은 쇠락했지만 1990년대까지는 가장 잘나갔던 동네다. 그런데 신촌이 당시 유흥의 대표 거점으로 집중 단속의 표적이 되자 '홍대'가 수혜를 입었다. 미술대학 중심이던 홍익대였기에 홍대 지역은 예술가, 미술학도의 자유로운 문화가 형성되어 있었고 이것이 자연스럽게 인디 문화로 이어지면서 미술에서 음악으로 분위기가 바뀌었다. 1990년대부터 인디 문화가 자생적으로 발달해오다가 2000년대 들어 클럽데이가 유명해지자 홍대는 핫플레이스의 대표 거점으로 성장했다. 전국적으로도 대학가는 대부분 그 도시의 유흥가이자 상권이었다. 20세기 핫플레이스의 핵심 코드는 바로 대학이었다. 대학가는 20대 유동 인구가 많은 데다 새로운 문화와 유행을 선도하는 중심지였다.

대학로는 일제강점기 때부터 핫플레이스였다. 서울대학교의 전신인 경성제국대학을 비롯해 경성고공, 경성의전, 경학원 등 여러 학교가 모여 있어서 당시에도 이 지역을 대학로라고 불렀다. 광복 이후에는 서울대 문리대(동숭캠퍼스)와 의대(연건캠퍼스)가 있었고(의대와 서울대병원은 지금도 있다), 근처에는 성균관대, 가톨릭대 등 여러 대학이 있었다. 서울대가 관악캠퍼스로 옮기면서 동숭캠퍼스는 공원, 연극 공연장으로 활용되었고, 이에 따라 대학로는 대학가의 유흥 거점이자 문화 예술 거점으로 위상을 드높였다. 대학로는 1970~1990년대에 핫플레이스로서 전성기를 누렸다. 그러나 신촌이나 대학로 모두 21세기 들어 쇠락을 맞이했다. 더 이상 대학이 핫플레이스의 중심 코드가 아니라는 의미였다.

그럼 지금은 무엇이 핫플레이스의 중심 코드일까? 바로 도시 재생과 문화 예술 경험이다. 개성 있고 유니크한 공간과 콘텐츠를 원하는 2030세대가 늘어났고, 대형 빌딩의 정형화된 공간으로는 이들의 욕망을 충족하기에 한계가 있었다. 낡은 건물, 골목길 등 대자본이 아닌 이들이 창의적, 예술적으로 만든 공간이 필요했다. 2010년대 이후 뜬 동네들은 취향 지향적인 공간과 인테리어, 특이하고 힙한 상품이나 서비스, 예술가나 힙스터나 젊은 창업 도전자의 적극 진입이라는 공통점이 있다. 익선동, 을지로, 원서동, 계동, 서촌, 가로수길, 경리단길, 해방촌, 우사단로, 대사관로, 망원동, 연남동, 연희동, 성수동, 신당동, 후암동, 창신동 등 서울에서 최근에 주목받은 핫플레이스 모두 그렇다. 아파트 단지로 재개발하기 쉽지 않아 우선순위에서 밀려났는데 오히려 지금은 새로운 기회가 된 지역이다. 낡고 오래된 것이 주는 가치, 빈티지와 레트로, 전통과 올드 머니 스타일을 추구하는 지금 시대 2030세대의 취향과 소비 코드에 부합하기 때문이다. 이제 핫플레이스는 더 이상 대기업이 대자본으로 대형 개발 사업을 통해 만들어내지 못한다. 낡고 임대료 저렴한 동네, 서울 중심부에 자리한 구도심, 지하철과 편리한 교통, 여기에 창의적이고 도전적인 젊은 창업가가 만나면 핫플레이스가 만들어질 핵심 조건이 완성된다.

서울의 핫플레이스는 크게 4개의 거점(권역)으로 나눌 수 있다. 뒤쪽 지도에서 보듯이 광화문 거점, 홍대 거점, 압구정/청담 거점, 이태원 거점이다. 회색으로 표시된 곳이 뜬 지 오래된 지역(아직 가치가 유효한 곳도 있고 쇠락한 곳도 있지만 주변에 영향을 주는 중요 지역임에는 분명하다), 옅은 파란색으로 표시된 곳이 2000년대 초중반부터 2010년대 중반 사이에 뜬 지역(뜬 지 10년 이상 된 지역으로, 일부는 아직 확장 중이다), 짙은 파란색으로 표시된 곳이 2010년대 후반부터 2020년대에 뜬 지역(뜨기 시작한 초기로 아직 확장, 성장할 기회가 많다)이다.

오래된 동네 같지만 광화문 거점이 여전히 새로운 핫플레이스를 선보일 정도로 파워풀한 이유는 뭘까? 오래된 한옥이 많고, 특히 다른 곳에는 없는 궁궐 5개(경복궁, 덕수궁, 경희궁, 창경궁, 창덕궁)와 종묘까지 있는 데다, 미술관과 문화 공간이 많아서다. 문화 예술 공간은 원래부터 많았는데 서울공예박물관(2021)이 세워지고 이건희미술관도 들어설 예정이라 문화 예술 경험치가 다른 곳과 비교할 수 없을 정도로 탁월하다. 빌딩 숲 서울에서(아니 세계적으로도) 유일무이한 곳, 가장 유니

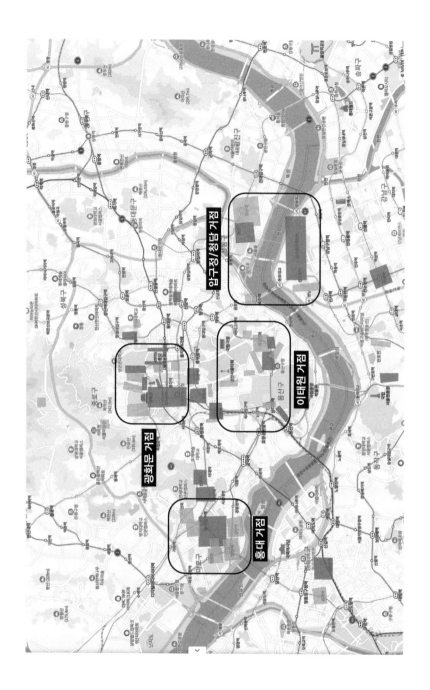

크한 곳이다. 아무리 멋진 카페와 맛있는 레스토랑이 있다고 한들 그런 것만 가지고선 핫플레이스의 가치가 오래 이어지지 못한다. 특히 핫플레이스의 주류 소비층인 2030세대 여성이 전시, 공연에서 절대 비중을 차지하는 관객이라는 점을 간과하면 안 된다. 이태원 거점과 압구정/청담 거점도 복합 문화 공간, 미술관, 전시관이 많다. 홍대 거점은 클럽, 공연장, 복합 문화 공간 등이 많다. 이것이 이들 4개 거점에서 지속적으로 새로운 핫플레이스가 등장하고 있는 한 요인이다. 이런 배경 위에 새로운 볼거리, 먹을거리, 쇼핑거리가 또 다른 주요 요인으로 작용한다.

교통 거점은 지금도 중요하다. 그런 점에서 지하철 2호선 라인이 주목된다. 지하철 2호선은 1980년 개통했는데, 1980~1990년대 대표 핫플레이스인 신촌, 이대, 홍대, 강남역 모두 공교롭게도 2호선 라인이다. 지금은 모두 과거의 영광이 퇴색한 곳이다(물론 여전히 상권으로서 가치가 있고 유동 인구도 많다). 2010~2020년대 대표 핫플레이스인 성수동, 연남동(연트럴파크), 을지로(힙지로)와 힙당동이라 불리는 신당동, 계속 띄워도 잘 안 뜨지만 그럼에도 핫플레이스 후보군으로 꼽히는 문래동도 2호선 라인이다. 2호선이 핫플레이스의 황금 라인인 셈인데, 여기에 6호선도 있다. 망원동, 합정동, 상수동, 삼각지, 용리단길, 이태원, 한남동, 대사관로, 신당동 등이 6호선 라인이다. 2, 6호선이 겹치는 곳이 이태원 거점, 홍대 거점이다. 3호선 라인도 중요한데 삼청동, 가회동, 송현동, 계동, 원서동, 익선동, 서순라길, 서촌, 압구정, 가로수길, 옥수동 등이 3호선 라인이다. 2, 3호선이 겹치는 곳이 광화문 거점, 이태원/청담 거점이다. 과연 우연일까?

트렌드에서 우연은 없다. 뜨는 동네는 다 이유가 있고, 떴다가 빨리 지는 동네도 다 이유가 있다. 넥스트 핫플레이스를 찾고자 한다면 우선 기존 핫플레이스에서 실컷 누려봐야 한다. 이런 곳은 놀아본 이들이 잘 안다. 돈의 흐름을 파악하려면 돈을 써보는 것이 가장 좋다.

지금 핫플레이스를 보면 넥스트 핫플레이스가 보인다

▼

왜 개별 동네를 이야기하지 않고 4개의 거점(권역)으로 그룹핑했을까? 분류하기 쉬우라고? 알아보기 쉬우라고? 아니다. 진짜 이유는 따로 있다. 바로 새로운 핫플레이스는 기존 핫플레이스와 가까운 동네에서 만들어지기 때문이다. 뜬금없는 동네가 등장하지 않는다. 핫플레이스는 일부러 시간 내서 찾아가는 곳이다. 물리적 이동을 해야 하기에 기존 핫플레이스 가까이 있으면 사람들이 찾아오는 데 유리하다. 가령 삼청동 간 김에 가회동 갔다가 계동, 원서동을 같이 둘러보는 이들이 많기 때문이다.

먼저 광화문 거점부터 보자. 광화문은 조선 시대에도 핫플레이스였을 것이다. 경복궁을 중심으로 형성된 서촌과 북촌은 조선 시대 때도 유동 인구가 많았고 상권이 발달했다. 핫플레이스에서 가장 중요한 것은 유동 인구다. 궁궐이 행정과 경제의 중심 거점이었으니 사람과 돈이 이쪽으로 다 몰릴 수밖에 없다. 현대가 되어서도 궁궐은 중요하다. 도심의 가장 좋은 위치에 자리하면서 주변 개발이 제한되어 구도심으로 보존될 수 있었다. 광화문 거점에서 인사동길은 가장 먼저 뜬 동네지만 지금은 쇠락했다. 삼청동은 2010년대에 정점을 누리고 잠시 식는 듯하다가 최근에 다시 뜨겁다.

경복궁과 창경궁 사이 지역 중 2020년대 들어 원서동, 계동이 핫플레이스로 주목받기 시작했다. 수십 년간 개발 못 하고 숨겨진 땅이었던 송현동에는 이건희미술관이 들어설 예정이다. 이는 삼청동에 호재이고, 바로 옆 가회동도 들썩이게 한다. 결국 이 지역은 다 뜨는 셈인

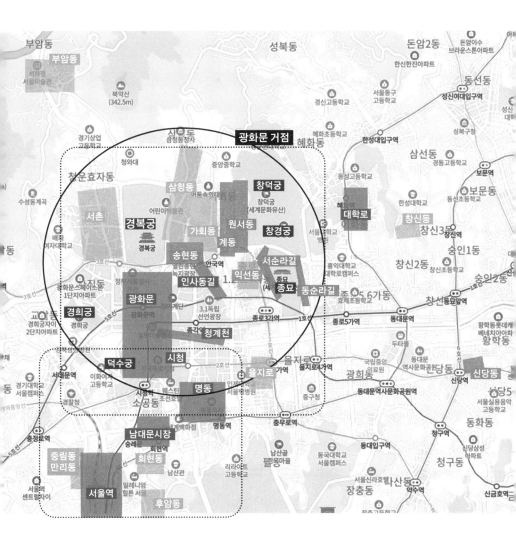

데, 여기와 바로 연결된 지역이 종묘를 둘러싼 서순라길과 동순라길, 2010년대부터 뜨기 시작해 여전히 가치 있는 익선동이다. 여기서 조금 더 가면 힙지로라 불리는 을지로다. 을지로는 전통적 상권이자 일제강점기부터 핫플레이스였던 명동과 연결된다. 명동은 남대문시장, 서울역으로 이어지는 전통적 거점 라인과 연결되는데 이곳에서 2010년대 이후 뜬 동네가 회현동, 만리동, 중림동이다. 여기와 연결되는 곳이 후암동이고, 후암동은 또 자연스럽게 이태원 거점과 연결된다. 후암동은 남산, 용산공원과 연결되면서 핫플레이스로 오래 유지될 가능성이 크다.

광화문 거점 오른쪽 외곽에 대학로가 있고, 그 옆에 창신동, 그리고 아래쪽으로 내려오면 요즘 힙당동으로 불리는 신당동이 있다. 창신동은 뷰 좋은 카페들이 낙산공원, 대학로와 연결되며 주목받고 있긴 하지만 확장성은 제한된다. 신당동도 황학동, 동묘 등과 연결되긴 하지만 확장성에는 한계가 있다. 거점 라인 안쪽에 있느냐, 바깥쪽에 고립되어 있느냐에 따라 차이가 난다. 물론 아주 강력한 계기나 자본이 개입하면 상황은 달라질 수 있겠지만 새로운 핫플레이스는 늘 기존 핫플레이스 가까이에 있을 때 오래간다.

압구정/청담 거점은 1990년대에 가장 강력했던 상권이자 핫플레이스였고, 지금도 여전히 유효하다. 압구정/청담 거점은 확장성이 가장 좋다. 가로수길과 성수동은 엄밀히 말해 압구정/청담 거점이 만들어낸 산물이다. 핫플레이스로서 가로수길은 실제로 압구정/청담 때문에 탄생했다. 압구정, 청담으로 진입하고 싶지만 임대료가 너무 비싸서 들어가기 힘들었던 디자이너, 아티스트, 새로운 콘텐츠로 무장한 창업 도전자가 2000년대 초중반 가로수길로 모여들었다. 가로수길은 압구정역에서 직선거리로 1킬로미터 거리다. 가로수길에서 새로운 상품과 콘텐츠가 쏟아지자 사람들이 몰려들었고, 그러자 압구정의 위상이 급격히 떨어졌다. 먹고 마시는 유흥가 중심으로는 한계가 크다. 새로운 핫플레이스에 밀릴 수밖에 없다. 가로수길은 2010년대에 전성기를 누리고 지금은 조금 열기가 식었지만 그럼에도 여전히 주목할 동네다. 요즘 압구정이 새로운 시도를 하며 조금 되살아나고 있는데, 가로수길 역시 새로운 시도가 필요한 시점이다.

가로수길이 정점을 찍으며 가장 비싸지자 이번에는 성수동이 기회를 잡았다. 압구정이 비싸서 가로수길이 기회를 잡은 것과 같다. 성수동은 2010년대 초중반 본격적으로 뜨기 시작해 2020년대 들어서 크

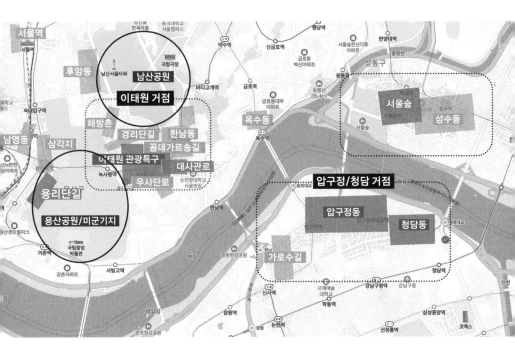

게 성장한 동네로 뚝섬역과 서울숲 쪽으로 확장하며 더욱 강력한 핫플레이스가 되고 있다. 압구정, 청담, 가로수길로 이어지는 강남의 주요 핫플레이스에서 연예기획사, 명품 브랜드, F&B(요식업/외식업) 사업가, 예술가와 힙스터가 성수동으로 많이 옮겨갔다. 성수동, 서울숲, 옥수동 등은 압구정/청담에서 다리 하나만 건너면 되는 지역이다. 구는 다르지만 지리적으로 보면 인접권이다.

가로수길이 비싸지며 수혜를 본 것은 성수동뿐이 아니다. 이태원 거점의 한남동도 마찬가지다. 한남동은 가로수길에서 다리 하나만 건너면 되는 곳이다. 꼼데가르송길, 대사관로 등이 대표적인데, 이태원 거점 중 상대적으로 비싼 상권이다. 한남동의 한남더힐, 나인원한남, 유엔빌리지 등 고급 주거 단지가 영향을 주는 상권이면서, 고가 아파트 단지가 많은 압구정/청담 거점과도 연결된 상권이다.

이태원 거점은 2010년대에 새로운 핫플레이스가 다수 등장한 지역이다. 외국인이 2만 명 이상 거주하는 이태원은 1997년에 서울 최초로 관광특구로 지정되었다. 사실 이태원에 외국인이 살기 시작한 건 임진왜란 이후부터다. 당시 조선군에 항복하고 귀화한 일본인을 위한 거주지가 조성되었다. 일제강점기엔 일본군 사령부가 이곳에 주둔했고, 광복 이후엔 미군이 이곳이 주둔했다. 용산 미군 기지를 중심으로 한남동, 동부이촌동 등 외국인 전용 주택과 고급 주택 단지가 들어섰고, 1960년대 이후에는 각국 대사관이 들어왔다. 1970년대 용산 미군 기지로 인해 이태원은 미군을 위한 유흥가, 외국인 대상 쇼핑 지구로 거듭났는데, 88 올림픽을 전후한 1980~1990년대가 이태원 상권의 전성기였다.

외국인 유흥가 이미지가 강했던 이 지역이 2000년대 들어 달라지기 시작했다. 용산 미군 기지와 가까워 개발 제한 구역에 묶여 있다가 미군 기지 평택 이전이 진행되면서 급속도로 새로운 개발과 투자가 이어졌다. 카페, 식당 등이 들어서며 경리단길이 핫플레이스로 부상했다. 2010년대에 전성기를 누린 경리단길과 함께 해방촌, 우사단로가 연이어 핫플레이스로 떠올랐다. 이 중 젠트리피케이션의 대표 사례로 가장 많이 언급되는 경리단길은 2020년대 들어 열기가 식었다. 전국적으로 뜨는 동네만 있으면 다들 '~리단길'이라고 붙이는 작명의 원조가 바로 이 동네다. 가령 망원동 망리단길, 송파 송리단길, 부산 해리단길, 경주 황리단길, 양양 양리단길 등 전국에서 이런 작명을 한 데가 수십 곳이 넘는다. 다들 낡고 오래되고 개발 안 된 구도심이나 골목에 세련되고 멋진 카페나 레스토랑이 들어서면 이렇게 이름을 붙여 사람들의 발길을 끌고 지역 부동산 가치를 높이려는 의도다. 지자체와 지역의 건물주, 유지의 이해관계가 맞아떨어져서 계속 이런 동네가 만들어진다. 원조인 경리단길이 정점에서 크게 내려왔듯 전국의 수많은 '~리단길' 중에서도 쇠락하는 곳이 계속 나온다. 이태원 거점은 남산공원과 용산공원 사이에서 점점 더 확장해간다. 용산 미군 기지 이전으로 용리단길을 비롯해 삼각지, 남영동, 후암동은 핫플레이스로서 위상과 확장성이 더 높아지고 있다.

광화문 거점과 이태원 거점에서 새로운 핫플레이스가 된 동네는 모두 개발 제한에 묶여 있던 구도심으로 낡은 주택가와 골목길이 많은 곳이다. 압구정/청담 거점의 가로수길, 성수동도 개발되지 않은 낡은 주택가, 창고와 공장 부지 등이 있어서 새로운 핫플레이스를 만들어낼

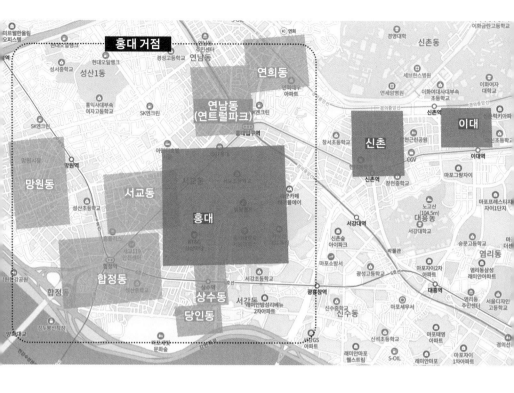

수 있었다. 이미 예전에 재개발해서 아파트 단지가 들어선 동네였다면 새로운 핫플레이스가 될 수 있었을까?

홍대 거점도 2010년대에 새로운 핫플레이스를 계속 만들어냈다. 홍대의 임대료가 너무 비싸지고 젠트리피케이션이 발생하자 홍대를 중심으로 활동하고 장사하던 이들이 일부 합정동으로 옮겨가며 확장되었고, 2010년대 들어 망원동, 연남동, 상수동, 연희동으로 계속 확장되었다. 이 지역을 아울러 범홍대권이라 부를 수 있다. 사실 홍대가 애초에 핫플레이스가 아니었다면 근처에 있는 이런 낡고 주택가 중심이던 동네들이 핫플레이스가 될 수 있었을까?

서울을 4개의 거점으로 나눠서 설명하고 지도로 보여준 이유가 있다. 최근 10~20년 내 뜬 동네 거의 대부분이 '거점'이 되는 동네 근처에 있기 때문이다. 결국 앞으로 뜰 넥스트 핫플레이스도 마찬가지일 가능성이 높다. 아직 이들 4개 거점에는 비어 있는 곳이 많다. 새롭게 개발하고 띄울 후보가 여전히 존재하고, 최근에 뜨기 시작한 동네는 성장성, 확장성이 충분하다. 완전히 낯선 동네보다는 이 거점들을 중심으로 탐색하는 것이 유리할 수밖에 없다.

　　4대 거점 안에 있는 동네와 밖에 있는 동네는 다르다. 지도로 보면 강남역, 방배동, 서래마을, 문래동, 신당동 등은 4대 거점 밖에 있다. 1990년대에 잘나가던 방배동은 쇠락했고, 강남역의 위상은 예전과 비교할 수 없이 추락했고, 서래마을과 문래동은 적당히 뜨긴 했지만 더 크지 않는다. 신당동은 최근에 뜬 동네지만 확장성은 한계가 있다. 만약 이들 동네가 4대 거점 안에 있었다면 결과는 달랐을 것이다.

　　과연 당신이 사는 동네 혹은 잘 아는 동네가 넥스트 핫플레이스로 떠오를 가능성이 있을지 생각해보라. 그리고 가능성이 보인다고 판단되면 현장을 찾아가보라. 현장에서 확신이 든다면 그때부터는 행동으로 옮겨보라. 돈은 '행동'을 통해서만 잡을 수 있다. 그리고 꼭 투자의 관점이 아니라 트렌드 분석의 관점으로 자신이 주목한 동네가 뜨는지 안 뜨는지 지켜보는 재미도 있다. 진짜 트렌드는 언제나 현장에 있고, 그 답을 잘 찾는 사람에게는 늘 더 많은 기회가 주어진다는 사실을 명심하기 바란다('지금 핫플레이스를 보면 넥스트 핫플레이스가 보인다' 내용 중 일부는 공저로 참여한《머니 트렌드 2024》에도 동시 수록했다).

5장

수산물 불신 시대와 연어, 그리고 푸드 테크

2024년 국내 연어 소비량은 역대 최고가 될 것이다!

Life_Trend_2024

#수산물 불신 시대 #푸드 테크 #원전 오염수 #방사능 #해양 오염 #안전한 먹거리 #노르웨이산 연어 #국내 연어 양식 #대체육 #배양육 #비건 #채식주의

LIFE TREND 2024

기후 위기로 식량 위기가 심화하는 상황에서 바다의 먹거리마 저 불안해지면 어떻게 될까? 안전이 검증된 먹거리는 수요도 더 늘고 가격도 올라갈 것이다. 전 세계에서 수산물 많이 먹기로 손 꼽히는 한국인이 수산물 소비를 줄이면 국내 관련 시장은 큰 타 격을 입을 수 있다. 반면 멀리 떨어져 있어 상대적으로 안전하게 느껴지는 노르웨이산 연어는 더 찾지 않을까?

후쿠시마 오염수 해양 방류 이슈는 바다 먹거리에 대한 불신으로 이어 질 수밖에 없다. 가뜩이나 기후 위기로 식량 위기가 심화하는 상황에서 바다의 먹거리마저 불안해지면 어떻게 될까? 안전이 검증된 먹거리는 수요도 더 늘고 가격도 올라갈 것이다. 전 세계에서 수산물 많이 먹기 로 손꼽히는 한국인이 수산물 소비를 줄이면 국내 관련 시장은 큰 타격 을 입을 수 있다. 반면 멀리 떨어져 있어 상대적으로 안전하게 느껴지 는 노르웨이산 연어는 더 찾지 않을까?

참치는 태평양에서 가장 많이 잡힌다. 전 세계 참치 어획량 절반이 중서부 태평양에서 잡힌다. 후쿠시마 오염수가 영향을 미치는 바다는 태평양이다. 참치처럼 연어도 고급 수산물에 속하고, 다이어트나 건강 을 위해 찾는 이들도 많다. 전 세계 연어 생산량은 계속 증가세다. 수요 가 계속 늘어난 결과다. 우리가 먹는 연어는 대서양연어로 노르웨이와 칠레가 대표적 산지다. 그중 한국에서는 노르웨이산이 절대적이다. 한 국인이 가장 사랑하는 생선 중 하나인 고등어 시장에서도 노르웨이산이 절대적 비중을 차지한다. 우리에게 노르웨이는 중요한 수산물 수입 국이고, 노르웨이산은 안전한 먹거리로 인식되고 있다. 누군가의 위기 는 누군가의 기회가 될 수 있다. 한번 바뀐 입맛, 한번 생긴 불신은 생각 보다 오래갈 수 있기 때문이다.

후쿠시마 오염수 방류는 수산물 불신 시대의 신호탄이 될까?

▼

2021년 4월, 일본 정부는 후쿠시마 원전 사고(2011년 3월 도호쿠 대지진 에 따른 사고로 원자로 3곳이 침수)에서 원자로 냉각수로 사용되었던 오염 수 125만 톤을 자체 정화 후 2023년부터 30년에 걸쳐 바다에 방류하 기로 결정했다. 한국과 중국 등 주변국의 반발과 그린피스 등 환경 단 체의 반발이 있었다. 그렇게 시간이 지나 방류를 시작하는 2023년이 되었고, 2023년 7월 초 국제원자력기구IAEA는 일본 정부의 후쿠시마 제1 원전 오염수 방류 계획이 국제 안전 기준에 부합한다는 내용의 최 종 보고서를 발표했다. 오염수의 방사성 물질을 알프스ALPS(다핵종 제거 설비)로 두 차례 정화 후 방류하므로 인체와 환경에 미치는 영향이 미미 하다고 판단했다.

원전은 특성상 해안가에 건설하게 되고, 사고가 아니어도 운영을 위해 발생한 오염수를 바다로 방류한다. 한국의 원자력 발전소도 냉각 수로 사용된 오염수를 국제 기준에 따라 방류하고 있었고, 전 세계 원 전 보유 국가들은 다 그렇게 해왔다. 일본의 방류 계획은 이 국제 기준 에 따른 것이고, 그런 점에서 국제원자력기구는 영향이 미미할 것이라 고 결론을 내렸다. 일본 정부로서는 명분을 확보한 것이다. 하지만 정상 운영 상태의 원자로 냉각수로 사용된 오염수와 사고가 난 원자로의 냉각수로 사용된 오염수에 같은 기준을 적용해도 되느냐는 논쟁거리다. 아울러 국제원자력기구의 보고서는 후쿠시마 원전 오염수 탱크 1070개 중 3개에서 채취한 시료 3건 중 1차 시료만 분석한 결과를 담고 있다. 시료 채취는 국제원자력기구가 직접 한 게 아니라 도쿄전력이 제공했고, 각 탱크의 오염 수준은 모두 다르다. 사실 해양 방류로 이득을 보는 건 일본뿐이다. 인접 국가를 비롯해 어떤 나라든 해양 방류에 대한 불안과 잠재적 손해만 떠안는다. 그렇기에 국제원자력기구가 일본의 입장을 대변하듯 하는 것은 과학적이 아니라 정치적이라는 지적이 많다.

국제원자력기구는 원자력을 군사적 목적으로 이용하는 것을 막고 평화적 목적의 이용을 장려하기 위해 미국의 주도로 1957년 설립된 국제기구다. 즉 원자력을 잘 사용하는 것이 목적인 곳이다. 과학을 통해 원자력 발전의 문제 없음을 입증하는 곳이지 과학을 통해 원자력 발전의 문제 있음을 입증하려는 곳이 아니다. 원자력 발전의 존재 자체를 위험으로 보는 환경 단체의 시각과는 다를 수밖에 없다. 국제원자력기구는 해양 오염 평가 기관이 아니다. 이 문제를 해양 생물과 환경의 입장에서 바라보고 분석하는 쪽과 원자력 발전의 입장에서 바라보고 분석하는 쪽은 다른 답을 내놓을 수 있기 때문이다. 국제원자력기구 보고서를 일본의 로비에 의한 것이라거나 일본과 미국의 이해관계에 따른 것이라는 이야기도 나온다.

분명한 것은 후쿠시마 원전 오염수 방류로 가장 이득을 보는 것은 일본이라는 사실이다. 후쿠시마 원전 부지 내 오염수 저장 용량은

137만 톤이고 그중 133만 톤 정도가 이미 찼다. 냉각수와 빗물, 지하수 유입 등으로 지금도 매일 100~140톤의 오염수가 발생하기에 저장 용량에 한계가 오기 전에 방법을 찾아야 한다. 해양 방류는 여러 방법 중 가장 쉽고 싼 방법이다. 돈이 더 들지만 알프스로 처리한 오염수를 시멘트, 모래 등과 섞어 콘트리트화해 고체로 만들어 보관하는 방법도 있다. 이렇게 할 경우 5년 내에 다 처리할 수 있어 30년간 방류하는 방법보다 더 빨리 끝난다. 콘크리트화해 일본 내 지하에 보관 처리하면 되기에 인접 국가들에 영향이나 피해를 주는 문제, 일본 어민이 겪을 피해, 사람들이 가질 수산물에 대한 불신 문제 또한 겪지 않는다. 하지만 인접 국가와의 우호 관계, 미래 세대를 위한 배려, 환경에 대한 책임 등을 다 저버리고 일본은 돈을 선택했다. 마침내 2023년 8월 24일 오염수 방류가 시작되었다. 중국과 홍콩은 강력하게 항의하고 일본 수산물 전면 수입 중단 조치를 내렸다. 태평양의 섬나라인 바누아투와 투발루도 강력히 항의하고 있다. 이와 달리 가장 인접한 나라인 한국 정부만 이를 방관 혹은 지지하고 있다.

2019년 그린피스의 원자력 부문 담당자 숀 버니 박사는 일본이 바다로 흘려보낼 오염수 100만 톤 이상을 희석하려면 물 7억 7000만 톤이 필요하며, 오염수가 해류를 타고 바다를 순환하기 때문에 태평양 연안 국가가 오염에 노출될 수 있다고 주장했다. 이에 대해 일부에서는 태평양 전체의 바닷물 양은 77경 톤으로 숀 버니 박사가 희석에 필요하다고 한 양보다 10억 배나 많으니 문제없다고 한다. 그러나 태평양 전체의 물을 칵테일 섞듯 잘 흔들어 희석하는 것이 아니기에 전체 바닷물 양으로 계산하면 안 된다. 또한 방류된 오염수가 해류를 타고 이동하면서 해양 생물에게 영향을 끼칠 수 있고, 방류 직후 오염수 근처로 물고기 떼가 몰려가 노출될 수도 있다. 이 해양 생물이나 물고기를 더 큰 물고기가 먹어 체내에 위험 물질이 축적될 수 있고, 이 오염된 물고기를 사람이 먹게 될 수 있다. 그러니 바닷물 양만 가지고 희석되니 과학적으로 안전하다고 장담할 수 없다. 거기다가 사고 난 원전의 오염수를 대량 방류하는 것 자체가 전례 없는 일이어서, 이것이 해양 생물과 환경에 장기적으로 어떤 영향을 끼칠지 완벽히 검증되지도 않았다. 그리고 오염수의 방사성 물질을 정화하는 설비인 알프스가 30년간 이 기능을 정상적으로 계속 유지할지도 검증되지 않았다. 계획상의 과학적, 기술적 근거만 들어서 문제없다고 하는 주장을 다 믿을 수는 없다. 애초에 후쿠시마 원전도 운영 계획상의 과학적, 기술적 측면에서는 지금 같은 사고가 날 가능성이 없다고 해서 만들어지고 운영되었기 때문이다. 전 세계 어떤 원전이든 과학적, 기술적으로는 다 안전하다고, 문제없다고 하지만 사고는 계속 난다. 과학은 사고까지 책임지지 않는다.

일본 내부에서도 오염수 방류 반대 여론이 있다. 어민의 반대는 강경하다. 그럼에도 일본 정부는 오염수 방류를 강행할 수밖에 없다. 저장 용량이 한계치에 다다른 데다 다른 방법은 준비되지 않았다. 다른 방법을 모색하려 했으면 벌써 했어야 하지만 그럴 필요가 없다고 정치적으로 판단했다. 그러니 주변 국가와 자국민이 아무리 반대해도 방류를 강행한다. 주변 국가의 불안을 해소하고 피해를 보상해줄 생각도 일절 없다.

지금 조치는 쌓인 오염수를 방류하는 것일 뿐, 후쿠시마 원전 폐로 문제는 완전히 다른 사안이다. 일본 정부는 원전 폐로 작업을 2050년까지 마치겠다고 했지만 회의적이다. 폐로에 얼마나 걸릴지는 아무도 장담하지 못한다. 완전한 폐로가 되기 전까지 오염수는 계속 생기므로 125만 톤을 30년에 걸쳐 방류한다고 끝이 아니다. 지금까지 쌓인 오염수만 130만 톤이고 향후 30년간 새로운 오염수는 계속 쌓인다. 일본처럼 지진 위험이 높은 지역에서 새로운 자연재해나 변수가 발생하면 오염수 양은 더 증가할 수도 있다. 1986년 4월에 최악의 원전 사고가 일어난 체르노빌 원전도 아직 폐로가 되지 않았다. 원자로를 콘크리트 석관으로 뒤덮어 방사능 물질을 봉인해둔 상태다. 기존 석관이 수명을 다해 2016년 새로운 석관을 설치했을 따름이다. 러시아와 우크라이나 전쟁 중 체르노빌에서 교전이 벌어져 국제 사회가 체르노빌 원전의 석관에 문제가 생기지 않을까 우려했다. 다행히 문제가 없었지만 완전히 해결된 것은 아니다. 후쿠시마 원전 역시 마찬가지다. 오염수 방류를 시작으로 폐기물 처리, 원전 폐로 등 더 큰 진짜 문제를 풀어가야 한다.

중국과 한국도 원자력 발전소를 많이 운영하는 나라다. 국제원자력기구에 따르면 현재 중국의 원자력 발전소는 가동 중 55기, 건설 중 23기, 계획 중 45기다. 전 세계에서 원자력 발전소가 가장 많은 미국은 96기, 2위 프랑스는 56기인데 조만간 중국이 프랑스를 제치고 2위가 되고, 장기적으로는 미국을 제치고 1위가 될 것이다. 중국은 전체 전력의 60퍼센트가 석탄 화력 발전소에서 생산되므로 이를 낮추기 위해 원자력 발전소를 확대하고 있다. 현재 중국이 운영 중인 55기는 대부분 중국의 동부 연안, 즉 한국의 서해안에 있다. 중국 원자력 발전소가 운영하며 발생하는 냉각수이자 오염수는 우리의 서해안으로 배출된다. 심지어 중국은 한국과 직선거리 400킬로미터 거리인 산둥성 인근 바다에 소형 모듈 원자로SMR를 가진 해상 원자력 발전소를 추진 중이다. 바지선이나 선박에 원자력 발전소가 설치되어 운영되는 방식인데, 오지나 해상 석유 시추 시설 등에 전기를 공급하기 위한 용도다. 우리나라 입장에서 보면 서해에 해상 원자력 발전소를 운영하겠다는 것인데, 만약 사고가 나면 오염수 방류와 비교할 수 없을 정도로 치명적 사태가 벌어진다. 우리나라는 2023년 6월 기준 25기가 가동 중이고, 경북 울진과 울산 등에 3기가 추가 건설 중이다. 전 세계에서 한국은 가동 중인 원자력 발전소가 5번째로 많은 나라이고, 일본은 17기로 8번째로 많다. 한국의 원자력 발전소는 포항, 울산 등 모두 영남 지역 해안가에 있다. 제철, 중공업, 자동차 등 대규모 산업 단지가 정책적으로 이 지역에 만들어졌고, 전력 소모가 큰 이 산업 단지 가까운 곳에 원자력 발전소를 지었다.

원자력 발전소는 사고가 나기 전까지는 문제 될 것이 없다. 가장 가성비 높은 에너지원이고 화석 연료에 비하면 친환경 에너지다. 하지만 사고가 나면 문제가 심각하다. 후쿠시마 원전 오염수 방류를 계기로 사람들의 바다에 대한 태도 변화, 수산물에 대한 불신은 피할 수 없게 되었다. 중국에서 원전 건설이 급증하고 해양 원전까지 추진하는 상황에서 혹시 사고가 발생할 경우 서해안 어업은 치명적 타격을 입는다. 아니 수산업 자체가 존망의 기로에 설 수 있다. 일본 어민, 한국 어민, 중국 어민 전부 피해자가 된다. 어민뿐 아니라 수산물을 먹는 소비자도 심각한 상황에 놓인다. 수산물 불신 시대가 시작될 수 있다.

이미 2023년 국내산 천일염 품귀 사태를 필두로 불안감이 고조되고 있다. 일본 정부는 그동안 후쿠시마 농수산물 수입 금지 조치를 철폐하려고 애써왔고, 2023년 7월 유럽연합EU은 후쿠시마산 식품 수입 규제를 철폐하며 일본 정부에 힘을 실어주었다. 반대로 중국 정부는 후쿠시마현을 비롯한 일본의 10개 지역(현, 도)의 식품 수입 금지 조치를 강화하고, 일본의 나머지 지역의 식품(특히 수산물)에 대해서도 검역을 엄격히 하고 전수 조사를 실시할 것이라고 발표하며 일본을 압박했다. 이로 인해 중국 내 식당과 슈퍼마켓에선 일본산 수산물 판매가 중단되거나 축소했다.

후쿠시마 오염수 방류 이슈가 커지자 중국은 일본 수산물 전체의 수입을 막을 수 있다는 강력한 압박 카드를 꺼내 들었다. 중국에 이어 홍콩도 같은 입장을 발표했고 마카오도 마찬가지였다. 중국과 홍콩은 일본 수산물 최대 수입국이다. 일본 농림수산성에 따르면 2022년 중국의 일본산 수산물 수입 규모는 871억 엔(약 7939억 원), 홍콩은 755억 엔(약 6882억 원)으로 일본 전체 수산물 수출액의 42퍼센트에 달한다. 이런 이유로 일본의 수산 업계에서는 오염수 방류에 반대할 수밖에 없었다. 그럼에도 불구하고 일본 정부는 2023년 8월 24일 방류를 개시했고, 그러자 중국은 곧바로 일본산 수산물 수입 전면 금지 조치를 발표했다. 홍콩도 후쿠시마현과 도쿄도를 포함한 10개 지역 수산물 수입을 금지하기로 했고 마카오는 수산물뿐 아니라 채소와 육류까지 수입 금지하기로 했다. 이런 예상치 못한 강경 대응에 당황한 일본 정부는 세계무역기구WTO에 제소를 고려하는 등 대책 마련에 분주하고, 혼란에 휩싸인 일본 수산 업계는 정부에 불만과 비난을 터뜨리고 있다. 일본 수산물 산업의 경제적 피해를 필두로, 자칫 일본 제품 불매 운동이 확산되면 추가 손실까지 겪을 수 있다. 처리 비용 아끼려다가 더 엄청난 경제적 타격을 입게 된 셈이다.

2011년 후쿠시마 원전 사고 이후 전 세계 55개 국가와 지역에서 일본 식품에 대한 수입 규제를 하고 후쿠시마산에 대해서는 수입 금지를 했는데 이후 한국, 중국, 홍콩, 마카오, 타이완 5개국 외에는 규제가 다 철폐되었다. 5개국 중 중국, 홍콩, 마카오는 강경 대응 입장이고 방류 후 실제로 그렇게 했지만 한국은 앞으로 어떨까. 한국의 일식집에서는 여전히 일본산 수산물을 쓰고, 후쿠시마산 수산물을 작정하고 속여서 들여오면 막을 수 없고, 그동안 그렇게 꽤 들어왔을 가능성은 없을까? 그래서 일본산 전체를 수입 금지해야 한다는 주장이 나오지만 실현 가능성은 높지 않다. 결국 우리 국민의 수산물 불신만 더 커지고 있다. 일본산이 국내산으로 둔갑할 수 있다는 불신도 있기에 아예 수산물을 안 먹으려는 이들이 생길 수 있지 않을까? 이에 따라 국내 일식집, 횟집, 수산시장, 어민 등이 피해를 볼 가능성이 크다.

우리는 세계에서 수산물을 가장 많이 먹는 나라에 산다

▼

경제협력개발기구OECD와 유엔 식량농업기구FAO가 공동으로 발행하는 보고서인 《OECD-FAO 농업 전망 2021~2030OECD-FAO Agricultural Outlook 2021-2030》에 따르면, 2021년 기준 세계에서 닭고기를 가장 많이 먹는 나라는 이스라엘로 68.75킬로그램이고, 그 뒤로 말레이시아 53.1킬로그램, 페루 52.8킬로그램, 미국 50.8킬로그램 순이었다. 한국은 19.5킬로그램이고, OECD 평균은 33킬로그램, 전 세계 평균은 15.1킬로그램이었다. 세계에서 돼지고기를 가장 많이 먹는 나라는 32.7킬로그램의 베트남이고, 이어서 32.3킬로그램의 한국, 31킬로그램의 중국 순이었다. OECD 평균은 22.9킬로그램이고, 전 세계 평균은 11.7킬로그램이었다. 세계에서 소고기를 가장 많이 먹는 나라는 36킬로그램의 아르헨티나이고, 그다음이 26킬로그램의 미국, 24.4킬로그램의 브라질 순이었다. 한국은 12.4킬로그램이고, OECD 평균은 14.4킬로그램, 전 세계 평균은 6.3킬로그램이었다. 전 세계 육류 소비량 중 닭고기가 38퍼센트, 돼지고기가 31퍼센트, 소고기가 24퍼센트가량을 차지한다. 한국인은 닭고기 19.5킬로그램, 돼지고기 32.3킬로그램, 소고기 12.4킬로그램을 소비해 총 64.2킬로그램의 육류를 먹는다. 양고기나 기타 육류까지 포함하면 약 66킬로그램을 먹는다고 볼 수 있다. 위 보고서는 2031년 전 세계 육류 소비량이 2021년 대비 15퍼센트 성장할 것으로 전망하고 있다.

그렇다면 수산물은 얼마나 먹을까? 유엔 식량농업기구에 따르면 2019년 세계 1인당 수산물(어류 및 기타 해산물) 소비량은 20.5킬로그램이었다. 1961년 9킬로그램이었고 2000년대까지도 14킬로그램 정도였던 데 비하면 크게 늘었지만 2010년대에 19킬로그램이라 미미한 성장세다. 2021년 닭고기, 돼지고기, 소고기의 전 세계 평균 소비량 합이 33.1킬로그램이므로 수산물보다 육류 소비가 1.5배쯤 많은 셈이다.

그런데 한국인은 2019년 기준 연간 69.9킬로그램의 수산물을 먹었다. 이 소비량은 세계 최고 수준으로, 육류 소비량을 넘어선다. 수산물 소비량 중 어패류가 60퍼센트, 해조류가 40퍼센트다. 다른 나라에서 해조류를 잘 안 먹다보니 어패류만 가지고 통계를 내면 조금 밀리지만 해조류를 포함하면 세계 1위다. 육류보다 수산물을 더 많이 먹는 나라에 사는 한국인은 바다의 오염 문제에 더 민감할 수 있고, 오염이 초래할 타격을 더 많이 받을 수밖에 없다. 후쿠시마 오염수 방류는 2023년에만 이슈가 되고 사라질 문제가 아니라 2024년에 더 증폭될 수 있는 문제다. 중국의 원전 상황이 어떻게 되느냐에 따라서도 이 문제는 더 커질 수 있다.

수산물에 대한 불신이 커지면 국내의 관련 산업과 종사자만 영향받는 데서 그치지 않는다. 줄어든 수산물 소비량만큼 반대급부로 육류 소비량은 더 늘어날 수 있다. 육류 가격이 급등하고 육류 수입량이 늘어날 수도 있다. 수산물도 노르웨이처럼 상대적으로 후쿠시마 오염수와 거리가 먼 지역의 수입량이 더 늘어날 수 있다. 지금도 한국은 연어, 고등어 등 노르웨이산 수산물의 중요 수입국이다. 아마 2024년 국내에서 연어 소비량은 역대 최고가 되지 않을까? 이미 수년간 연어 소비량은 가파른 성장세였는데 앞으로 더 높아질 것이다.

KATI(농식품수출정보)에 따르면 국내 연어 수입량은 2017년 3만 272톤, 2018년 3만 8318톤, 2019년 3만 8003톤, 2020년 4만 2609톤, 2021년 6만 2730톤, 2022년 7만 6000톤이었다. 특히 2020년 이후 가파른 증가세를 이어오고 있다. 수입 금액으로 치면 2022년 약 7300억 원으로 2017년에 비해 5년 새 2배 이상 증가했다. 연어는 100퍼센트 수입에 의존하는데, 그중 노르웨이산이 절대적 비중을 차지한다. 노르웨이산 연어는 양식이다. 전 세계에 유통되는 연어의 80퍼센트는 양식한다. 국내에서도 양식을 상업적 시도는 아니고 연구 차원에서 시도한 적 있었다. 그런데 최근 국내 연어 시장 수입 점유율 1위인 동원그룹이 수입에서 그치지 않고 양식 사업을 시도하고 나섰다. 2022년 강원도

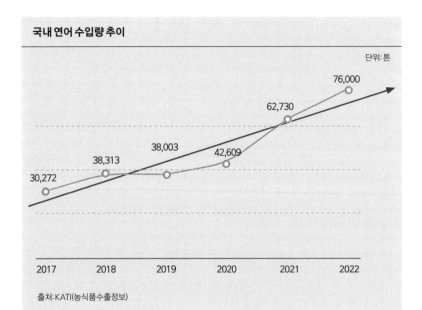

국내 연어 수입량 추이

단위: 톤

76,000

62,730

38,003

38,313

42,609

30,272

| 2017 | 2018 | 2019 | 2020 | 2021 | 2022 |

출처: KATI(농식품수출정보)

양양군에 2024년 완공을 목표로 2000억 원을 투입해 연간 2만 톤 생산 규모의 대규모 연어 양식 단지를 조성하겠다고 발표하고 사업을 시작했다. 하지만 국내에 연어 양식 사례가 없어서 절차와 시간이 더 걸려 2025년 완공되리라 예상된다. 강원도 정선군에 축구장 2개 크기의 송어 양식장도 인수해 연어 치어 양식장으로 바꾸고 있는데, 여기서 키운 치어를 양양군의 양식장이 완공되면 옮긴다는 계획이다. 치어가 성체로 자라는 데 1~2년 정도 걸리기에 실제 유통은 2026년 이후가 될 것이다. 연어 소비량은 계속 증가세이므로 2026년이면 연어 수입량이 더 크게 늘어날 것이다. 동원이 양식에 성공한다면 연간 수입 물량 중 4분의 1 정도를 대체할 수 있다. 항공 운송비가 들어갈 필요 없는 국내산 생연어는 수입산보다 가격 경쟁력에서 유리하다. 동원그룹 외에 GS건설도 신세계푸드와 함께 부산 기장군에서 소규모로 연어 양식을 시도하고 있다. 성공만 한다면 더 많은 기업이 이 사업에 뛰어들 것이다.

수산물 위기는 푸드 테크에 기회가 될까?

▼

《OECD 수산업 보고서 2022OECD Review of Fisheries 2022》에 따르면, 2020년 기준 전 세계에서 수산업에 직접 종사하는 인구는 3800만 명이고, 수산 식품 생산 및 관련 가공 산업에 종사하는 인구는 6억 6000만~8억 2000만 명이었다. 즉 전 세계 인구의 10퍼센트에 해당하는 7~8억 명이 수산업으로 먹고산다는 뜻이다. 아울러 수산물은 중요한 식량 자원이다. 2020년 기준 전 세계 총 소비 단백질의 7퍼센트, 동물성 단백질의 17퍼센트를 수산물이 공급했다. 지속가능한 어업으로 전환하면 더 많은 수산물 생산이 가능할 것으로 본다. 수산물은 육지에서 곡물 재배와 축산업으로 생산하는 식량보다 탄소 배출 문제도 덜하다. 기후 위기는 식량 위기로 이어진다. 이상 기후로 농업 생산량이 줄어들고 식량 가격이 폭등할 위험에 처할 수 있다. 지금도 전 세계는 식량 위기 상태로 10억 명가량이 기아의 위험에 노출되어 있다. 반대로 전 세계 20억 명가량은 과체중이나 비만이다. 심각한 불균형이다.

전 세계 육류 소비량이 지속적으로 증가하면서 축산업은 중요한 산업이 되었다. 이에 따라 공장식 사육의 확대, 인간이 아닌 가축을 위한 곡물 재배의 확대, 축산업의 온실가스 배출 증가 등 오랫동안 여러 문제가 발생해왔다. 그런 점에서 탄소 발자국을 줄이는 식물성 기반의 대체육alternative meat이 축산의 새로운 대안 중 하나로 떠올랐다. 더 나아가 세포 배양육cultivated meat 혹은 재배육에 대한 관심도 커졌다. 2024년, 우리가 푸드 테크에 주목해야 하는 이유다.

　푸드 테크의 중심은 미국이다. 몇 년 전부터 미국에서는 대체육 열풍이 거세게 불었다. 패스트푸드 체인에서 대체육이 들어간 햄버거를 팔기 시작했고, 마트의 육류 코너에 대체육이 들어가기 시작했다. 미국 농무부에 따르면 미국인의 1인당 연간 육류(소, 돼지, 닭, 양, 칠면조 등) 소비량은 2022년 95킬로그램이었고, 2030년에는 99킬로그램이 될 것으로 전망했다. 미국 성인은 우유와 유제품을 연간 1인당 66.5킬로그램가량 소비한다. 육류 소비는 계속 증가세지만 우유 소비량은 계속 감소세다. 육류 소비와 우유 소비 모두에서 대체재나 비건을 통한 탄소 배출 감소 노력을 가장 적극적으로 하고 있는 곳도 미국이다. 아몬드, 귀리, 코코넛 등으로 만든 식물성 대체유가 우유를 대신해가고 있다. 시작은 비건과 채식주의자 때문이었지만 이제는 영양과 맛, 친환경성 등을 고려해 채식주의자가 아닌 일반 소비자까지 받아들이고 있다. 2022년 미국의 식물성 대체 우유 시장 규모는 24억 달러로 파악된다. 이는 우유 시장 157억 달러의 약 15퍼센트에 해당하는 수치다. 이렇듯 고기만이 아니라 우유와 유제품에도 대체 바람이 불고 있다.

　하지만 대체육과 배양육 사업으로 주목받으며 엄청난 투자를 받았던 기업들의 성과는 아직 미미하다. 그중 대표적 기업인 비욘드 미트Beyond Meat는 2019년 5월 상장 첫날 25달러에서 시작해 66달러까지 올랐다. 그 후로 계속 상승해 7월 말에는 234달러까지 오르며 푸드 테크의 대표 주자답게 기대를 한몸에 받았다. 이후 조정을 좀 거치긴 했지만 팬데믹을 맞아서도 건재해 2020년에는 최고 200달러에 육박하면서 150달러 선을 유지했다. 그러다 2021년 7월부터 곤두박질치기 시작해 끝없는 추락세를 보이다가 2023년 5월에는 10달러까지 내려갔다. 최고가와 비교해 무려 23분의 1이고, 4년 전 최초 상장가의 반 토막 이하 상태다. 여기까지만 보면 대체육 시장은 심각한 위기다. 하지만 미래를 회의적으로 보기는 어렵다. 2022~2023년 인플레이션의 영향으로 대체육 소비가 줄어든 것이 컸기 때문이다. 대체육은 진짜 고기와 비슷한 질감과 맛을 내긴 하지만 진짜 고기보다 비싸다. 진짜 고기보다 콜레스테롤은 적지만 포화지방과 나트륨이 많아 건강에 더 좋다고 볼 수도 없다. 동물을 해치지 않는다는 심리적 위안만 얻을 뿐이다. 결국 대체육 시장의 성공을 위해서는 가격을 낮추고 진짜 고기보다 건강에 월등히 좋다는 평가를 받아야 한다.

대체육 분야 매출이 다 줄어든 상태에서 유일하게 냉동 대체육 시장은 커졌다. 대체육 시장은 수제 버거의 냉장용 패티로 시작했다. 진짜 고기처럼 감쪽같다는 것을 강조하면서 진짜 고기를 대체한다는 데 포커스를 맞춰 이런 접근을 택했는데, 가격이 높아질 수밖에 없었다. 그런데 냉장용 대체육 매출은 줄었지만 냉동용 대체육 매출은 늘어난 결과를 보면서 이제 관련 기업들이 변화를 받아들이고 있다. 대체육 사업과 시장이 새로운 전환점을 맞은 것이다. 냉동육은 냉장육보다 싸다. 진짜 고기처럼 보이려 애쓸 필요도 적다. 냉동육으로 가격대를 낮춰서 공략하는 것이 대체육 시장의 새로운 방향성이 된 셈이다. 푸드 테크의 핵심은 기술이 아니라 음식이다. 맛있고 먹을 만한 음식이면서 가격대가 합리적이어야 한다. 일반 소비자가 진짜 고기보다 더 비싼 대체육을 한두 번은 먹어볼 수 있겠지만 일상적으로, 지속적으로 찾을 가능성은 희박하다.

비즈니스 데이터 플랫폼인 스태티스타Statista에 따르면 2028년 글로벌 푸드 테크 시장 규모는 3600억 달러 이상으로 전망한다. 푸드 테크 중 하나인 대체육 시장은 2027년에 글로벌 규모가 약 339억 9000만 달러가 될 것으로 전망했다. 2022년 기준으로 글로벌 푸드 테크 분야의 유니콘 기업만 55개다. 푸드 테크는 중요한 미래 산업이다. 2021년 기준 국내 채식주의자 수는 250만 명이다. 2008년 15만 명에서 지속적으로 상승해 2018년 150만 명이 되었고 최근 수년간 더 가파른 증가세를 보여왔다. 스태티스타에 따르면 세계 비건 시장 규모는 2025년 약 220억 달러로 예상된다. 푸드 테크 업계로서는 지금이 기회다. 코로나19 팬데믹 기간 중 식량 안보에 대한 위기감이 더 커졌고, 기후 위기에 따른 식량 위기도 심화하고 있다. 러시아와 우크라이나 전쟁으로 세계 주요 식량 수출국인 두 나라의 농업 생산에 차질이 생기면서 식량 위기는 더 가속화하고 있다. 여기에 이미 진행 중인 후쿠시마 오염수 방류, 그리고 중국 원전의 잠재적 위험에 대한 불안감 등으로 인해 수산물 불신이 확산하고 있다. 이런 여러 이슈가 커질수록 푸드 테크는 더 주목받게 되고, 비즈니스 기회도 더 늘어난다. 누군가의 위기는 누군가의 기회다.

6장

가스레인지
사용을 금지하다

익숙한 것들을 버릴 수밖에 없는
탄소 중립 시대

Life_Trend_2024

#환경 규제 #탄소 중립 #제로넷 #온실가스 #기후 위기 #식량 위기 #친환경
#클린 테크 #전기차 #가스레인지 #전기레인지 #항공기 운항 제한 #내연기관
#화석 연료 #청정에너지 #에너지 전환 #플라스틱 재활용 #ESG #그린워싱

LIFE TREND 2024

뉴욕주 의회는 신축 건물에 화석 연료를 사용하는 설비의 설치를 금지하는 법을 통과시켰다. 건축물을 지을 때 가스레인지, 가스스토브 등을 설치하면 안 된다는 이야기다. 탄소 중립을 위한 이 조치는 전기레인지(인덕션) 제조 기업뿐 아니라, 새로운 설치 기술과 기기를 개발하는 기업, 전기레인지에 알맞은 조리 도구 기업에도 기회다.

뉴욕주 의회는 2023년 5월 2290억 달러 규모의 주 예산을 승인하고, 신축 건물에 화석 연료를 사용하는 설비의 설치를 금지하는 내용이 담긴 '화재 방지 및 건축법' 개정안을 최종 표결로 통과시켰다. 뉴욕주에서 새로 건물을 지을 때 가스레인지, 가스스토브 등을 설치하면 안 된다는 이야기다. 조리용과 난방용으로 화석 연료인 천연가스를 많이 써왔는데 이것을 금지하는 법이다. 주택을 비롯한 7층 미만의 신축 건물은 2026년부터, 그 이상의 대형 건물은 2029년부터 법이 적용된다. 뉴욕주는 미국에서 관련 법을 통과시킨 최초의 주다.

왜 뉴욕은 가스레인지를 못 쓰게 하려는 걸까?

▼

뉴욕주의 최대 도시이자 미국에서 인구가 가장 많은 도시인 뉴욕시 의회도 2021년 12월에 2024년 1월부터 7층 이하 신축 건물에 난방(열)과 온수를 위한 천연가스 사용을 금지하는 내용의 조례를 가결한 바 있다. 2027년 1월부터는 고층 건물에도 이 법이 적용된다. 화석 연료인 천연가스를 사용하는 보일러나 스토브 등을 신축 건물에는 처음부터 설치하지 못하게 한 것이다. 뉴욕시 조례에 이어 뉴욕주까지 관련 법을 통과시킨 셈이다.

법이 시행되면 뉴욕주 주민은 가스로 난방과 조리하는 과정에서 나오는 유해 물질로부터 좀 더 안전해지는 효과가 있다. 하지만 궁극적 효과는 탄소 배출량 감소다. 에너지 관련 비영리 단체 RMIRocky Mountain Institute에 따르면 뉴욕주와 뉴욕시는 법 시행으로 2040년까지 최대 610만 미터톤의 탄소 배출을 줄일 수 있다. 이는 자동차 130만 대가 연간 배출하는 양이다. 뉴욕주는 2030년까지 전체 전력의 70퍼센트를 재생에너지(태양열, 풍력, 수력 등)로 공급하고, 2040년까지 전력 부문에서 넷제로Net-Zero(탄소 중립, 탄소 제로)를 달성하겠다는 목표를 갖고 있다. 실제로 이 법도 넷제로 달성을 위한 과정 중 하나다.

LA 시의회 또한 2022년 5월 신축 건물의 가스레인지 설치를 전면 금지하는 내용이 담긴 조례안을 통과시켰다. 2023년 3월 샌프란시스코베이에어리어(샌프란시스코 대도시권) 대기질관리지구위원회는 스모그를 형성하는 질소 산화물 오염을 막기 위해 2027년까지 이 지역 9개 카운티에서 천연가스로 작동하는 온수기와 보일러 판매를 금지하는 안을 통과시켰다. 캘리포니아주 버클리는 2019년 미국에서 처음으로 스토브를 포함한 천연가스 사용 기기 사용 금지 조치를 도입했고, 샌프란시스코와 오클랜드 등 여러 도시로 비슷한 조치가 번져갔다. 신축 건물의 화석 연료 사용 금지 조치는 2024년에도 더 확대될 것이다.

물론 당장 모든 가스레인지 사용을 금지하는 것은 아니다. 이미 가정에서 설치해 쓰고 있는 것을 막는 법은 아니다. 하지만 신축 건물 적용을 시작으로 이후 기존 건물 개보수에 적용하고, 결국에는 가스레인지 전면 사용 금지나 판매 금지로 갈 수 있다. 2022년 12월 미국 소비자제품안전위원회Consumer Product Safety Commission가 가스레인지 사용금지를 검토하고 있다고 밝혔다. 그러자 전기스토브나 인덕션 제품의 품절 사태가 벌어졌다. 가스레인지 관련 산업계에서 반발해 실제 금지가 되진 않았다. 하지만 이런 검토를 했다는 사실을 정부가 공개적으로 이야기한 것 자체가 언젠가는 사용 금지될 수 있음을 의미한다.

미국에서는 유해성 문제로 가스레인지 대신 전기레인지(인덕션, 하이라이트, 핫플레이트 등)로 오래전부터 전환이 이루어졌다. 그러나 새 제품을 살 때는 자연스럽게 바꾸면 되지만 기존에 잘 쓰고 있던 제품을 바꾸는 데는 시간이 걸릴 수밖에 없다. 이 전환 속도를 더 빠르게 하기 위해 신축 건물에서 가스레인지 사용을 금지하는 조례나 법을 만드는 것이다. 시장 통계 조사 기관 스태티스타에 따르면 2020년 기준 미국의 주별 사용 스토브 중 가스레인지 비율은 캘리포니아주 70퍼센트, 뉴욕주 69퍼센트였다. 미국 가정 전체에 설치된 스토브 중 전기레인지 비율 68퍼센트, 가스레인지 비율 32퍼센트와 비교해보면 유독 뉴욕주와 캘리포니아주가 높다. 왜 이들 주가 관련 법과 조례 제정에 가장 적극적일 수밖에 없는지 알 수 있는 대목이다. 달리 생각하면 전기레인지 제조 회사로서는 수요가 더 많을 수밖에 없는 뉴욕주와 캘리포니아주가 가장 좋은 시장이다. 난방과 조리에 사용하던 가스 제품이 밀려난 자리를 전기 제품이 대신 채우게 되므로 정책 변화가 만들어낸 새로운 시장이자 비즈니스 기회인 셈이다. 기회가 열리는 두 지역이 하필 미국에서 가장 부유하기로 소문난 주다. 캘리포니아주의 GDP 규모는 한국의 2배가량이고, 순위로는 세계 5위 정도다. 뉴욕주는 GDP 규모에서 미국 50개 주 중 3위(2위는 텍사스주)로 한국의 GDP와 비슷하다.

그런데 왜 이렇게 부유한 주에서 전기레인지로의 전환이 느렸던 걸까? 사실 오래된 도시일수록 전환이 어렵다. 뉴욕은 전기 배선이 100년 전에 설치된 지역이 많은데, 이런 곳에서는 인덕션 설치를 위한 리모델링 작업이 어렵다고 한다. 이와 같은 문제를 해결하는 주역은 결국 기술과 비즈니스다. 미국의 전기스토브 업체 임펄스 랩스Impulse Labs는 배터리로 작동하는 인덕션을 개발하고 있는데, 총 2500만 달러 (2022년 2000만 달러, 2021년 500만 달러)를 투자 유치했다. 이것은 뉴욕뿐 아니라 미국, 유럽, 일본 등의 먼저 산업화와 대도시화가 진행되어 오래된 전기 배선 체계를 갖추고 있는 지역 모두에서 기회가 될 제품이다. 한국의 기업들도 공략할 가치가 있는 시장이다. 결국에는 전 세계의 조리 시설과 난방 시설이 다 바뀌게 될 테니 말이다. 가스레인지를 전기레인지로 전환하는 기기를 제조하는 기업만이 아니라, 설치의 어려움을 해결하는 새로운 기술과 기기를 개발하는 기업, 전기레인지에 알맞은 조리 도구 기업에도 기회가 있다.

시장 조사 기관 아이비스 월드IBIS World가 발표한 미국의 오븐과 스토브 시장 규모 조사(2022. 6)에 따르면 전기스토브(전기레인지) 시장은 33억 달러, 가스레인지 시장은 17억 5000만 달러다. 여전히 가스레인지 시장도 크다. 이를 반대로 생각하면 최소 가스레인지 시장만큼 새로운 전기레인지 시장이 커질 수 있다는 의미다. 가스레인지보다 전기레인지가 훨씬 비싸니 시장이 전환되면 시장 규모는 더 커질 것이다.

2022년 8월 발효된 미국의 '인플레이션 감축법IRA'에는 전기레인지를 신규 구매하는 소비자에게 구입비 최대 840달러, 배선 공사비 2500달러를 지원하는 내용이 있다. 향후 전기레인지 시장은 더 커지고 가스레인지 시장은 계속 줄어들 수밖에 없다. 이런 시장의 방향성 결정에는 소비자의 힘이 작용했지만 정책과 제도의 힘도 크게 작용했다. 인플레이션 감축법에 들어 있는 전기차 보조금 정책이 전기차 시장 확대에 기여하듯이 전기레인지 관련 보조금 정책은 미국 주방의 전기레인지 숫자를 더 확대하는 데 기여할 것이다. 미국 소비자 매체인 컨슈머 리포트Consumer Reports에서 발표한 '2023 베스트 인덕션' 순위에서 1위가 LG전자였고, 2위가 GE(제너럴 일렉트릭)였다. 인덕션 쿡탑 순위에서는 30인치 제품은 1위 보쉬Bosch, 2위 GE에 이어 삼성전자가 3위였고, 36인치 제품은 삼성전자가 2위였다. 삼성전자와 LG전자가 이런 법에 수혜를 볼 수 있다.

서울에서는 언제부터 가스레인지를 못 쓰게 될까?

▼

한국에서 주방 조리 기기인 레인지의 연간 판매량은 200만 대쯤 된다. 레인지는 가스레인지와 전기레인지(주로 인덕션)로 나뉘는데, 2018년에는 가스레인지가 120만 대, 인덕션이 80만 대였으나 2022년에는 가스레인지가 80만 대, 인덕션이 120만 대다. 가스레인지는 계속 감소세고 인덕션은 증가세다. 2020년 신규 제품 판매량에서 인덕션이 가스레인지를 역전했지만 아직 국내 전체 가정에서는 가스레인지를 더 많이 쓴다.

미국, 영국, 프랑스 등에서는 19세기부터 도시가스를 썼고, 그만큼 가스레인지 사용 역사도 오래되었다. 가스레인지에서 전기레인지로 전환을 하기 시작한 지도 오래되었다. 한국은 도시가스를 본격적으로 쓴 지 30년 남짓이고, 전기레인지 전환도 소비자의 자발적 선택에 따른 소극적 전환에 불과하다. 인덕션이 가스레인지보다 훨씬 고가다. 가스레인지에서 인덕션으로 넘어가려면 냄비와 프라이팬 등 조리 도구도 다 바꿔야 한다. 그럼에도 인덕션으로 전환하는 것은 건강과 환경 이슈 때문이다. 다시 말해 가스레인지를 버리고 인덕션으로 넘어가는 일은 개별 소비자가 모두 떠안을 문제가 아니라 정부가 나서서 지원해야 할 문제다.

참고로 가스레인지로 조리하는 과정에서 일산화탄소와 벤젠, 초미세 먼지 등 인체에 유해한 물질이 나온다. 미국 하버드 의대 산하 소비자건강교육 부서에서 발간하는《하버드 헬스 퍼블리싱Harvard Health Publishing》에 따르면, 가스레인지에서 방출되는 이산화질소와 초미세 먼지가 폐에 악영향을 미치고 천식을 일으키는데, 2019년 이산화질소로 인한 소아 천식 환자가 전 세계에서 200만 명이라고 한다. 2022년 12월《국제 환경 연구 및 공중 보건 저널International Journal of Environmental Research and Public Health》에 미국의 소아 천식 환자 중 12.7퍼센트가 가스레인지 사용으로 유발되었다는 연구 결과가 발표되었다. 특히 가스레인지 사용 가정이 많은 일리노이주에서는 소아 천식 환자 중 21.1퍼센트가 가스레인지 사용과 관련이 있다고 밝혔다. 우리가 간접흡연의 유해성을 경계하는 것처럼 가스레인지 사용도 같은 맥락으로 봐야 할 수 있다. 미국에서 가스레인지 사용을 금지하려는 첫 번째 명분이 이것이다. 두 번째 명분은 탄소 배출량 감축이다.

이것은 한국 역시 예외가 아니어서 국민의 건강, 탄소 배출 감축 둘 다 필수다. 한국도 미국처럼 가스레인지에서 전기레인지로의 전환에 정부와 지자체가 정책과 제도로 영향력을 행사해야 한다. 전환 속도를 가속하는 데 힘을 계속 실어주고, 더 강력한 전환을 위해 법도 만들어야 한다. 이를 둘러싼 명분과 실리의 충돌이 있을 순 있겠지만 결국은 가야 할 방향이다. 사실 이미 시작된 변화다.

비즈니스에서 개별 소비자 공략만큼 중요한 것이 정책 변화에 대한 발 빠른 대응, 정책 도입을 위한 로비나 여론 조성이기도 하다. 그래서 트렌드를 분석할 때 정책과 정부 예산의 세부 내용을 파악하는 것이 꼭 필요하다. 2024년 한국 정부의 예산안도 꼼꼼히 들여다보자. 한 해 예산이 670조 원이니 엄청난 돈이 풀리는 셈이다. 이 돈은 우리와 무관한 곳으로 사라지는 게 아니라 우리의 일상을 바꾸거나 사회의 변화를 위해 쓰인다. 서울시를 비롯한 주요 지자체의 예산안도 잘 들여다보면 기회를 찾을 수 있다. 정부와 주요 지자체 모두 탄소 배출 감축 계획을 세웠고, 목표에 따른 실행과 실제 감축에서 가시적 성과를 내야 한다. 분명한 것은 가스레인지 사용을 둘러싼 트렌드 변화가 누군가에게 기회와 위기를 가져다준다는 사실이다.

파리에서 리옹 갈 때 비행기를 탈 수 없다

▼

2023년 5월 23일, 프랑스에서는 기차로 2시간 30분 안에 이동 가능한 거리에 있는 국내선 항공편 운항을 금지하는 법안이 시행되었다. 이로 인해 파리 오를리 공항에서 보르도, 낭트, 리옹으로 가는 3개 노선의 항공편이 없어졌다. 이제는 기차나 다른 교통편을 이용해야 한다. 비행기 타면 금방 갈 텐데 왜 이렇게 불편하게 만들었을까 싶겠지만, 이것은 적당한 불편이다. 프랑스에서는 이것을 감수해야 할 불편으로 인식하고 법안을 시행했다.

2021년 5월 프랑스 하원에서는 '기후와 회복력 법Loi climat et résilience'을 통과시켰는데, 그 가운데 단거리 국내선 운항 금지 내용이 포함되어 있었다. 원래 초안은 기차로 4시간 이내로 이동 가능한 경우 국내선 항공편 운항 금지였는데, 에어프랑스와 KLM 등 항공사와 운항금지 대상인 일부 지역에서 반발해서 조정 끝에 기차로 2시간 30분 이동으로 기준이 줄어들었다. 만약에 이 기준대로 한국에 적용한다면 어떨까? 김포를 기준으로 제주 외에는 모든 국내선 운항이 금지될 수 있다. 물론 그렇게 될 리는 없다. 그런 법안을 밀어붙일 정당도 없고 반발도 엄청날 테니까. 단 프랑스에서도 자가용 비행기는 이 기준의 적용을 받지 않는다. 부자들에게는 해당 사항 없다는 이야기다.

프랑스만 이러는 게 아니다. 스위스 연방 정부는 2020년부터 공무원이 6시간 미만 출장 시 기차 이용을 의무화했다. 즉 유럽 내 인접 국가로 이동은 기차 타라는 말이다. 비행기 이용을 제한하기 위해 국제회의에 참석하는 공무원 수도 크게 줄였다. 오스트리아는 2021년부터 3시간 미만 국내선 항공편 비행을 금지했다. 2022년 4월 스웨덴은 국내선 이용을 줄이고 기차 이용을 늘리려는 차원에서 단거리 노선을 주로 취항하는 브롬마 공항(스웨덴에서 3번째로 큰 공항)을 폐쇄했다. 유럽 국가 대부분이 국내선 제한에 들어갔다고 해도 과언이 아니다. 유럽환경청EEA의 2019년 연구 결과에 따르면, 1킬로미터 이동할 때 승객 1명당 발생하는 탄소 배출량은 비행기 285그램, 자동차 158그램, 기차 14그램이었다. 비행기는 전체 연료의 최대 25퍼센트가 이착륙 시 소비되기 때문에 단거리 비행일수록 거리당 탄소 배출량이 많다. 단거리이면서 승객 수가 적은 노선이 가장 큰 문제인 셈이다.

이미 《라이프 트렌드 2020: 느슨한 연대》에서 '플뤼그스캄과 안티폴루션'이라는 주제로 이 문제를 다룬 바 있었다. 스웨덴어 '플뤼그스캄flygskam'은 영어로는 '플라이트 셰임flight shame'이다. 탄소 배출 많이 하는 비행기를 타는 건 부끄럽고 창피한 일이며, 비행기 이용을 줄이고 기차를 타자는 자발적 환경 운동이 2018~2019년 스웨덴을 필두로 전 세계로 번졌다. 스웨덴에서는 실제로 비행기 승객이 감소하고 기차 승객은 증가했다. 스웨덴에서는 '탁쉬크리트tagskryt'라는 말도 유행했는데, 이는 '기차 여행의 자부심train bragging'을 뜻한다. 심지어 스웨덴에는 '스뮉플뤼가smygflyga'라는 말도 있는데, '비행기로 여행 가는 걸 은밀하게 숨긴다to fly in secret'라는 의미다. 비행기 타고 여행 가는 것을 자랑삼아 인스타그램에 올리는 건 확실히 구시대적 행태인 셈이다. 세계적 환경 운동가 그레타 툰베리Greta Thunberg가 스웨덴 사람인 건 우연이 아니다. 핀란드 1990년, 스웨덴 1991년, 노르웨이 1991년, 덴마크 1992년 등 북유럽 국가들은 탄소세를 이미 30여 년 전에 도입했고, 다른 나라들에 비해 탄소 배출과 기후 변화에 더 적극적으로 대응해왔다. 스웨덴 자동차협회Mobility Sweden에 따르면 2022년 스웨덴의 전체 신규 승용차 중 전기차가 33퍼센트, 충전용 하이브리드차가 23.1퍼센트였다. 즉 전체 중 56.1퍼센트가 전기 충전으로 운행할 수 있는 차량이다. 2021년에는 45퍼센트였으니 증가세도 가파르다. 노르웨이는 전체 신규 승용차 중 전기차가 79퍼센트, 충전용 하이브리드차까지 포함하면 무려 88퍼센트다. 신차 10대 중 9대가 전기 충전으로 운행 가능한 셈이다.

유럽의 단거리 비행 금지 조치는 기차라는 대안이 있기에 가능하다. 유럽연합 국가들끼리는 서로 고속철도와 기차로 잘 연결되어 있기에 항공 의존도를 낮출 수 있다. 유럽은 철도 서비스를 확대하고 있다. 그중 하나가 '트랜스-유럽 익스프레스Trans-Europe Express 2.0'에 대한 논의다. 1957년에 시작된 유럽 횡단 급행열차인 트랜스-유럽 익스프레스는 독일, 프랑스, 스위스, 이탈리아, 네덜란드 등 유럽 주요 국가의 철도 회사가 공동으로 운행했다. 1970년대 이후 각국이 고속철도를 확대하고 저비용 항공 산업이 성장하면서 쇠퇴하다가 1995년 서비스가 중단되었다. 이것을 다시 되살리는 것이 트랜스-유럽 익스프레스 2.0이다. 독일, 프랑스, 오스트리아, 스위스 등이 고속철도와 장거리 야간열차를 활성화해 철도 이용을 증대하려는 시도다. 저가 항공과 단거리 항공 노선 때문에 쇠락한 유럽 횡단 철도망이 이제 탄소 감축 정책에 힘입어 부활하게 된 것이다. 이런 흐름은 항공 산업으로서는 부담스럽다. 자기네가 탄소 배출 주범으로 지목되는 분위기니 좋을 리 없다.

국제항공운송협회IATA는 2050년까지 항공업에서 나오는 탄소 배출량의 65퍼센트를 지속가능 항공 연료SAF를 활용해 감축하기로 의결했다. 지속가능 항공 연료는 석유, 석탄 등 기존의 화석 자원이 아닌 동물성·식물성 기름, 해조류, 도시 폐기물 가스 등 친환경 원료로 만든 항공유를 뜻한다. 다만 가격이 문제다. 기존 항공유보다 3배 정도 비싸다. 유럽연합은 '리퓨얼EUREFuelEU' 법안에 따라 2025년부터 유럽연합

27개국에서 이륙하는 모든 항공기는 급유할 때 지속가능 항공 연료를 무조건 혼합해야 한다. 2025년에는 혼합 비율이 2퍼센트지만 2030년 6퍼센트, 2035년 20퍼센트, 2050년 70퍼센트로 계속 높아진다. 혼합 비율이 높아질수록 항공료는 점점 비싸질 수밖에 없다. 넷제로를 위해 승객들은 돈을 더 써야 한다. 이는 유럽 사람만 해당하는 일이 아니다. 한국 사람이 유럽에 갔다 올 때 타는 한국의 항공기도 해당된다. 그리고 지속가능 항공 연료 혼합 규정은 유럽연합뿐 아니라 북미, 아시아 등 전 세계로 확산될 수밖에 없다.

유럽과 일본은 건축물의 탄소 중립 이슈에 이미 대응을 시작했다

▼

2021년 12월, 유럽연합 집행위원회는 에너지 성능이 낮은 건물의 리노베이션 의무화를 위해 '건물 에너지 성능에 관한 지침Energy Performance of Buildings Directive, EPBD' 개정안을 제안했다. 여기서 핵심 사항이 건물의 '최소 에너지 성능 기준Minimum Energy Performance Standards, MEPS' 의무화다. '건물 에너지 성능에 관한 지침' 개정안에 따르면, 최소 에너지 성능 의무화 기준을 공공건물은 2027년부터, 주거용 건물은 2030년부터, 2033년부터는 모든 건물에 적용해 2050년까지 모든 건물이 탄소 중립을 달성하도록 의무화하고자 한다. 탄소 중립 건물은 신재생에너지를 통해 소량의 에너지로 고도의 에너지 성능을 발휘하는 것이다. 신축 건물은 이 기준에 따라서 지어야 하고, 기존 건물에는 에너지 효율화를 위한 리노베이션을 해야 한다. 유럽의회는 이 개정안을 확정하는 절차를 진행하고 있다. 건물소유주 단체인 하우징 유럽 Housing Europe은 이 개정안에 대해 비판적 입장이다. 건물주로서는 신축이나 리노베이션 과정에서 건물에 비용을 더 써야 하기에 싫어할 수 있다. 건설 회사에서는 건축물 에너지 성능을 높이고 효율성을 극대화하는 기술과 노하우가 중요해질 수밖에 없다. 정책이 바뀌면 시장이 바뀌고, 이 변화는 기업의 이해관계에 따라 기회도 되고 위기도 된다.

프랑스의 '기후와 회복력 법'에는 2028년부터 열효율 등급이 낮은 주택에 대한 임대 금지 내용이 들어 있다. 주택 사업자로서는 열효율을 높이기 위해 투자하지 않으면 안 되는 상황이다. 심지어 이 법에 따라 2022년 4월부터는 프랑스 내 식당이나 카페의 테라스 좌석에서 난방 기구 사용이 금지되었다. 테라스 좌석이 실외에 있다보니 테이블 사이에 난로가 설치된 경우가 많다. 겨울에 테라스 좌석을 이용하기 어렵게 되었다고 불평할 텐가? 기후 위기가 정말 심각한 상태이기에 이렇게까지 대응하지 않으면 안 되는구나 하고 받아들일 텐가? 그동안 우리가 당연하게 여겼던 것들이 앞으로 계속 바뀌게 될 것이다. 자동차 산업에서 내연기관이 퇴출되고 전기차 지원이 확대되는 정책이 펼쳐지는 것은 엄밀히 보면 정치의 방향이기보다 산업의 방향이다. 자동차 산업에서 전기차가 선택이 아닌 필수이듯, 건축에서도 탄소 중립 건물이 필수가 된다. 최대한 버티다가 뒤늦게 넘어가기보다 적절히 이른 시점에 넘어가 전환이 가져다주는 비즈니스 기회를 잡는 것이 기업 경영 관점에서 필요하다.

일본 정부도 2050년 탄소 중립 목표 실현을 위해 '건축물 에너지 절약법'을 개정해 에너지 절약 기준 적합 의무 대상에서 제외되었던 주택 및 소규모 건축물의 에너지 절약 기준 적합을 2025년도까지 의무화했다. 기존에는 대규모(2000제곱미터 이상)나 중규모(300제곱미터 이상)의 비주택에만 에너지 절약 기준 적합을 의무화했던 것을 바꾼 것이다. 그리고 2030년도 이후에 신축되는 모든 주택, 건축물은 ZEHNet Zero Energy House, ZEBNet Zero Energy Building 기준 수준의 에너지 절약 성능 확보를 목표로 한다. 에너지 절약 기술이 한층 더 중요해지고, 고단열화용 단열재 시장도 커질 것이다. 집을 팔거나 임대를 할 때 건축물 에너지 절약 성능을 표시해야 하고, 에너지 효율이 낮으면 매매나 임대에서 불리해지다가 나중에는 기준 이하는 매매나 임대를 못 하게 조치할 수도 있을 것이다. 일본에서는 정부 정책과 별도로 홋카이도, 야마가타현, 나가노현, 기후현 등 일부 지자체가 자체적인 탄소 감축 목표에 맞춰 주택 단열 성능을 설정하고 있다. 일본의 전체 에너지 소비에서 건축물 분야가 30퍼센트를 차지한다. 냉난방, 조명 등은 생활에 필수이기에 일본뿐 아니라, 우리나라도, 아니 전 세계가 건축물에서 에너지 소비를 줄이는 일은 중요할 수밖에 없다. 당연히 그 과정에서 관련 업계 내에서 기회와 위기가 엇갈릴 수 있다.

왜 미국은 트럭과 농기계까지 전기차로 바꾸려는 걸까?

▼

미국 캘리포니아주 의회는 2023년 4월 신규 상용 트럭의 탄소 배출 제로를 의무화하는 내용의 '첨단 청정 자동차Advanced Clean Fleets, ACF' 법안을 만장일치로 통과시켰다. 2024년 1월부터 트럭 운송 회사와 트럭 소유주는 단계적으로 전기차 트럭 구매로 전환해야 하고, 2035년까지 캘리포니아주에서 3만 대 이상의 트럭을 전기차로 교체하겠다는 법안이다. 결국 2036년부터 캘리포니아주에서는 탄소 배출 제로가 아닌 트럭이 판매되지도, 운행되지도 못하게 될 것이다. 승용차가 아닌 상용차에까지 강력한 정책이 나오면서 전기차 트럭의 충전, 주차, 차량 유지 보수, 차량 청소 등이 포함된 일체형 서비스를 제공하는 기업이 생겨나고 있다. 정책으로 인해 새로운 기업의 창업이 유도되는 셈이다.

흔히 전기차 하면 승용차만 생각하는데, 사실은 훨씬 더 광범위하다. 건설업에서 굴착기와 굴삭기, 광산업에서 채굴 장비, 농업에서 트랙터 등 전기로 바꿀 차량은 많다. 글로벌 시장 조사 전문 기업 마켓 앤드 마케츠Market and Markets에 따르면, 광산업에서 전기 차량과 장비 시장 규모가 2022년 41억 4680만 달러에서 2027년 109억 1000만 달러로 연평균 21퍼센트의 성장률을 기록할 것으로 전망했다. 잔디깎이 장비를 비롯해 조경에서 쓰는 차량과 장비도 전기로 전환되는데, 전기 정원/조경 장비 및 차량 시장 규모는 2022년 27억 8920만 달러에서 2027년 67억 6580만 달러로 커질 것이라고 전망했다. 굴삭기를 비롯한 건설 분야에서 전기 장비 및 차량 시장 규모는 2022년 27억 8920만 달러에서 2027년 45억 3270만 달러로 확대되리라 전망했다. 트랙터, 콤바인 같은 농업 부문에서 쓰는 전기 차량 및 장비 시장은 2022년 3억 6350만 달러에서 2027년 25억 6940만 달러로 커진다고 전망했는데, 시장 규모는 광산, 조경, 건설 부문보다 작지만 성장세는 아주 높다. 농기계에서 전기 전환, 자율 주행 적용 등이 필수가 되어가자 미국 테크업계에서 구조 조정으로 밀려난 인력을 농기계 회사들이 적극 영입하고 있다. 농업용 전기 전환에서는 미국과 일본 기업이 앞서가고 있다.

캘리포니아주는 전체 탄소 배출량에서 교통, 운송을 비롯한 차량 부문이 35퍼센트를 차지하는데, 여기에는 건설용, 광산용, 농업용, 조경용 차량까지 다 포함한다. 작업용 차량은 디젤 차량 비율이 높으므로 전기차로 전환하는 일이 중요할 수밖에 없다. 농기계, 건설용 기계 등 작업용 차량이 디젤 중심인 것은 높은 출력 때문이다. 전기 차량으로 장시간 고부하 작업을 할 수 있으려면 대용량 배터리 팩이 필요하고, 대용량 배터리를 초고속 충전하는 기술도 필요하다. 미국에서는 탈부착이 가능해 충전을 위해 기다릴 필요 없이 교체해 사용 가능한 배터리 팩을 개발 중이며, 정부 차원에서 도시 외곽과 시골까지 충전소 설치를 확대하고 있다. 아울러 수소 전기 기술도 작업용 차량에서 계속 시도되고 있다.

내연기관의 퇴출로 생겨나는 전기차의 기회는 생각보다 광범위하다. 전기차 전환은 탄소 감축을 위해서만이 아니라 농업과 건설업, 광업 등 힘든 일을 하는 부문의 인력 부족 문제를 해결하기 위해서도 필요하다. 전기차 전환과 자동화는 연결되어 있기 때문이다. 결국 전기차 전환은 한두 마리 토끼가 아니라 여러 마리 토끼를 잡는 일이다. 산업적 관점으로 보면 이 전환을 가속화하고 있는 미국이 가져갈 비즈니스 기회를 간과하면 안 된다. 미국 정부는 2022년 8월 인플레이션 감축법을 통해 전기차 지원금을 미국 기업에 유리하게 만들었으며, 미국 환경보호청Environmental Protection Agency은 2023년 4월 자동차 배기가스 기준 강화안을 발표했다. 미국의 이런 행보는 2030년까지 온실가스 배출량을 50퍼센트 이상 감축한다는 바이든 정부의 목표 때문이기도 하고, 미국 자동차 산업이 전기차를 계기로 다시 세계에서 주도권을 잡아 고용과 생산을 늘릴 수 있기를 원해서다. 한국의 주요 수출 품목 중 하나가 자동차다. 미국 정부와 기업처럼 한국 기업과 정부도 더 적극적으로 나설 필요가 있다.

2022년 10월, 유럽연합 27개 회원국, 유럽의회, 유럽연합 집행위원회는 2035년부터 27개 회원국에서 내연기관 자동차의 신차 판매를 금지하는 법안에 최종 합의했다. 차량 제조사들이 2035년 이후 판매하는 신차의 탄소 배출량을 100퍼센트 감축해야 한다고 규정해 사실상 판매가 불가능해지는 것이다. 2030년까지는 신차 탄소 배출량을 2021년 대비 55퍼센트 줄이기로 했는데, 이는 기존 감축 목표치인 37.5퍼센트보다 훨씬 더 나아갔다. 신차 기준이니 갖고 있던 내연기관 차는 계속 타도 되는 걸까? 파리에서는 2024년 1월부터 디젤차 운행이 금지된다. 2030년부터는 가솔린차도 운행 금지된다. LA에서는 2028년부터 택시와 스쿨버스가 모두 전기차로 바뀌고, 2035년부터는 도시의 모든 대중교통과 배달 등에서 배기가스 없는 차량만 운행 가능하다.

서울시도 디젤차 퇴출 절차를 진행 중이다. 국내에 4등급(배출 기준 적용 시기 2006. 1~2009. 8) 경유차는 100만 대 이상인데, 폐차 지원금을 주며 조기 폐차를 계속 유도하고 있다. 서울에서 4등급 차량은 2025년부터는 사대문 안, 2030년부터는 시 전역에서 운행이 제한된다. 2035년부터는 가솔린차도 사대문 안에서 운행이 제한되고, 2050년부터는 모든 내연기관 차가 서울시에서 다닐 수 없다. 최소한 2030년대만 되어도 서울시 내에서 운행하는 차량 중 전기차 비중은 아주 높을 것이고, 신차 판매에서 전기차 비중이 절반은 차지할 것이다.

참고로 한국은 2022년 신규 판매 승용차 중 전기차가 9.8퍼센트였다. 세계 자동차 산업 시장 조사 기관인 LMC오토모티브에 따르면 2022년 전 세계에서 판매된 전기차는 802만 대로 완성차 판매량의 9.9퍼센트였다. 한국은 딱 세계 평균인 셈이니 낮다고 볼 수는 없지만 세계적 자동차 메이커를 보유한 나라라는 점에서 아쉬운 수치다. 중국은 19퍼센트였다. 2022년 에너지 조사 기관인 블룸버그 뉴 에너지 파이낸스BNEF는 2030년에 전기차가 3950만 대 판매될 것으로 전망했다. 보스턴컨설팅그룹도 2030년 전기차 판매량을 3900만 대로 전망했다. 매년 20퍼센트대 증가하는 추세로 예상한 것이다. 사실 이들 모두 매년 전망치를 상향 조정해왔다. 2030년이면 전 세계 신차 중 절반 가까이가 전기차가 된다는 뜻인데, 이보다 더 높아질 수도 있다. 각국의 탄소 규제 정책이 더 빨리 강화되고 있고, 자동차 제조사들이 전기차 전환을 가속화하는 데다, 소비자의 환경에 대한 인식이 높아지고 있기 때문이다. 결국 전기차를 더 많이 파는 자동차 제조사가 자동차 업계를 주도하면서 더 많은 돈을 벌어들일 것이다. 그런 점에서 중국이 전통적 자동차 산업에서는 후발주자에다 기술에서 한계가 있지만, 전기차 중심 시장에서는 다르다는 점이 한국 경제에 영향을 줄 수 있다. 한국에서 자동차는 중요 수출 품목이다. 2022~2023년 반도체 시장 악화와 수출 감소로 무역 수지 적자가 이어질 때 그나마 자동차 수출에서 선전하며 어느 정도 방어했다. 요컨대 한국 경제의 미래를 위해 친환경에 대한 제도적, 기술적, 산업적 대응을 더 적극적으로 해나갈 필요가 있다.

환경 규제가 강화되면 오히려 좋아하는 기업들

▼

규제는 기업에 나쁜 걸까? 아니다. 규제를 오히려 반기는 기업들이 있다. 규제가 만들 비즈니스 기회를 잡기 위해 미리 준비했기 때문이다. 2023년 7월, 유엔 산하 국제해사기구IMO는 런던에서 개최된 해양환경보호위원회 회의에서 온실가스 감축 전략 개정안을 채택했다. 기존에는 국제 항해에 종사하는 선박에서 배출되는 연간 온실가스 총량을 2050년까지 50퍼센트(2008년 온실가스 배출량 대비) 감축하자는 목표였는데, 2050년까지 넷제로 달성으로 목표가 상향되었다. 이에 따라 2030년까지 20퍼센트 감축, 2040년까지 70퍼센트 감축을 해야 한다. 2025년 중으로 구체적인 제도가 확정되고, 2027년부터 발표된다. 국제해사기구의 환경 규제는 오래전부터 시행되어 해운업과 조선업에 영향을 주고 있다.

영국의 해운업 분석 기관 클락슨에 따르면 컨테이너선의 평균 속도가 집계를 시작한 이래로 가장 낮아졌다고 한다. 탄소 배출량을 줄이기 위해서 속도를 늦춰야 하고, 속도 감소는 해운업의 경쟁력 감소로 이어진다. 속도가 느려진 건 환경 규제 때문이다. 환경 규제를 충족하지 못하는 오래된 배로서는 속도를 줄여야 겨우 운항이 가능하지만, 이렇게 해서는 사업이 안 된다. 결국 친환경 신규 선박 발주가 늘어날 수밖에 없다. 아울러, 국제해사기구는 2023년부터 선박의 탄소집약도지수CII를 조사한 뒤 탄소 배출 효율 기준AER에 따라 A~E 등급으로 구분한다. D 등급 선박은 3년 이내, E 등급 선박은 1년 이내에 C등급 이상을 받지 못하면 운항이 불가능하다. A~C 등급의 선박도 탄소 감축 노력을 지속해야만 기준이 유지된다. 기존의 배를 다 바꿀 수 없으니 오래된 배에 저감 장치를 설치해 탄소 배출을 줄여오긴 했다. 하지만 근본적으로는 노후 선박을 폐기하고 친환경 신규 선박으로 교체해야 한다.

온실가스 감축을 위해 친환경 선박에 쓰이는 대체 연료로는 LNG, 메탄올, 암모니아, 수소 등이 있다. 이 중 가장 보편적인 것이 LNG 추진선이다. 기존 선박 연료와 LNG를 함께 쓸 수 있는 이중 연료 추진 선박도 있는데, 일종의 하이브리드인 셈이다. 자동차가 완전한 전기차로 넘어가기 전 내연기관+전기차의 하이브리드카 존재하듯 선박도 마찬가지다. 장기적으로는 무탄소(수소, 전기)로 넘어가겠지만 지금은 저탄소(LNG, 메탄올)가 현실적 대안이다.

2022~2023년 상반기까지 전 세계적으로 200척가량 LNG선이 발주되었는데, 한국 조선 3사인 HD현대중공업, 삼성중공업, 한화오션(전 대우해양조선)이 그중 77퍼센트를 계약했다. LNG선의 강자인 한국의 조선 업계가 친환경 규제 덕분에 최근 수년간 호황을 맞고 있다. 국제기구 SEA-LNG에 따르면 2022년 말 기준 항해하는 LNG 추진선은 총 876척이며, 2030년까지 최대 4000척으로 확대될 것으로 전망한다. 세계 1위 해운사인 덴마크의 머스크MAERSK는 2040년까지 온실가스 제로화를 목표로 내세웠는데, 2022년 메탄올 추진선을 19척 발주하는 등 메탄올 전환에 적극적이다. 2022년 전 세계 컨테이너선 발주량의 21퍼센트가 메탄올 추진선이다. 한국 조선 3사는 LNG 추진선에 이어 메탄올 추진선에서도 앞서고 있다. 암모니아 추진선은 아직 상용화되지 않았지만 이 또한 국내 조선 업계가 2025년 상용화를 목표로 하고 있다.

이처럼 한국 조선 업계가 한때 중국 조선 업계 때문에 맞은 위기를 극복하고 다시 세계 조선업 선두를 장악한 것은 친환경 규제 덕분이기도 하다. 탄소 배출이 적은 선박을 주문하는 해운사는 계속 늘어날 수밖에 없고, 장기적으로는 무탄소 선박으로 전환할 것이다. 이 전환에 대비해 조선 3사는 R&D 역량을 집결하고 있다.

환경 규제 강화로 이득을 보는 국내 조선 업계와 달리 국내 해운 업계는 위기다. 국내 해운 업계가 보유한 선박 1100대 중 국제해사기구의 환경 규제를 충족하지 못하는 선박이 약 72퍼센트라고 업계는 추정한다. 이 문제를 해결하기 위해 10년간 52조 원의 돈이 필요하다고 한다. 결국 국내 해운 업계의 신규 선박 발주 물량은 거의 국내 조선 업계가 수주할 것이다. 핵심은 모든 산업에서 친환경 규제는 필연적으로 먼저 대비하고 대응하는 기업에 비즈니스 기회를 안겨준다는 것이다.

플라스틱 재활용은 친환경이 아니다?

▼

텀블러나 에코백에 자기 회사 로고를 새겨서 마치 친환경에 앞장서는 것처럼 홍보하는 기업이 있다면 시대착오적이다. 이것은 전혀 친환경이 아니다. 그린워싱Greenwashing일 뿐이다. 《라이프 트렌드 2020: 느슨한 연대》에서 '서스테이너블 라이프Sustainable Life와 지속가능한 비즈니스' 트렌드를 다루면서 텀블러와 에코백의 역설을 이야기한 바 있다. 덴마크 환경식품부에 따르면, 저밀도 폴리에틸렌LDPE 비닐봉지와 비교하면 면 재질 에코백은 7100번, 유기농 면 재질 에코백은 2만 번 재사용해야 환경 보호 효과가 있다. 이렇게 많이 써야 한다면 그냥 비닐봉지 쓰는 것도 나쁘지 않겠다는 생각이 들 정도다. 실제로 덴마크 환경식품부는 마트에서 가져온 비닐봉지를 최대한 재사용하면서 활용하라고 권고한다. 에코백은 하나를 몇 년간 써야 한다. 텀블러도 일회용 종이컵 대체 효과가 생기려면 1년은 써야 한다. 그런데 집집마다 사은품으로 받아 안 쓰는 텀블러가 여러 개, 에코백도 구석구석 걸려 있지 않은가? 대기업은 수년 전까지 하다가 요즘은 뜸한데, 공공기관이나 중소기업에서는 여전히 기념품처럼 텀블러를 선물이라고 준다. 그러면서 자신들이 친환경 혹은 ESG(환경, 사회, 지배 구조) 한다고 착각한다. 폐플라스틱을 재활용해 업사이클 가방 등을 만들어 친환경을 강조하는 마케팅도 이젠 시대착오적이다. 일부 국내 항공사가 폐항공기를 재활용해 기념품 따위를 만들어놓고 친환경이니 지속가능성이니 운운하는 경우가 있는데, 10년 전에 그랬다면 이해라도 하겠지만 요즘 그러는 건 세상 돌아가는 상황을 너무 몰라서 무능해 보인다.

사람들은 플라스틱 폐기물을 잘 수거하고 재활용하면 플라스틱 문제가 해결될 거라 착각한다. 그러나 OECD에 따르면 전 세계적으로 폐플라스틱의 9퍼센트만이 재활용된다. 나머지 대부분은 매립지에 묻거나 소각로에서 태우거나 버려진다. 수거 시스템을 개선하고 재활용률을 높이면 해결이 될까? 아니다. 환경을 위해 하는 플라스틱 재활용이 오히려 환경에 더 나쁜 잠재적 문제를 만들어내고 있다. 스코틀랜드 스트라스클라이드대학교University of Strathclyde 연구팀은 플라스틱 폐기물 재활용 과정에서는 플라스틱을 자르고 잘게 부수고 세척하는 공정이 필수적인데, 이 공정에서 폐플라스틱의 6~13퍼센트에 달하는 미세 플라스틱을 만들어낸다는 연구 결과를 발표했다. 재활용 공장에서 나오는 폐수에는 미세 플라스틱이 많지만 기존 폐수 처리 시설로는 이 것을 걸러내지 못한다. 미국 환경보호청 시책에도 폐수 속 미세 플라스 틱에 대한 규제는 아직 없다. 재활용 공장의 공기 중에서도 미세 플라 스틱이 발견되는데, 노동자와 인근 지역 주민의 호흡기로 들어갈 수 있 다. 미국에서 플라스틱 재활용 과정에서 생성되는 미세 플라스틱 양만 연간 40만 톤이다. 미국만 이 정도니 전 세계적으로는 아마 수백만 톤 이 재활용 과정에서 나올 것이다. 토양이나 바다에 버려진 플라스틱이 시간이 지나면서 만들어내는 미세 플라스틱 양도 엄청나다. 재활용 과 정에서 나오는 것조차 다 통제하지 못하면서 어떻게 플라스틱 문제를 해결할 수 있겠는가? 폐플라스틱 재활용 공장에 미세 플라스틱 제거 기술이 적용되어야 한다. 아니 관련 기술의 개발부터 해야 한다. 분명 한 건 현재의 폐플라스틱 재활용은 겉만 친환경이지 온전한 친환경이 아니라는 사실이다.

미국, 유럽, 일본 등은 금융 상품에서 그린워싱을 막기 위해 'ESG' '지속가능성'이라는 용어를 사용할 때의 규칙이 있다. 2022년 5월, 미 국 증권거래위원회SEC는 오해의 소지와 그린워싱 리스크가 높은 ESG 펀드를 거래 시장에서 퇴출하기 위한 '펀드의 이름 규칙Names Rule' 개정 안을 발표했다. ESG 펀드는 전체 투자 자산 중 최소 80퍼센트 이상이 ESG 요소에 투자되어야 하고, ESG 관련 펀드의 공시 기준에 따라 구 체적인 정보도 공개해야 한다는 규제안이다. 2022년 11월, 유럽연합 의 금융 규제 기관 유럽증권시장청ESMA은 펀드 명칭에 'ESG'를 쓰기 위해선 투자의 80퍼센트 이상을 지속가능 금융 공시 규정SFDR 제8항에 따른 환경E이나 사회S 부문에 투자해야 하고, '지속가능성'이나 관련 용어를 쓰려면 지속가능 금융 공시 규정이 정의한 지속가능한 투자 자산을 50~80퍼센트 범위로 구성해야 한다(영국, 프랑스, 독일 등에는 무늬만 ESG 펀드의 그린워싱을 막기 위해 ESG 펀드 라벨 인증 제도가 있다). 2023년 4월부터 일본 금융감독청의 ESG 펀드 그린워싱 가이드라인이 발효되었다. ESG에 기여한다는 근거가 없다면 펀드에 'ESG' '지속가능성' '친환경' 등의 라벨을 붙일 수 없다. 아직은 그린워싱 방지를 위한 권고, 예방책이지만 향후 규제가 될 가능성이 있다. 미국, 유럽, 일본 등에서 규칙은 금융 상품뿐 아니라 향후 기업의 대외 활동에도 적용될 가능성이 크다. 기업이 함부로 친환경인 척, 지속가능인 척하는 것을 용납하지 않는 시대가 오는 것이다.

플라스틱 폐기물이 가장 많이 나오는 분야는 포장재다. 전체 플라스틱 폐기물의 절반 정도다. 우리가 먹는 식품은 플라스틱 포장재에 담겨 있다. 생수나 음료 용기는 대개 플라스틱병이고, 마트에서 채소나 과일, 고기 등을 포장할 때는 플라스틱 비닐을 주로 사용한다. 테이크아웃, 배달 음식에도 포장재가 많이 쓰인다. 공산품들은 다 포장되어서 팔린다. 소비재 기업, 식품 기업, 유통 기업이 포장재 재질을 점진적으로 바꿔가고 있지만 플라스틱을 완전히 없애기는 불가능하다. 일부 국가에서 비닐봉지나 플라스틱 빨대 금지 제도, 채소나 과일 포장, 식당 음식 포장에서 일회용 플라스틱 금지 제도를 만들긴 했으나 아직 극히 일부다. 우리의 생활 방식, 소비 방식이 플라스틱 사용을 기반으로 해서 자리 잡아왔기에 이를 바꾸기는 생각보다 쉽지 않다. 가령 주스, 음료를 플라스틱병 대신 유리병에 담으면 되지 않을까? 재활용에서는 유리가 장점이 크다. 그렇지만 1리터짜리 플라스틱병이 40그램인 데 반해 유리병은 800그램이다. 무게가 늘어남으로써 운송 과정에서 탄소 배출량이 증가한다. 그러느니 그냥 플라스틱 쓰는 편이 낫다. 금속 포장재를 쓰면 재활용은 잘되겠지만 비용과 무게가 모두 올라가고, 금속 자원 수요가 감당이 안 되어 금속이 필요한 다른 산업에까지 타격을 준다. 화석 연료 플라스틱을 바이오 플라스틱으로 대체하는 방법도 생각해볼 변수가 하나 있다. 바로 물이다. 바이오 플라스틱 생산을 위한 식물을 길러야 하는데, 전 세계가 쓰고 있는 플라스틱을 모두 바이오 플라스틱으로 바꾼다면 세계 평균 물 사용량의 최대 18퍼센트까지 필요하다고 한다. 그리고 그만큼 물을 투입해 바이오 플라스틱의 재료인 식물을 기르면 반대로 식량 생산에 차질이 생길 수도 있다. 또한 바이오 플라스틱을 만드는 과정에서 정제를 위한 에너지가 쓰여 이때 탄소가 배출된다. 잘 분해되는 바이오 플라스틱이 친환경적인 것 같아도 이처럼 환경에 부정적 영향을 주는 요소가 있다. 그나마 포장재로 유리병이나 바이오 플라스틱을 쓰는 것은 일장일단이 있어 적정 규모 내에서는 할 수 있지만, 바꾸기 어려운 분야도 있다.

병원에서 쓰는 수술 도구나 환자용 도구 중에는 일회용품이 많다. 이것은 편리 때문만이 아니라 위생 때문이다. 정상적인 병원 살균 과정에서 살아남을 수 있는 변종이 존재하는 탓이다. 코로나19 팬데믹에서는 일회용 마스크가 감염 확산을 막는 유용한 도구였다. 병원에서 플라스틱 일회용품이 사라지면 병원과 환자 모두 타격을 받는 셈이다. 의료용으로 쓰는 일회용 플라스틱은 재활용이 어렵고 소각해야 한다. 농업용 플라스틱 비닐 역시 없앨 수 없다. 농업에서 플라스틱 비닐은 물 절약, 잡초 제거에 효과적으로 쓰인다. 비닐을 사용하지 않으면 농업 생산성이 떨어질 것이고, 식량 위기가 올 수도 있다.

단순하게 플라스틱 페트병 대신 유리병이나 캔으로 바꾸면 해결되지 않나 하는 건 순진한 생각이다. 오늘날 인류는 플라스틱 없이 살아가기 어렵다. 결국 이런 상황에 대해 정책, 제도, 법이 제대로 된 기준을 빨리 잡아주어야 한다. 앞서 살펴본 뉴욕의 가스레인지 금지를 비롯한 여러 국가의 법은 모두 기후 위기 시대를 맞아 우리가 지속가능하게 살아가기 위해 기준을 잡은 일이다. 생산자에게 재활용 가능한 폐기물 일정량을 재활용하도록 의무화하는 생산자 책임 재활용EPR, Extended Producer Responsibility 제도는 유럽, 미국 등 전 세계로 확대되고 있다. 특히 유럽과 미국 시장에 수출하는 나라의 기업이라면 이 제도 준수는 필수다. 탄소 국경 제도 또한 유럽을 필두로 북미로 확산 중이다. 수출 중심인 한국 경제는 미국과 유럽의 법, 제도 변화를 각별히 주시하고 대응해야 한다. 기후 위기는 일상과 무관한 거창한 화두도 아니고, 날씨(기후)에만 영향을 주는 문제도 아니다. 기후 위기는 우리의 의식주와 라이프스타일 전체를 바꿔놓고 있는 중이다. 당연했던 것들이 더 이상 당연하지 않을 수 있고, 낯설었던 것들이 익숙해질 수 있는 대전환의 시대를 우리는 맞이하고 있다.

7장

글로벌 보일링 2024

지구 열대화 시대, 폭염 경제를 주목하라

Life_Trend_2024

#지구 열대화 시대 #폭염 경제 #에어컨 #배터리 #심해 채굴 #탈회토류 #폭염 수당 #기후실업급여 #양산 #아이스아메리카노 #강원도 #태백시

LIFE TREND 2024

'지구 온난화'를 '지구 가열화'로 바꾸자는 흐름의 일환으로 '지구 열대화'라는 표현까지 등장했다. 기후 위기의 심각성은 이미 우리 현실이 되었다. 결국 위기에 대응하려면 돈을 써야 한다. 소비 방식과 라이프스타일도 바꾸고, 정부 정책과 법도 바꾸고, 기업의 경영 전략도 바꾸어야 한다.

"지구 온난화 시대는 끝났다. 지구 열대화 시대가 시작되었다." 안토니우 구테흐스António Guterres 유엔 사무총장이 2023년 7월 27일 유엔 본부에서 열린 유럽연합 기후 변화 감시 기구 회의에서 한 말이다. '기후 변화Climate Change'라는 말이 사태의 심각성을 너무 가볍게 보게 만든다며 '기후 위기Climate Crisis'로 바꿔 쓰는 것처럼, '지구 온난화Global Warming'라는 말도 '지구 가열화Global Heating'로 바꾸자는 것이 최근 수년 간 이어진 흐름 중 하나였다. 이 흐름의 일환으로 유엔 사무총장은 '지구 열대화Global Boiling'라는 표현을 썼다. 우리가 온난화라는 말을 쓴 지도 오래되었다. 날씨가 온난하다는 말은 그리 경각심 드는 표현이 아니긴 하다. 한국도 폭염, 폭우와 그로 인한 피해가 최근 수년간 심각한데 지구 온난화와 무관하지 않다. 기후 위기의 심각성은 이미 우리 현실이 되었다.

세계 평균 기온 17도, 12만 5000년 중
가장 더운 날들을 경험하다

▼

미국 메인대 기후변화연구소Climate Change Institute에 따르면, 2023년 7월 3일 세계 평균 기온이 섭씨 17.01도가 되며 1979년 관측을 시작한 이래 처음으로 전 세계 평균 기온이 섭씨 17도를 넘어섰다(이하 모든 온도는 섭씨다). 가장 높은 날은 7월 6일로 17.23도 였는데, 기상학자들은 과학적 데이터 분석을 통해 12만 5000년 중에서 가장 더운 날로 추정하고 있다. 2023년 7월 중 단 5일을 빼고 무려 26일이 17도 이상이었다. 8월에도 17도 이상인 날이 이어지며, 역대 처음 맞은 세계 평균 기온 17도 이상의 날이 한 달 이상이나 되었다. 8월 첫 주 전 세계 해수 온도 역시 20.96도로 역대 최고치를 경신했다. 심지어 7월에 플로리다 연안의 해수 온도는 36도를 기록하기까지 했다. 이 정도면 목욕탕 물 온도다. 산호초나 해양 생물에 심각한 타격이 있을 수밖에 없다. 2023년 여름, 남극은 계절적으로 겨울임에도 눈과 얼음이 사라지며 해빙 면적이 역대 최대가 되었다. 세계 평균 기온 17도라는 숫자만 보고 선선한 날씨라고 착각할지 모르지만, 이 온도가 특정 국가가 아닌 북극, 남극 다 포함한 세계 평균임을 알아야 한다. 일일 2미터 상공 기온 그래프를 보면 검은색 굵은 선으로 표시된 2023년의 온도가 이전 수십 년간의 평균선을 넘어서 있는 것이 확연히 드러난다. 기온 상승을 억제하던 라니냐 현상이 종식되고 엘니뇨 현상이 발생했다. 여기에 지구 온난화는 더 심화되었고, 여름이라는 계절적 요인까지 가세해 역대 가장 뜨거운 7월을 만들어냈다.

Daily 2-meter Air Temperature

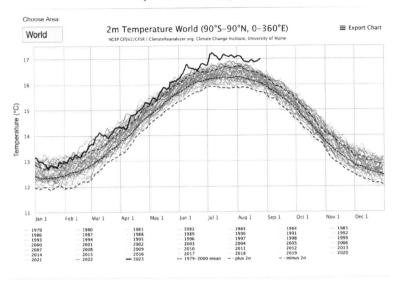

출처: 메인대 기후변화연구소

2023년 7~8월 전 세계는 폭염과 폭우, 홍수, 가뭄에 휩싸였다. 자연재해에 따른 피해액은 수천억 달러에 달하고 인명 피해도 막대하다. 그냥 조금 덥고 마는 일이 아니라 심각한 인류의 위기다. 이런 위기는 개발도상국이나 저개발국가에 더 큰 타격을 준다. 유엔환경계획UNEP에 따르면, 2023년 기후 위기로 인해 아프리카가 입을 GDP 손실이 1조 4000억 달러로 예상된다. 기후 위기만으로 이렇게 막대한 손실을 본다는 의미다. 아프리카 남부 지역은 수년간 역대급으로 심각한 가뭄이 발생해 식량 부족을 겪는 인구만 1100만 명이 넘었다. 가뭄뿐이 아니다. 남수단, 에티오피아, 수단, 소말리아 등은 대홍수로, 모잠비크, 마다가스카르, 말라위, 짐바브웨 등은 사이클론으로 타격을 받았다. 직접 피해만 심각한 것이 아니라 이로 인한 작물 수확량 감소와 식량난, 물 부족 등의 피해는 더 가혹하다. 아프리카나 제3세계가 아닌 한국을 포함한 선진국에서도 저소득층에 타격을 준다. 이상 기후로 농작물 수확량이 줄어들면 식량 가격 폭등을 겪는다. 세계적인 쌀, 밀 등 주요 곡물 수출 국가들에서 수출 제한 정책이 계속 나오는 것이 이와 무관하지 않다. 자국 식량 확보가 우선이기에 수출을 줄일 수밖에 없고, 이에 따라 식량의 해외 의존도가 높은 한국 같은 나라에서는 밥상 물가의 변동성이 커질 수밖에 없다. 식량 가격이 비싸지면 서민이 먼저 타격을 입는다. 기후 위기는 바다에도 영향을 주어 산호나 해초가 사라지고 수산물 어획량이 감소한다.

아울러 지구가 더워지면 빙하가 녹아 해수면이 상승한다. 세계적 대도시는 바다와 강 가까이 있다. 해수면이 높아진다는 건 도시 일부가 잠긴다는 이야기다. 태평양 섬 국가들은 이미 심각한 생존 문제에 직면했고, 한국도 서울 강남을 비롯해 상습 침수를 겪는 저지대는 위험해질 수 있다. 빙하가 녹으면 물만 불어나지 않고 얼음 속에 있던 수천, 수만 년 전 전염병 균이 노출될 위험도 있다. 코로나19 팬데믹과 같은 전염병 문제를 더 자주 겪을 수도 있다는 뜻이다. 지구 열대화는 정말 다양한 문제를 낳는다.

2023년만 이러고 말까? 아니다. 세계 평균 기온 17도 이상인 날은 앞으로 점점 더 많아질 것이다. 지금 인류는 지구 기온 상승 폭 1.5도 제한선을 지키기 위한 생존 게임에 들어갔다. 2015년 파리에서 열린 제21차 유엔기후변화협약 당사국총회COP21에서 195개국이 함께 기후 변화협약을 채택했고, 이 협약에 따라 파리협정이 발표되었다. 산업화 (1850~1900) 이전을 기준으로 해서 그때보다 지구 평균 온도 상승 폭을 1.5도 이내로 제한하자는 이 합의 내용을 기초로 각국은 국가 온실가스 감축 목표NDC를 제출하고 이행하고 있다. 하지만 잘 안 되고 있다. 한국만 해도 감축 목표가 완화되었다. 결국 인류는 1.5도 이내 제한에 실패할 가능성이 크다. 2023년 5월 유엔 산하 기상학 전문 기구인 세계기상기구WMO는 2027년 이전에 1.5도 이상으로 높아진 해가 나올 확률이 66퍼센트라고 밝힌 바 있고, 2023~2027년의 5년 중 1년 이상 혹은 5년 모두 관측 사상 최고 기온이 나올 가능성은 98퍼센트라고 예측했다.

　1~2도 오르는 것이 무슨 대수냐 싶겠지만 그렇지 않다. 만약 지구 평균 온도 1.5도 이상이 되면 식물 8퍼센트, 척추동물 4퍼센트, 곤충 6퍼센트, 산호초 70~90퍼센트가 사라진다. 2도 이상이 되면 산호초는 99퍼센트가 소멸하며, 식물 16퍼센트, 곤충 18퍼센트, 척추동물 8퍼센트의 서식지가 사라지고, 북극 해빙은 소멸해 복원 불가능해진다. 그렇다고 당장 인류가 끝나는 것은 아니다. 이런 최악의 상황에서도 살아는 있겠지만 심각한 고통을 겪을 것이다. 분명 지금 상황은 심각하다. 하지만 아직 기회는 있다. 다만 세계 각국이 온실가스 감축에 더 적극 나서야 하며, 지금까지보다 몇 배 더 많은 돈을 써야 하고, 더 강력한 법과 제도가 시행되어야 한다. 유엔 산하 '기후 변화에 관한 정부 간 협의체 IPCC'는 1.5도 목표를 위해 2030년까지 연평균 탈탄소 투자액을 현재보다 3~6배 정도 올려야 한다고 주장한 바 있다. 만약 이렇게 된다면 비즈니스 측면에서 큰 기회가 될 수 있다. 재생에너지 시설을 짓는데

더 많은 돈을 투자하고, 전기차 산업이 더 커질 것이고, 건축에서 에너지 효율성을 높이는 기술과 사업에 돈이 더 투입될 것이고, 클린 테크 기업에 더 많은 돈이 투자될 것이기 때문이다.

빌 게이츠가 에어컨 회사에 투자한 이유

▼

온실가스로 지구 열대화가 가속될수록 우리는 폭염을 더 자주 겪게 되고 에어컨 사용은 더 늘어난다. 여름에 전력 사용량이 최대치가 되는 것은 에어컨 때문이다. 국제에너지기구IEA에 따르면 전 세계에 20억 대 (2016년 기준 16억 대)의 에어컨이 가동되고 있고, 2050년까지 56억 대로 늘어날 전망이다. 미국 에너지부DOE 산하 국립재생에너지연구소 NREL와 팰로앨토연구센터PARC는 에어컨이 전 세계 온실가스 배출량의 4퍼센트 정도라고 발표했다. 에어컨 대수가 늘어날수록 온실가스 배출량도 늘어나므로 폭염과 에어컨은 지구 열대화의 악순환 고리다. 에어컨의 온실가스 배출을 줄이는 기술 혁신이 중요한 숙제가 될 수밖에 없다. 옥스퍼드대에서 연구한 결과에 따르면, 2050년이면 전 세계가 냉방을 위해서 쓰는 전력이 2016년 미국과 유럽연합, 일본이 생산한 연간 전력량을 합친 것과 맞먹을 전망이다. 심각한 예측치다. 결국 지구 열대화 시대를 맞아 인류는 전기 효율성을 혁신한 에어컨이 꼭 필요하다.《라이프 트렌드 2023: 과시적 비소비》에서 '전방위로 확장하는 클린 테크'를 다루며 클린 테크를 주도하는 빌 게이츠 이야기를 했다. 빌 게이츠가 만든 투자 펀드 BEVBreakthrough Energy Ventures가 투자한 70개 스타트업 가운데 대표 사례로 소개한 회사 중 하나가 에어컨 스타트업 블루 프런티어Blue Frontier다.

기존 에어컨은 냉매를 압축, 응축, 팽창, 증발하는 과정을 통해 실내 공기를 냉각시킨다. 처음에는 상품명 프레온으로 잘 알려진 염화불화탄소CFC를 냉매로 쓰다가 오존층 파괴 가능성으로 1987년 세계 각국은 염화플루오린화탄소 생산과 사용 규제에 합의했고, 그다음부터는 냉매로 수소불화탄소HFC를 쓴다. 수소불화탄소는 오존층 파괴 위험은 없으나 이산화탄소와 함께 6대 온실가스에 속하기에 지구 온난화의 주범 중 하나다. 에어컨은 가동 과정에서 냉방에 절반, 수분 제거에 절반 정도의 탄소가 배출된다. 미국의 스타트업 블루 프런티어는 기존의 냉매를 이용하는 방식이 아닌 제습 기능이 반영된 간접 냉각 방식을 사용한다. 기존 방식과 달리 에너지 효율을 극대화하는 기술을 쓰므로 온실가스 배출은 85퍼센트 줄이고, 전기 사용량은 60퍼센트 줄일 수 있다. 이 기술이 적용된 에어컨은 2025년 상업용(빌딩용)으로 출시되고, 2026~2027년 가정용으로 출시된다. 계획대로만 된다면 미래의 에어컨 시장에서 경쟁 우위를 누릴 기업이 바로 블루 프런티어다. 2022년 7월 블루 프런티어는 2000만 달러를 투자받았는데, 이 투자를 주도한 곳이 BEV다.

지구가 계속 더워지는 상황에서 온실가스 배출과 전기 사용량을 크게 줄인 블루 프론티어의 에어컨이 성공만 한다면 두 마리 토끼를 다 잡는 셈이다. 블루 프런티어뿐 아니라 기존의 에어컨 제조사들 모두 이 문제를 푸는 데 적극 나서야 한다. 이를 위해 에어컨 설치와 사용에 대한 규제나 법이 나올 수 있다. 앞서 뉴욕의 가스레인지 규제 관련 법 제도나 유럽 건축법의 탄소 중립 관련 제도처럼 에어컨의 에너지 효율과 온실가스 배출량 기준을 강제하는 제도가 필요하다. 그리고 이를 기회 삼아 누군가가 돈을 벌 것이다.

"다음에 등장할 1000개 유니콘 기업은 검색 엔진이나 소셜 미디어 기업이 아닐 것이다. 이들 중 상당수는 지속가능하고 확장 가능한 혁신 기업, 즉 전 세계의 탈탄소화를 돕고 모든 소비자에게 합리적인 가격의 에너지 전환을 제공하는 스타트업일 것이다." 세계 최대 자산운용사 블랙록의 래리 핑크 회장이 2022년에 한 말이다. 바로 클린 테크 비즈니스가 가져다줄 기회를 지적한 것이다. 앞으로 가장 많은 돈이 몰릴 분야는 클린 테크다. 《라이프 트렌드 2023: 과시적 비소비》 '전방위로 확장하는 클린 테크'에서, 그리고 ESG의 전략적 방향성과 글로벌 기업의 기후 위기를 둘러싼 비즈니스 기회에 주목한 《ESG 2.0: 자본주의가 선택한 미래 생존전략》에서 강조했듯이 클린 테크는 새로운 부의 중심이다.

실제로 2023년 한국의 주식 시장을 가장 뜨겁게 달군 것은 2차 전지를 비롯한 클린 테크 관련 기업이었다. 미국 정부가 자국의 경제와 미래 경쟁력을 위해 가장 공들이는 첨단 제조 빅 4는 신재생에너지(태양광, 수소 등), 전기차(배터리, 모빌리티 등), 반도체, 바이오(제약, 헬스케어 등)다. 이를 위해 2022년 8~9월 미국은 인플레이션 감축법, 반도체과학법CHIPS, 바이오 제조법NBBI을 연이어 만들었다. 미래 첨단 제조 빅 4 중 바이오를 제외하고는 다 클린 테크와 직접 연결되는 분야다. 사실 한국의 주요 대기업도 이 첨단 제조 빅 4에 다 관여하고 있고, 중국은 오랜 기간 이들 분야에 천문학적인 돈을 쏟아부었다. 유럽도 이 분야들에서 입지를 확보하려고 적극적이다. 전 세계가 탐내는 것은 그만큼 부의 중심이기 때문이다. 미래에 훨씬 더 커지겠지만 지금도 이미 엄청 크다. 결국 클린 테크에서 기술적, 산업적 주도권을 쥐는 기업이 부의 중심에 선다. 2023년 2차 전지 테마주가 과열을 우려할 정도로 뜨거웠던 것은 미래에 대한 이런 기대 때문이다. 2023년 2차 전지 테마주의 일부 종목이 보여준 엄청난 수익률이 2024년에도 그대로 재현될 가능성은 낮다. 하지만 새로운 기회가 될 종목들이 클린 테크 산업일 가능성은 크다. 넷제로를 위한 각국의 계획을 달성하기 위해 클린 테크의 중요성은 더욱 커질 것이고, 클린 테크에 기회가 될 법 제도가 더욱 많아질 것이기에 클린 테크 산업은 고속 성장세를 이어갈 수밖에 없다.

전기차 시장의 폭풍 성장과 배터리 원가, 심해 채굴의 유혹

▼

미국 정부는 전 세계에서 가장 강력한 기후 대응을 하고 있다. 엄밀히 말해 기후와 산업 모두를 잡으려 한다. 인플레이션 감축법에서 친환경 분야에만 3700억 달러의 정부 보조금이 제공된다. 탈탄소화와 신재생 에너지 개발을 위해 역대로 가장 큰 정부 보조금을 푼다. 전기차를 사든, 태양광 패널을 지붕에 설치하든, 전기레인지(인덕션)를 사든 다 보조금을 준다. 이에 따라 미국의 전기차 산업은 큰 이득을 볼 것이고, 한국의 전기차와 배터리 관련 기업도 이득을 얻기 위해 미국에 생산(제조) 시설을 만든다. 유럽 역시 그린딜 정책으로 1조 유로가 투입된다. 미국과 유럽 모두 전기차, 친환경 에너지 분야 산업이 커질 수밖에 없고, 당연히 자국의 관련 산업 성장을 도모한다. 이 미래 시장을 두고 미국과 유럽만 돈을 푸는 것이 아니다. 중국의 전기차, 친환경 에너지 시장의 성장세도 높다. 시장의 주도권을 놓고 전 세계가 치열하게 싸울 것이고, 결과적으로 전기차와 친환경 에너지는 더 많이 보급될 것이다.

전기차 시장이 커지면서 배터리에 사용되는 코발트, 구리, 니켈, 리튬 같은 광물 수요가 크게 증가했다. 지난 5년간 리튬은 3배, 코발트는 소비가 70퍼센트 증가했고 가격도 계속 올랐다. 에너지 전환에 필수인 이런 중요 광물의 시장 규모는 현재 3200억 달러 정도라고 한다. 전기차는 물론이고 풍력 터빈 등 친환경 에너지 분야에서 중요 광물 수요는 끝없이 늘어난다. 그래서 주목받는 곳이 바로 심해다. 깊은 바닷속에서 광물을 채굴하는 사업에 기업들이 눈독을 들이고 있다. 심해 채굴에서 가장 관심 높은 자원은 망간, 리튬, 니켈, 코발트 등 40여 종의 금속이 뭉친 다금속 결절인 망간단괴다. 하와이 남동쪽 공해상에 있는 450만 제곱킬로미터 면적의 해저 균열대인 '클라리온-클리퍼톤 해역 ccz'에만 망간단괴 5억 6000만 톤이 있다고 한다. 전 세계 심해에는 총 1조 7000억 톤이 있는 것으로 추정된다. 심해 채굴이 환경에 어떤 부작용을 초래할지는 미지수지만 우려의 시각 또한 크다. 하지만 전기차와 친환경 에너지 시장이 지금보다 몇 배는 더 커지면서 광물 수요가 많아져 가격이 급등하면 심해 채굴의 유혹에 빠지는 이들이 생길 수밖에 없다.

BMW, 볼보, 폭스바겐, 삼성, 구글 등 30여 개 기업은 심해 채굴에 자금 투자를 하지 않는 것은 물론이고 심해 채굴 광물은 공급망에서 사용하지 않겠다는 협약을 맺었다. 여기에 협약하지 않았어도 글로벌 기업은 다 ESG를 하고 있기에 환경 문제를 초래할 위험이 있는 심해 채굴로 얻은 광물을 쓰기란 쉽지 않다. 거기다가 심해 채굴한 광물을 운송하는 해운사들 역시 환경 규제에 민감하다보니 운송을 기피할 가능성이 있다. 향후 보호 무역 강화, 세계화의 종말 등의 상황이 되면 그때도 심해 채굴 광물을 외면할지는 더 지켜볼 일이다.

배터리의 성능(에너지 밀도 등)은 전기차의 성능(주행 거리 등)에 직접 영향을 주므로 핵심 광물의 힘은 막강하다. 이러한 광물 의존을 극복할 수 있는 방법은 기술 혁신이다. 배터리 업계에서는 코발트 없이 만드는 코발트 프리Co-Free 배터리 개발이 활발하다. 배터리에 들어가는 광물질 중 코발트가 가장 비싸므로 코발트를 뺄 수 있다면 가격 경쟁력에서 유리하다. LFP(리튬인산철) 배터리를 쓰면 기존의 NCM(니켈·코발트·망간계) 배터리보다 성능은 좀 떨어지나 핵심 광물을 안 써도 되니 가격을 낮출 수 있다. 중국 업체들이 이 LFP 배터리에서 선두를 달리고 있다. 전기차에서 배터리의 원가 비중이 높다보니 배터리 가격을 낮추기 위해 LFP 배터리를 탑재하려는 자동차 회사가 갈수록 늘고 있다. 리튬도 수요가 계속 증가하면서 가격이 급등했다. 이러다보니 리튬, 니켈, 코발트 등을 전혀 사용하지 않는 배터리를 개발하는 곳도 있다. 전기차 제조 원가에서 배터리가 차지하는 비중은 40~50퍼센트, 전기 모터는 15퍼센트가량이다. 배터리의 원가 중에서는 약 60퍼센트가 원재료인 광물질 비용이다. 배터리 원가는 더 낮추고(전기차 가격 경쟁력이 높아진다), 배터리 에너지 밀도는 더 높이는(주행 거리가 길어진다) 것이 전기차 제조사들의 숙제다. 기술 혁신 없이는 해결 불가능한 이 문제를 잘 푸는 기업과 그렇지 않은 기업의 희비가 엇갈릴 수밖에 없다.

2023년 3월, 테슬라는 투자자의 날Investor day 행사에서 희토류 없이 만든 전기 모터를 쓰는 차를 만들겠다고 선언했다. 사실 모델 S와 모델 X에서 이미 적용해본 방식이었지만 모터 효율을 높이기 위해 모델 3와 모델 Y를 생산할 때부터는 자석을 모터에 사용했다. 자석을 사용하는 전기 모터에는 희토류가 필요하다. 자력의 세기가 강하면 강력하고 효율적인 모터를 만들기 쉬운데, 희토류 중 하나인 네오디뮴neodymium으로 만든 자석은 3킬로그램으로 300킬로그램 이상의 물체를 들어 올릴 수 있어서 자동차 회사들이 전기차를 만들 때 많이 쓴다. 중국에서 80퍼센트를 공급하는 네오디뮴은 가격이 급등해왔다. 효율은 뛰어나지만 중국 리스크, 가격 리스크 등이 있다보니 대안이 필요했다. 토요타는 네오디뮴을 줄인 새로운 자석을 이미 개발했고, GM은 희토류를 사용하지만 양을 줄였고, 폭스바겐은 네오디뮴은 쓰지만 다른 희토류는 쓰지 않는 영구 자석을 만들었으며, 르노는 자석 대신 구리로 회전자를 대체하는 모터를 만들었다. BMW는 AC 동기 모터AC synchronous motor로 불리는 비희토류 모터(희토류가 안 들어간 자석이 아니라 자석 자체를 사용하지 않는 모터)를 양산해 전기차 모델 iX3에 적용하고 있다. 이는 앞으로 모든 전기차 제조사들이 나아갈 방향이기도 하다. 아직은 전기차 수요가 비주류지만 지구 열대화가 심해질수록 전기차가 주류가 될 것이므로 광물질과 희토류를 둘러싼 싸움은 더욱 치열해질 수밖에 없다.

"청정에너지로 전환하는 데 비용이 얼마나 들든 이러한 기상 이변으로 인한 비용에 비하면 아무것도 아니다Shifting to clean energy, whatever that cost, would pale in comparison to what these extreme weather events cost." BEV의 유럽 담당 부사장 앤 메틀러Ann Mettler가 한 말이다. 사실 이런 의미가 담긴 말을 한 사람은 전 세계적으로 많다. 기후 위기가 초래하는 심각한 문제를 우리는 이미 다들 걱정하고 있다. 이 위기에 대응하려면 돈을 써야 한다. 돈도 쓰고, 소비 방식과 라이프스타일도 바꾸고, 정부의 정책과 법도 바꾸고, 기업의 경영 전략도 바꾸어야 한다.

그동안《라이프 트렌드》시리즈에서는 지구 온난화로 인한 기후 위기 문제가 우리의 의식주와 라이프스타일을 어떻게 바꾸고 있으며, 기업과 산업계는 어떻게 대응하고 어떤 미래의 기회를 만들어가고 있는지를 수년에 걸쳐 연속해서 다루어왔다.《라이프 트렌드 2020: 느슨한 연대》에서는 '플뤼그스캄과 안티폴루션'과 '서스테이너블 라이프와 지속가능한 비즈니스'라는 두 중요 주제(트렌드 이슈)로 비중 있게 다루었다.《라이프 트렌드 2021: Fight or Flight》에서는 '다시, 계속 서스테이너블 라이프'와 '트렌드 코드로서의 RE: 왜 위기의 시대 'RE'가 뜰까?'라는 두 주제로 다루었다.《라이프 트렌드 2022: Better Normal Life 》에서는 '오염 엘리트'를,《라이프 트렌드 2023: 과시적 비소비》에서는 '전방위로 확장하는 클린 테크'를 다루었다. 이렇게 꾸준히 해온 까닭은 기후 위기 관련 트렌드가 그만큼 기회와 위기가 많은 메가 트렌드라서다. 2024년에도 마찬가지다. 어쩌면 그동안의 흐름보다 더 심각한 상황이 전개될지 모르고, 따라서 위기에 맞서 미리 잘 준비한 곳에서는 더 많은 기회를 잡을 수 있는 해가 2024년일지 모른다. 열대화 시대의 나비 효과는 생각지 못한 큰 변화로 이어져 당신의 일상을 뒤흔들어놓을 수 있다.

폭염 수당? 기온 상승에 따른 노동법과 기후실업급여

▼

폭염이 기승을 부리는 도시 속 아스팔트 복사열과 차량이 내뿜는 열기는 살인적이다. 2023년 8월 라이더유니온은 폭염이 지속되자 배달 라이더의 기후실업급여 도입과 배달 환경에 적합한 온열 질환 예방 기준 마련, 기상청 데이터와 배달 플랫폼을 연계한 폭염 조치 자동 대응 시스템 마련 등을 요구하는 기자 회견을 열었다. 배달 노동자들의 노동조합인 라이더유니온은 2019년 5월에 만들어져 2023년 3월 민주노총 공공운수노조에 가입했다. 폭염과 폭우, 폭설, 미세 먼지 등 기상 상황은 배달 라이더에게 직접적인 위험 요소다. 하지만 이에 대한 대비는 개인의 몫이어서 배달 라이더로서는 기상 상황이 아무리 나빠도 위험을 감수하고 일할 수밖에 없다. 고용노동부는 폭염 특보 시 옥외 작업 제한이나 규칙적 휴식, 노동자의 건강 상태 확인 등을 권고하지만 이는 배달 라이더와는 무관했다. 따라서 라이더유니온은 폭염, 폭설, 폭우 시 작업 중지권을 보장하고, 작업 중지를 '일시적 실업 상태'로 간주해 통상 수입의 70퍼센트를 지급해야 한다고 주장했다. 이른바 '기후실업급여' 요구였다. 이런 주장에 대해 당신은 어떻게 생각하는가? 배달 라이더 덕분에 우리는 편리를 누린다. 그렇지만 누군가의 희생으로 누리는 편리는 불편하다. 미국에서는 배송 운전기사들이 만든 아마존 노조가 폭염 속 휴식 시간을 보장해달라며 파업을 했고, 배송 업체 UPS에서는 배송 기사들이 파업 협상을 벌여 배송 차량 에어컨 시스템 설치 등의 근무 환경 개선안을 관철시켰다.

2023년 6월 코스트코 하남점에서 실외 주차장 카트 정리 업무를

하던 20대 노동자가 오후 7시경 업무 중 쓰러져 사망하는 사고가 발생했다. 온열에 의한 과도한 탈수로 발생한 폐색전증 때문이었다. 이 노동자는 냉풍기 하나 없는 실외 주차장에서 낮 12시부터 7시간 동안 17킬로미터를 걸어다니며 카트를 정리했고, 사고 당일 최고 기온은 33도였다. 폭염으로 인해 업무 중 사망하는 사고는 물류 센터, 건설 현장 등에서 매년 발생한다. 온열 질환 재해자만 매년 수십 명씩 발생하며 그중 일부가 사망한다. 지구 열대화 시대를 맞아 우리는 폭염을 더 자주 겪게 될 것이므로 이에 대한 대책을 제도화해야 한다. 기업별로 알아서 하는 식으로는 이런 사고를 원천적으로 막기에 무리다. 중대재해처벌법이 제정되어 있고 폭염 시 작업 중지권 등을 권고하고 있기는 하다. 하지만 돈이 걸린 문제에서 사람이 우선순위에서 밀리는 경우를 우리 사회에서는 자주 목격하지 않는가?

2023년 8월 광주시 동구에서 폭염 중에 폐품을 수집하던 60대가 온열 질환으로 사망했다. 폐지를 주워서 생계를 이어가야 하는 사람에게 덥다고 쉰다는 건 사치일 수 있다. 광주광역시와 5개 구는 매년 폐품 수거 노인을 전수 조사하는데, 2023년 1월 기준으로 광주에만 510명이었다. 2015년부터 이들에게 물품 지원 등을 해왔지만 폭염 대책은 별도로 없었다. 실제로 광주뿐 아니라 어떤 지역에도 폐지 수집 노인에 대한 폭염 대책은 없다. 다만 서울시 중구가 2018, 2019년 폐지 수집 노인을 전수 조사해 7~8월 폭염 기간 중 폐지 수집을 중단하고 쉬면 1인당 최대 10만 원씩 손실을 보존하는 지원금을 준 적 있다. 폐지 수집 노인의 월평균 수입이 10만 원쯤인 것을 기준으로 삼았다. 참고로 2022년 11월 한국노인인력개발원이 발행한 보고서《폐지 수집 노인의 현황과 실태》에 따르면, 전국적으로 폐지 수집 노인은 1만 5000명가량이고, 월평균 수입은 9만 4636원이었다. 노인 중 빈곤층 비율이 점점 높아지고 있는데, 이들이 할 수 있는 선택지 중 하나가 폐지 수집이다.

폭염 피해는 전 세계적인 일로 노인과 취약 계층이 주로 타격을 받는다. 스페인 바르셀로나 세계보건연구소ISGLOBAL와 프랑스 국립보건의학연구소Inserm의 공동 연구 결과에 따르면 2022년 여름 유럽에서 폭염으로 사망한 사람은 6만 1672명이고, 이탈리아가 1만 8000명으로 가장 많다. 사망자 절반 이상이 79세 이상 노인이었다. 지금 같은 기온 상승이 계속 이어지면 2050년에 연간 폭염 사망자가 12만 명 이상이 될 것으로 예측했다. 2023년 이탈리아, 스페인, 그리스 등이 45도를 넘었고, 40도 이상인 날이 이제 흔해졌다. 미국 캘리포니아 데스밸리 사막에서는 53도를 넘었고, 중국 신장위구르자치구의 싼바오에서는 52.2도를 기록했고, 인도도 45도가 넘는 날이 속출했다. 인도에서는 매년 수천 명이 폭염으로 사망하며, 세계 최고 경제 대국인 미국에서도 연간 1300명 정도가 폭염으로 사망한다. 폭염 속에서 일하다가 사망하는 사고는 전 세계가 겪고 있는 문제로 각국에서 대비책을 마련하는 중이다. 누군가는 업무 특성상 실외에서 냉방 시설 없는 환경에서 일해야 한다. 이런 노동자에 대한 보호 조치가 앞으로 더욱 강화될 수밖에 없고, 일하는 방식과 생산성 문제를 둘러싼 논란, 법적 분쟁 등도 많아질 것이다.

폭염이 양산과 아이스아메리카노에 미친 영향

▼

2023년 여름에 양산 쓴 사람을 유독 많이 봤을 것이다. 실제로 백화점이나 온라인 쇼핑몰에서 양산 매출이 전년 대비 급증했다. 과거에는 여성의 전유물처럼 여겼지만 지금은 남녀를 가리지 않는다. 양산 쓰는 아저씨들도 많아졌다. 양산을 쓰면 체감 온도를 7~10도 낮출 수 있고, 자외선을 차단해 피부 질환이나 피부암 예방에 좋다. 여름철 양산이 필수 아이템이 되는 시대를 맞고 있다. 폭염으로 유명한 대구시는 수년 전부터 양산 쓰기 캠페인을 벌여 시와 구의 민원실, 주민센터 등에 양산을 배부해서 양산 문화를 확산시키고 있다. 여름에 갑자기 내리는 폭우와 폭염이 잦다보니 우산과 양산을 겸하는 우양산 수요도 크게 늘었다. 밀짚모자 같은 챙이 넓은 모자나 쿨토시, 손 선풍기에 이어 목에 걸어서 쓰는 넥 선풍기 등도 잘 팔린다. 직장인의 반바지 출근도 증가세다. 자율 복장을 선택하는 기업이 많지만 여름철 반바지는 좀 꺼렸는데 폭염이 반바지 출근까지 확산시키는 셈이다.

　얼음, 아이스크림 같은 전형적인 여름철 베스트셀러 식품이 폭염에 더 잘 팔리는 건 전 세계 공통 현상이다. 그런데 아이스커피도 전 세계로 번지고 있다. 아메리카노를 만든 건 한국이 아니지만 아이스아메

리카노를 만들고 퍼뜨린 건 한국이라고 해도 과언이 아닐 만큼 한국에서는 아이스아메리카노가 보편적이다. 그런데 과거에는 아이스아메리카노가 낯설었던 미국에서 지난 수년 사이 변화가 일어났다. 미국 스타벅스의 2023년 2분기 전체 매출에서 75퍼센트를 차가운 음료가 차지했다. 특히 아이스아메리카노를 비롯한 에스프레소 계열의 차가운 커피 매출은 전년 동기 대비 13퍼센트 증가했다고 한다. 네스프레소, 큐리그 등 커피 머신 업체들도 아이스아메리카노를 만들 수 있는 제품 판매를 강화하고 있다. 커피를 어떻게 차갑게 마시느냐고 황당해했던 사람들조차 폭염 앞에서는 아이스아메리카노를 받아들인다.

히트플레이션heatflation은 폭염 때문에 발생한 인플레이션이라는 뜻이다. 폭염으로 작황이 나빠져서 식량 가격이 급등하는 것을 일컫는 말인데 2022년 본격적으로 쓰였다. 유럽에서 폭염으로 가장 타격이 큰 이탈리아는 2022년 70년 만에 닥친 최악의 폭염과 가뭄으로 농산물 수확량의 30퍼센트가 줄었는데, 가뭄에 따른 농산물 피해액만 30억 유로(약 4조 원)에 이른다. 축산업도 폭염 피해로 우유 생산량이 감소했다. 당연히 곡물과 우유, 유제품, 빵 등의 가격이 올라갔다. 더운 것도 힘든데 밥상 물가까지 오르면 이중고가 된다. 2022년 유럽은 폭염과 건조한 날씨로 산불이 많이 발생하면서 전역에서 히트플레이션이 발생했다. 2023년에도 유럽에서는 폭염, 가뭄, 산불이 재현되었고 기후 위기가 초래한 히트플레이션은 계속되고 있다. 2022년 5월 국제학술지 《사이언스》에 실린 미국 다트머스대 지리학과 저스틴 맨킨 교수 연구팀 논문에 따르면, 기후 변화와 슈퍼엘니뇨가 결합한 폭염의 영향으로 2023년부터 2029년까지 6년간 최소 3조 달러의 경제 성장 둔화가 일어날 것으로 예상된다. 폭염 때문에 우리 돈으로 4000조 원 정도가 사라진다는 이야기다.

폭염이 초래하는 경제적 부담과 손실이 크지만 식음료, 패션, 여행 등 새로운 기회를 누리는 분야도 많다. 더위가 돈을 좌지우지하는 그야말로 폭염 경제의 시대다.

강원도 태백시는 폭염 경제의 수혜자가 될 수 있을까?

▼

태백시는 해발 700~1000미터에 형성되어 국내에서 가장 높은 해발 고도를 가진 도시다. 평균 해발 고도는 902.2미터이며, 비도시 지역은 이보다 높은 947.8미터, 사람이 주로 사는 도시 지역(주거, 상업, 공업 지역 등)은 741.9미터다. 도시 지역 중 가장 높은 곳인 혈동은 1034.3미터, 가장 낮은 장성동은 686.1미터다. 서울의 시청 앞 잔디밭 광장이 해발 고도 27미터이고, 남산 정상은 243미터, 남산타워 꼭대기는 480미터, 롯데타워 첨탑 꼭대기는 555미터임을 생각해보면 태백 시민은 정말 높은 곳에서 살아간다. 해발 고도가 100미터 높아질 때마다 지구 복사열 감소로 기온이 0.5~0.6도씩 낮아지는데, 태백은 서울과 5~7도 차이 난다. 지리적 특성으로 습도가 높지 않아 체감 온도는 더 낮다. 1985년 기상 관측을 시작한 이래 태백에서 열대야가 기록된 날은 단 4일이었다고 한다. 서울은 열대야가 7, 8월에 매년 2주일쯤 있고, 심지어 6월과 9월에도 가끔 기록된다. 여름철에는 장마와 무더위가 이어지며 수면 부족과 모기에 시달리는 것이 보편적이지만 태백은 예외다. 모기, 열대야, 폭염이 없는 도시다. 여름에도 에어컨이 필요 없고 일부 지역은 새벽에 추워서 난방을 하기도 한다. 태백은 한강과 낙동강의 발원지다. 매년 여름마다 한강·낙동강 발원지 축제를 하는데, 이 축제의 부제가 '태백 선선 페스티벌'이다. 선선한 여름 날씨를 적극 어필하고 있는데, 2023년 축제 기간 중 방문한 관광객 수가 2022년 축제 때보다 25퍼센트 증가했다고 한다. 아직은 폭염의 반사 이익을 크게 본다고 할 수는 없지만 폭염으로 인한 불편과 지구 열대화에 대한 경각심이 더 커질수록 달라질 것이다.

태백은 여름은 7~8월 2개월로 짧고, 겨울은 11~3월 5개월로 길다. 겨울은 눈 축제와 폭설로 유명하다. 대신 여름에 국내에서 유일하게 폭염으로부터 자유로운 도시다. 태백시는 이것을 마케팅 포인트로 강조한다. 제주 한 달 살기 하듯 여름철 태백 한 달 살기 바람이 불지 모른다. 폭염은 매년 더 심각해지고 도시는 열섬 효과로 더 더워진다. 사

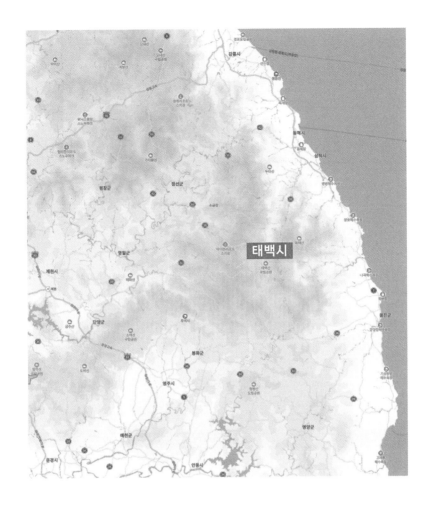

람들은 국토에 골고루 나눠서 사는 게 아니라 도시에 몰려 산다. 그러다가 휴가를 보내러 도시를 떠나고, 일부는 세컨드 하우스를 마련해 주기적으로 떠난다. 태백은 한때 13만 명이던 인구가 지금은 4만 명이 채 되지 않는다. 시 중에서 가장 인구가 적어서 이러다 군으로 행정 단위가 하향 조정되는 건 아닌가, 혹은 인접 도시와 통합되는 건 아닌가 하는 이야기가 계속 나올 정도다. 어쩌면 지구 열대화 시대가 쇠락한 탄광 도시 태백에 새로운 기회를 가져다줄 수도 있다. 여름용 별장 도시로 각광받거나 피서지이자 캠핑 도시로 관광객이 크게 늘어날지 모른다. 과연 에어컨 필요 없는 동네 태백시는 폭염 경제의 수혜자가 될 수 있을까? 태백은 여름철 전국에서 가장 쾌적하고 시원한 날씨만이 아니라 88퍼센트가 산악 지역이라서 울창한 숲과 산림 덕분에 공기도 좋다. 태백뿐 아니라 강원도 대관령과 평창과 정선, 충북 제천, 경북 봉화 등도 열대야가 적고 산으로 둘러싸인 지역이다. 태백이 폭염의 수혜자로 부각되면 이런 동네에서도 적극적으로 마케팅하며 폭염 경제를 누리려고 할 것이다.

8장

격투기 하는 리더, 강한 리더십과 노동생산성

한국에서도 생산성 혁신과 성과주의 바람이 분다

Life_Trend_2024

#강한 리더십 #노동생산성 #효율성 #성과주의 #능력주의 #구조 조정 #대량 해고 #노동 혁신 #고용 시장 #주 4일제 #대퇴사의 시대 #조용한 사직 #회의 시간 줄이기

LIFE TREND 2024

실리콘밸리 테크 경영자 중 격투기를 배우는 이들이 많아졌다. 한때 명상, 참선에 관심 갖는 CEO가 많았던 것과 대조적이다. 과감하게 결단하고 거침없이 행동하는 강한 리더십을 요구하는 시대가 되었기 때문이다.

흥미롭게도 실리콘밸리 테크 경영자 중 격투기를 배우는 이들이 많아졌다. 한때 명상, 참선에 관심 갖는 CEO가 많았던 것과 대조적이다. 골프 치거나 책 읽거나 위스키 마시는 CEO 이미지에서 마크 저커버그나 일론 머스크처럼 격투기 하거나 고강도 운동하는 CEO 이미지로 옮겨가는 걸까? 더 치열해진 비즈니스 구도, 더 빨라진 기술 발전과 새로운 도전자로 인해 얼마든지 파괴적 혁신이 일어나는 시대에는 경영자도 머리만이 아니라 육체적으로 강해야 한다고 여겨서 그런 걸까? 이것은 개인의 문제가 아닌 경영 방식의 문제로 해석해볼 필요가 있다. 과감하게 결단하고 거침없이 행동하는 강한 리더십을 요구하는 시대가 되었기 때문이다.

일론 머스크 스타일이 테크 업계에 준 영향

▼

일론 머스크가 트위터를 인수하고 가장 먼저 한 일 중 하나가 대량 해고였다. 2022년 10월 말 인수하자마자 11월 초부터 50퍼센트 감원 방침을 발표하고 정리 해고에 착수했고, 대량 해고와 사표 러시가 일어나며 결과적으로 1개월도 되지 않아 70퍼센트가 줄었다. 이후 직원 수가 더 줄어들어 7500명에서 1300명이 되었다. 무려 80퍼센트 감원이다. 그렇지만 트위터 서비스는 여전히 돌아간다. 2022년 트위터의 전 세계 이용자 수는 약 3억 6000만 명으로 추산되었는데, 2023년에도 3억 5000만 명 정도로 추산한다. 트위터의 게시물 수 제한이나 일부 유료화 정책 및 서비스 축소 등으로 이탈한 이용자가 있긴 해도 크지 않았다. 트위터는 수년째 이용자 수 3억 명 초중반 대에서 정체 상태였다. 매출도 정체 상태였다. 물론 일론 머스크가 트위터를 인수한 후 대형 광고주의 이탈이 생기며 2023년 광고 매출은 2022년 대비 크게 하락했다. 트위터의 매출에서 90퍼센트가 광고다. 절대 비중을 차지한 광고 매출이 줄었지만 인건비도 크게 줄었기에 어느 정도 상쇄되고, 광고 매출을 다시 회복하기만 하면 경영 지표는 크게 개선될 것이다. 물론 말처럼 쉽지는 않다. 트위터의 비즈니스 모델이 새롭게 바뀌지 않으면 기존의 광고 중심 모델만으로는 한계가 있다.

사실 일론 머스크가 폭군이어서 대량 해고를 한 것이 아니다. 트위터의 직원 1인당 매출은 2018년 77만 6112달러였는데, 2022년에는 31만 7333달러였다. 전체 직원 수는 3920명에서 7500명으로 약 2배(91퍼센트) 늘었지만 1인당 매출은 마이너스 59.1퍼센트로 반 토막 났다. 팬데믹 기간 중 빅테크 산업은 호황을 맞아 2020~2021년 인력 충원이 많았다. 하지만 트위터만큼 생산성이 크게 떨어지지는 않았다.(일론 머스크의 대량 해고 이후 트위터의 1인당 매출은 마이너스 59.1퍼센트에서 마

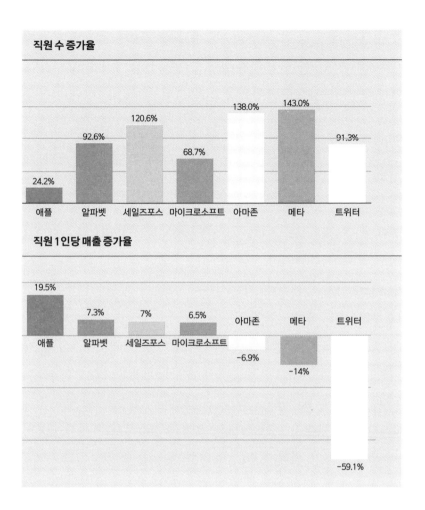

직원 수 증가율

24.2%	92.6%	120.6%	68.7%	138.0%	143.0%	91.3%
애플	알파벳	세일즈포스	마이크로소프트	아마존	메타	트위터

직원 1인당 매출 증가율

19.5%	7.3%	7%	6.5%	-6.9%	-14%	-59.1%
애플	알파벳	세일즈포스	마이크로소프트	아마존	메타	트위터

이너스 18.2퍼센트로 지표상 크게 개선되었다).

　알파벳(구글)은 2018년 대비 2022년 직원 수는 92.6퍼센트 늘었고 1인당 매출은 7.3퍼센트 늘었다. 마이크로소프트도 같은 기간 직원 수는 68.7퍼센트 늘었고 1인당 매출도 6.5퍼센트 늘었다. 애플은 직원은 24.2퍼센트 늘고 1인당 매출은 19.5퍼센트 늘었다. 아마존은 직원 수는 138퍼센트 늘고 1인당 매출은 마이너스 6.9퍼센트였으며, 메타(페이스북)는 직원 수 증가 143퍼센트에 1인당 매출 마이너스 14퍼센트였다. 두 기업은 직원이 2배 이상 늘고도 1인당 매출이 다소 떨어졌다. 분명 다른 빅테크와 비교하면 트위터의 직원 1인당 매출, 즉 생산성이 낮다. 이는 직원 수가 과하다는 이야기일 수 있으므로, 일론 머스크의 결정은 경영자로서 충분히 가능한 합리적 선택으로 볼 수 있다. 일론 머스크의 과감한 대량 해고는 테크 업계에 영향을 끼쳤다. 직원 수를 줄여 조직의 효율성을 높이는 것이 경영자가 해야 할 중요한 결단이라는 인식이 퍼져나간 것이다. 어쩌면 일론 머스크가 먼저 행동으로 보여주었으니 다른 경영자들로서는 행동에 나서는 데 부담이 덜하기도 하다. 무엇이든 처음이 어렵다.

　트위터의 대량 해고 직후인 2022년 11월, 마크 저커버그는 메타의 구조 조정을 발표하고 전체 직원의 13퍼센트에 해당하는 1만 1000명을 대량 해고했다. 그리고 2023년 4~5월에도 1만 명을 추가로 대량 해고했다. 8만 7000명이던 직원 수가 6만 6000이 되는데 겨우 6개월 걸렸다. 반년 새 2만 1000명이 줄어든 것이다. 공교롭게도 2022년 11월 세일즈포스도 1000여 명을 대량 해고하는 발표를 했고, 2023년 1월에 추가로 전체 직원의 10퍼센트인 7900명을 해고하는 구조 조정 계획을 발표했다. 2달 새 거의 9000명을 해고한 셈인데, 인력만이 아니라 사무실 부동산을 비롯한 운영 비용도 대폭 줄이고 있다. 아마존 또한 2022년 11월 1만 명 규모의 대량 해고를 발표했고, 2023년 1월까지 총 1만 8000명이 해고되었다. 그리고 2023년 3월 9000명을 추가로 해고했다. 반년도 안 되는 기간에 2만 7000명이

해고되었다. 알파벳(구글)은 2023년 1월에 전 직원의 6퍼센트인 1만 2000명을 대량 해고한 데 이어 4월부터 복지 혜택을 크게 줄였다. 마이크로소프트는 2023년 1월에 전 직원의 5퍼센트에 해당하는 1만 명을 해고했다. 빅테크의 대량 해고 러시는 2022년 11월에 시작되어 2023년 1분기까지 이어졌다. 빅테크 외에도 수많은 테크 기업이 이 기간에 직원의 10~20퍼센트를 내보내는 대량 해고를 단행했다. 아직도 구조 조정은 끝나지 않았고 신규 채용은 멈추다시피 했다.

여기서 흥미로운 점 2가지가 있다. 첫째, 실리콘밸리의 빅테크 발 대량 해고 러시의 시작점이 일론 머스크의 트위터 대량 해고라는 점이다. 한마디로 일론 머스크가 독하게 본을 보인 셈이다. 이는 실리콘밸리, 아니 테크 업계 전반에서 경영 효율성을 강조하게 만들었다. 둘째, 애플의 효율적인 경영이다. 앞서 살펴본 2018년 대비 2022년 직원 수와 1인당 매출 추이 그래프 속 7개 기업 중 대량 해고를 하지 않은 곳은 애플뿐이다. 애초에 애플은 그 기간 동안 직원 수 증가가 가장 적었고 1인당 매출은 크게 늘었다. 여기다가 애플은 실리콘밸리 기업 중 가장 효율적이고 실용적인 경영을 해왔다. 다른 빅테크와 달리 애플은 공짜 점심도 주지 않았다(빅테크가 아니면서 점심을 공짜로 주는 곳도 많다). 애초에 과잉이 없었으니 인력을 감축할 이유도, 운영비를 줄일 것도 없다. 애플 역시 일부 직군에서는 소규모의 감축이 있었고, 신규 채용을 중단하고, 출장을 최소화하고, 팀쿡 CEO가 자신의 연봉을 40퍼센트나 스스로 깎는 등 예산 감축을 하며 경기 침체에 대응했다. 애플의 경영 방식이 돋보이는데, 이는 테크 업계 전반에 영향을 준다. 물론 애플의 방식은 좀 더 장기적이다. 반면에 일론 머스크의 방식은 좀 더 단기적이고 과감하다. 아니 자극적이다.

왜 실적은 안 좋은데 빅테크의 주가는 다 올랐을까?

▼

경기 침체 우려가 계속된 2023년 상반기, 실적에 비해 빅테크의 주가는 크게 올랐다. 특히 메타는 2023년 1월 초부터 7월 초까지 6개월간 약 130퍼센트나 올랐다. 말 그대로 폭등이다. 2016년 7월 초부터 2023년 7월 초까지 최근 5년간을 놓고 보면 40퍼센트가량 올랐다. 2021년 가을을 정점으로 2022년 10월까지 반 토막보다 더한 3분의 1 토막까지 나는 끝없는 하락세였다. 메타버스 사업에 막대한 돈을 쏟고도 실적이 좋지 않았고 대내외 악재도 많았다. 그러다 2022년 11월부터 반등했다. 11월 초 95달러에서 2023년 7월 초 290달러까지 갔다. 무려 3배다. 여기서도 주목할 시점이 바로 2022년 11월이다. 메타만 그런 게 아니다. 세일즈포스도 하락세였던 주가가 2022년 11월을 기점으로 반등해 2023년 상반기 내내 가파른 상승세를 이어갔다. 대량해고 시점이 2023년 1월인 알파벳과 마이크로소프트는 확연히 1월부터 상승세가 시작되었고, 그 흐름이 상반기 내내 이어졌다. 대량 해고를 단행한 메타, 세일즈포스, 아마존, 알파벳, 마이크로소프트 모두 대량 해고 시점이 상승세의 시작이 되는 추세를 볼 수 있다. 우연이 아니다. 2022년 11월을 기점으로 2023년 1분기까지 단행된 대량 해고 효과로 볼 수 있다. 인력이 대폭 줄었으니 인건비와 운영비가 그만큼 줄어들었고, 이에 따라 실적이 개선되지 않았다고 해도 수익성은 개선되는 효과를 보았다.

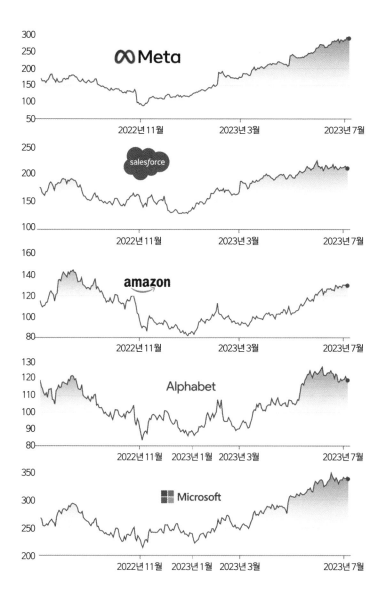

2023년 6월 《월스트리트저널》이 S&P 500 기업의 2022년 중위 연봉 데이터(리서치 회사 마이로그아이큐MyLogIQ 집계)를 분석했더니,

2021년 대비 2022년 연봉이 상승한 곳이 500개 중 278개였고, 10퍼센트 이상 상승한 곳이 100개였다. 그중 메타는 2022년 중위 직원의 연봉이 29만 6320달러, 한화로 3억 원대 후반이었다. 2021년보다 2022년 매출이 줄었는데 중위 연봉은 오히려 1퍼센트 올랐다. 메타가 2만 1000명을 줄였으니 중위 연봉을 그대로 곱해보면 총 62억 2272억 달러, 한화로 8조 원 정도다. 연봉 외 퇴직 급여나 복지 비용 등도 있을 테니 실제로는 2만 1000명을 줄인 효과가 연간 10조 원 이상이 되는 셈이다. 알파벳(구글)은 2022년 중위 연봉이 27만 9802달러였는데 여기에 1만 2000명을 곱하면 33억 5762만 달러다. 다른 빅테크도 연봉 수준이 높으니 기업마다 대량 해고의 효과를 최소 수조 원대씩 본 셈이다. 물론 2023년 상반기를 휩쓴 생성형 AIgenerative artificial intelligence 열풍이 이들 기업의 주가를 올리고 사업성을 높이는 데 기여했다. 이들 5개 기업 모두 생성형 AI를 직접 개발 혹은 활용하는 비즈니스를 전개하거나, 생성형 AI로 인해 수요가 더 늘어난 클라우드 서비스에서 두각을 드러내는 기업이다. 대량 해고가 주는 직접적 효과는 단기적일 수 있다. 그렇지만 절감한 비용만큼 생성형 AI를 비롯한 뜨는 비즈니스에 즉각 투입해 기업의 가치를 높이고, 기업의 경영 효율성을 높여 장기적으로 기업 가치와 투자 성과를 높이고 있기에 투자자들로서는 긍정적으로 볼 수밖에 없다. 이런 점이 경기 침체 국면 속에서도 빅테크 주가는 뜨겁게 올랐던 배경이 아닐까?

중요한 것은 조직의 버블을 꺼뜨리고 효율성 극대화와 성과주의를 극단적인 방식으로 보여준 일론 머스크가 늘 성과를 내왔다는 점이다. 거침없이 말하고 행동해서 구설수에 자주 휘말리지만 테슬라, 스페이스X 등을 통해 결과로 보여주고, 자신은 세계 최고 부자 순위 1위에 올라 있다. 경영 방식에서의 트렌드 세터trend setter라고 할 수 있는 그이기에 전 세계 수많은 경영자에게 영향을 줄 수밖에 없다. 한때 스티브 잡스 경영 방식이 전 세계 경영자에게 준 것보다 훨씬 더 큰 영향을 미칠 것이다.

머스크와 저커버그의 싸움에서 진짜 승자는 누구인가?

▼

세계 부자 순위 1위와 9위가 옥타곤 링 위에서 격투를 벌인다고 생각해보라. 사람들이 제일 좋아하는 것 중 하나가 싸움 구경인데, 세계적 기업의 경영자이자 세계 최고 부자인 사람들이 주먹 다툼을 한다면 얼마나 재미있겠는가? UFC 회장까지 나서서 성사되면 격투기 역사상 최고 금액인 10억 달러를 벌어들일 수 있는 대결이라고 부추겼고, 격투기 선수들도 누가 더 유리할지 분석하기도 했다. 두 사람은 격투기 훈련하는 사진과 영상을 공개하며 분위기를 고조시켰다. 일론 머스크는 UFC 챔피언 출신인 조르주 생피에르와 훈련하는 사진을 트위터에, 마크 저커버그는 UFC 챔피언 이스라엘 아데산야, 알렉산더 볼카노프스키와 훈련하는 사진을 인스타그램에 공개했다. 둘의 부모나 가족이 싸움을 말리는 인터뷰가 나오면서 사람들은 이 싸움을 더욱 실감하기 시작했고, 전 세계 언론은 트래픽 일으키기 좋은 콘텐츠라는 생각에 두 사람이 앙숙이라며 이들의 대결 이야기를 쏟아냈다.

정말 두 사람은 피 끓는 사나이로서 진짜 대결을 원했던 걸까? 이들의 격투 이야기 확산에서 실제로 가장 큰 수혜자는 누구일까? 바로

Elon Musk ✔ ✖
@elonmusk

Zuck v Musk fight will be live-streamed on ✖.

All proceeds will go to charity for veterans.

9:35 AM · Aug 6, 2023 · 58M Views

64.8K Retweets   **10.5K** Quotes   **651K** Likes   **6,114** Bookmarks

스레드Threads와 트위터다.

　트위터와 비슷한 서비스인 메타의 스레드(쓰레드라고도 한다)가 2023년 7월 6일 공개 후 5일 만에 사용자 1억 명을 넘어섰다. 20억 명인 인스타그램 사용자가 쉽게 스레드에 가입할 수 있다는 점이 크게 작용했고, 일론 머스크와 마크 저커버그의 결투 이야기가 고조되며 스레드에 대한 관심이 커진 것도 한몫했다. 애초에 둘의 대결 이야기 자체가 트위터와 유사한 서비스인 스레드를 공개한다는 소식이 나온 것이 발단이었다. 결과적으로 쇼케이스이자 론칭 마케팅으로서 이보다 더 좋을 수 없었다. 스레드가 론칭되자 둘의 싸움 이야기는 수면 아래로 가라앉았다. 그러다 스레드는 초기 약발이 다하고 트위터는 이름을 X로 바꾼 후 얼마 지나지 않아, 일론 머스크가 다시 둘의 싸움 이야기를 들고나왔다. 대결의 수익금은 재향군인 단체에 기부하고, X에서 생중계한다는 내용이었다. 여기서 확실히 X의 홍보 효과를 노리는 티가 난다. 이에 마크 저커버그도 "투명한 자선 모금을 위해 더 신뢰할 만한 플랫폼을 이용해야 하는 거 아닌가?"라는 메시지를 날렸다. 생중계는 X

말고 스레드, 아니면 페이스북이나 인스타그램에서 하는 것이 더 낫다는 뉘앙스다. 뭐가 되었건 둘 다 X와 스레드를 띄우는 데 이보다 더 좋은 이벤트가 없다고 생각한 것이다.

X는 광고 매출이 하락세고, 스레드는 일일 활성 사용자 수가 초기보다 급감한 상태다. 둘이 격투기 대결을 벌여 엄청난 수익금을 자선 기부하는 이벤트는 월드컵이나 올림픽 경기처럼 전 세계적으로 사람들의 높은 주목과 관심을 끌 수 있다. 일론 머스크와 마크 저커버그에게도, X와 스레드에도 이득이다. 사실 둘은 비즈니스에서 그리 앙숙도 아니다. 일론 머스크에게 X는 주력 사업이 아니고, 마크 저커버그에게는 스레드가 주력이 아니다. 그들 각자 주력이 따로 있고 그 영역에서는 여전히 독보적이다. 앙숙이라기보다는 오히려 서로에게 득이 될 수 있는 관계다. X와 스레드 모두 단문 텍스트 중심의 소셜 네트워크 서비스에 그치지 않고, 쇼핑과 결제, 숏폼 동영상까지 가능한 서비스가 되는 것이 목표다. 숏폼 동영상의 대표 주자 틱톡은 이미 단문 텍스트 서비스와 쇼핑 서비스를 시작했다. X와 스레드는 서로 경쟁자지만 때로는 연합군이 되어 다른 경쟁자를 물리칠 수도 있다. 세기의 쇼를 벌일 만큼 두 사람은 탁월한 비즈니스 승부사다.

주짓수 최상위급 블랙벨트 보유자인 렉스 프리드먼은 마크 저커버그가 자신과 주짓수 훈련하는 모습과 일론 머스크가 주짓수로 자신을 제압하는 모습을 자기 트위터에 올린 적 있다. 서로 대결을 벌이겠다는 두 사람이 렉스 프리드먼과 연결된다. 사실 렉스 프리드먼은 운동선수가 아니라 컴퓨터 과학자로 MIT의 AI 연구원이며, 유튜브 구독자수 300만 명이 넘는 유튜버이자 유명 팟캐스트 운영자이기도 하다. 테크 기업 창업자나 경영자와 교류가 많은 그는 마크 저커버그와 일론 머스크 둘과도 친하다. 두 사람의 결투 이야기가 계속되는 중에 그들의 재산은 계속 늘고, 그들의 사업 또한 잘나갔다. 결투 이슈로 그들은 전혀 손해 본 것 없이 오히려 이득만 봤고, 자신들의 영향력이 얼마나 큰지 재확인했을 것이다. 농담처럼 싸움하자는 말로 10억 달러, 한화로 1조 3000억 원짜리 이벤트를 만들어냈으니 말이다. 대결의 결정적 정보는 두 사람이 소셜 미디어를 통해 남긴 메시지가 대부분인 것을 봐도 확실히 둘의 계획된 이벤트로 보인다. 두 손이 마주쳐야 소리가 나듯, 둘이 주고받으며 상황을 자신들의 의도대로 이끌고 간 셈이다.

근데 왜 주짓수였을까? 건강을 위해서라면 다른 운동도 많은데 왜 하필 격투기 종목일까? 마크 저커버그는 브라질 무술인 주짓수 유단자로 대회에 나가서 메달도 땄다. 일론 머스크도 주짓수를 한다. 심지어 페이팔의 댄 슐먼 CEO는 이스라엘 군대에서 시작된 격투기 '크라브 마가'를 한다. 공교롭게도 대량 해고를 단행한 이후 마크 저커버그가 주짓수나 고강도 훈련을 하는 강인한 이미지가 확산되었다. 주짓수는 오래 해왔으나 실제 대회(규모는 작지만)에 나가서 금메달을 딴 것은 2023년 5월이고, 9킬로그램 무게의 중량 조끼weighted vest를 입고 고강도 운동을 한 후의 모습을 스스로 찍어 인스타그램에 공개한 것은 2023년 6월이었다. 그는 중량 조끼를 입은 채 턱걸이와 팔굽혀펴기, 달리기, 스쿼트를 이어서 하는 머프 챌린지를 완주한 사실을 공개했다. 대량 해고 이후 조직 내에 불만을 가진 직원이 있을 테고, 해고된 직원 중에 악감정을 가진 이들도 있을 것이다. 유약한 이미지가 아닌 강인한 이미지로 자신을 포지셔닝하려는 의도였는지 마크 저커버그는 계속 격투기와 고강도 운동 장면을 노출했고, 그런 상황 속에서 일론 머스크와 결투 이슈가 터져 나왔다.

마크 저커버그는 렉스 프리드먼의 팟캐스트에 출연해 일론 머스크가 트위터에서 보여준 과감한 경영 방식을 칭찬한 바 있다. "그가 추진한 많은 원칙은 기본적으로 회사 내 엔지니어들과 관리 계층 간의 거리를 줄이면서 조직을 더 기술적으로 만들려는 것이었다. 나는 그것이 좋은 변화이고, 업계에도 좋았다고 생각한다." 이렇게 대량 해고로 조직의 몸집을 크게 줄인 것에 대해 아주 긍정적으로 평가했다.

그동안 일론 머스크는 늘 공격적이고 거침없는 언행을 보였지만 마크 저커버그는 그러지 않았다. 어쩌면 그도 일론 머스크의 스타일을 따라 하는 것이 성과를 내는 데 효과가 있다는 것을 알아서일까? 스레드의 흥행을 위해 결투 이슈를 만들며 직접 마케팅에 나선 것은 아닐까? 일론 머스크는 트위터를 통해 거침없이 소신을 드러내어 자신의 목적대로 세상의 관심과 여론을 이끌어내는 데 탁월하다. 구설수에 휘말리는 경우가 있긴 해도 크게 보면 자신의 영향력이나 비즈니스에서는 득이었다. 이 점은 도널드 트럼프도 마찬가지다. 그가 공화당의 대통령 후보가 된 것, 대통령 선거에서 상대적으로 훨씬 적은 미디어 비용을 쓰고도 선거에서 승리한 것 모두 트위터가 무기였다. 공교롭게도 일론 머스크는 트위터 인수 후 트럼프의 트위터 계정을 복원시켰다. 트위터에서 가장 거침없이 말하고 행동하는 두 사람, 구설수 많고 싫어하는 사람도 많지만 더 큰 영향력과 성과를 만들어냈다. 마크 저커버그 역시 결투 이슈를 통해 이런 방식을 살짝 활용한 셈이다. 그의 경영 스타일도 과거와 같지 않을 것이다. 마크 저커버그는 2023년을 효율성의

해라고 강조했는데 이런 기조는 2024년과 그 이후까지 이어질 것이다.

당신도 일론 머스크처럼 경영할 것인가?

▼

"실리콘밸리의 모든 CEO가 트위터에서 일론 머스크가 보여준 경영 방식을 지켜보면서, '자기 안에 있는 일론을 끌어내야 하는가?'라고 스스로에게 묻고 있다Every CEO in Silicon Valley has looked at what Elon Musk has done and has asked themselves, 'Do they need to unleash their own Elon within them?'." 세일즈포스의 CEO 마크 베니오프Marc Benioff가 2023년 3월 경제 전문 매체 〈비즈니스 인사이더Business Insider〉와 가진 인터뷰에서 한 말이다. 일론 머스크가 대량 해고를 하고 과감하게 구조 조정을 하는 것을 보며 경영자라면 다들 자신도 그렇게 해보고 싶어할 것이라는 이야기다. 실제로 트위터의 대량 해고 직후 세일즈포스가 창업 이래 최대 규모의 대량 해고를 결단한 것은 일론 머스크의 영향인 셈이다. 그동안 빅테크든 글로벌 기업이든 규모가 큰 기업의 경영자들은 늘 조심스럽고 신중하게 처신하며 욕먹을 일은 하지 않으려 했다. 그런데 일론 머스크는 일부러 욕먹고 싶은 사람처럼 공격적이고 과감하다. 이것이 테슬라 주가에 악재가 되는 경우도 종종 있지만, 결국은 성과를 통해 극복해낸다.

미국의 온라인 커뮤니티 플랫폼 레딧Reddit의 CEO 스티브 허프먼Steve Huffman은 2023년 6월에 NBC와 인터뷰를 하면서 일론 머스크가 트위터에서 보여준 과감한 비용 절감과 대량 해고를 칭찬하며, 이 방식이 레딧도 따라가야 할 길이라고 했다. 일론 머스크가 준 교훈은 적은 규모의 인력으로 좋은(큰) 사업을 할 수 있다는 것이라고도 말했다.

레딧의 직원 수는 약 2000명이고 일일 활성 사용자 수는 5700만 명이다. 그런데 트위터의 일일 활성 사용자 수는 2억 6000만 명가량이다. 트위터는 7500명의 직원을 1300명으로 크게 줄였지만 일일 활성 사용자 수는 크게 줄지 않았다. 레딧이 트위터보다 직원은 더 많은데 일일 활성 사용자 수는 4분의 1에 불과하다. 일론 머스크가 트위터를 인수하고 대량 해고를 단행하기 전까진 트위터와 레딧의 생산성은 비슷했겠지만 지금은 확 달라졌다. 레딧 입장에서는 지금 인력으로 일일 활성 사용자 수를 크게 늘리거나, 그게 아니면 인력을 줄여서 생산성을 높일 필요가 있다. 레딧은 기업 가치 100~150억 달러로 평가받는데, 2022년 상장을 시도했다가 시장 상황이 좋지 않아 상장을 유보한 바 있다. 레딧의 경영자 처지에서는 일론 머스크의 (욕먹는 것을 전혀 두려워하지 않는) 거침없는 대량 해고와 비용 절감 방식이 부러웠을 것이다. 일론 머스크가 트위터에서 보여준 방식이 테크 기업 전반으로 확산해가는 것을 반년쯤 지켜본 뒤 스티브 허프먼은 5퍼센트의 직원을 해고하고 일부 서비스를 유료화하는 결단을 내렸다. 여기서 끝일까? 수익성 개선을 위해 일일 활성 사용자 수를 늘리거나 직원을 줄이거나 추가로 고민할 수밖에 없다.

경영자는 아주 중요한 역할을 하는 존재다. 연봉을 다른 직원들보다 몇십 배, 심지어 몇백 배 더 받는 경우가 있다. 그러자면 그런 대우를 받을 만한 합당한 이유가 있어야 한다. 경영자가 욕먹을 각오가 되어 있어야, 아니 욕먹는 것을 두려워하지 않아야 더 큰 성과가 나오고, 앞으로 나아갈 방향을 잘 잡을 수 있다. 혁신은 웃으며 하는 것이 아니다. 누군가는 손해 보고 누군가는 잘릴 수 있는 것이 혁신이다. 평판 신경 쓰고 눈치 보며 그냥 좋은 게 좋은 거라는 식으로 두루뭉술하게 혁신 흉내만 내다가는 용두사미로 끝난다. 그런 경우가 국내 기업에서는 많았다. 일론 머스크 스타일의 과감한 경영은 미국의 테크 기업 경영자들에게만 영향을 주는 것이 아니다. 국내에도 영향을 줄 수 있다. 한국 경영자들 사이에서 강한 리더십을 따르는 이들이 증가할 수도 있다. 어쩌면 경기 상황에 따라서는 2024년 국내에서도 과감한 구조 조정이 일어날지 모른다. 경기 침체 우려는 국내 기업이 훨씬 심각하다. 미국 경제와 미국 노동 시장, 미국 기업의 상황과 국내 상황을 연동시켜선 안 된다. 미국이 경기 침체를 극복해가더라도 한국 역시 그러리란 보장은 없다. 특히 수출 중심인 한국 경제에는 생각보다 길어지는 중국 경기 침체가 큰 타격이다.

위기 속에서도 평판에 신경 쓰며 사회와 직원들 눈치를 보는 경영자가 많았다. 하지만 일론 머스크는 공격적인 경영 방식으로 위기를 극복해냈고, 이런 강한 리더십은 테크 기업 전반으로 확산할 만큼 합리성과 타당성을 인정받고 있다. 결국 중요한 것은 성과다. 결과를 내야 하는 것이다. 앞으로 성과주의, 능력주의, 효율성과 생산성 극대화를 강조하는 경영자가 더 많아지고, 강한 리더십에 대한 관심 또한 더 커질 수 있다. 이런 주제를 다루는 경영 서적이 더 잘 팔릴 수 있고, 이런 주제의 기업 교육이 더 확대될 수 있다. 생산성과 효율성 극대화, 성과주의와 능력주의가 기업 주도로 확산하면, 우리는 이 흐름을 받아들일 수밖에 없다. 기업뿐 아니라 사회 전반에서 이런 태도가 확산하면 어떤 것에까지 영향을 미칠까? 진지하게 고민하면서 변화에 대처할 방법을 모색할 시점이다.

대퇴사의 시대가 끝나면 조용한 사직도 끝날까?

▼

'대퇴사Great Resignation' 혹은 '대사직'이라는 말은 미국 때문에 나왔다. 팬데믹 이전인 2019년 미국의 월별 퇴사자는 350만 명 내외를 오갔다. 2021년 11월 미국의 월별 퇴사자는 450만 명이라는 역대 최고 기록을 세웠다. 2021년 6월 미국의 월별 퇴사자가 402만 명으로 400만 명대에 진입해 2022년 12월까지 19개월 연속 월 400만 명 퇴사가 유지되었다. 이 기간이 바로 대퇴사의 시대다. 팬데믹으로 막대한 돈이 풀리면서 테크 기업과 소매 시장도 역대급 호황을 만났다. 각종 팬데믹 지원금에다 주식이나 코인 등 투자 시장의 호황으로 자산이 충분해진 베이비붐세대나 일부 X세대가 조기 은퇴했다. 놀기 위해서 사표를 쓰는 이들도 많았다. 설령 놀더라도 금방 재취업이 가능할 정도로 고용 시장이 좋았다.

기업이 구인난에 시달릴 만큼 고용 시장이 좋아지다보니 임금이 오르고 복지가 좋아지고 근무 환경도 비대면 근무 방식을 비롯해 유연해졌다. 구직자이자 노동자에게는 이보다 더 좋을 수 없는 시기였다. 이렇게 고용 시장이 활황을 맞으면서 더 좋은 일자리를 찾으러 이동하는 자발적 퇴사가 급증했다.

퇴사는 자발적으로 사표를 쓰고 나가는 것을 말한다. 해고와는 다르다. 보통 경제 상황이 좋지 않을 때, 즉 위기일 때는 기업이 구조 조정하느라 해고가 늘어날 수 있어도 직원이 스스로 나가는 퇴사는 줄어든다. 반면 경제 상황이 좋아져 일자리 기회가 늘어나면 퇴사가 늘어난다. 더 나은 자리를 찾거나 쉽게 일자리를 구할 수 있다고 여겨 퇴사를 더 쉽게 결정한다. 그래서 퇴사율이 급증하는 것은 고용 시장이 그만큼 좋다는 의미다. 이런 상황에서 나온 말이 '조용한 사직quiet quitting' 혹은 '조용한 퇴사'다. 언제든 더 좋은 일자리로 이직할 기회를 보며 안 잘릴 정도로만 일한다. 일하고는 있지만 몰입하지는 않는다. 반대로 지금 직장에 기회가 있다고 여긴다면 애사심이 커지고 일에 더 몰입할 것이다. 조용한 사직은 경영자나 인사 담당자 입장에서는 아주 불편한 일이다. 월급은 다 받아가면서 생산성은 낮은 직원이 많아지면 결국 기업이 손해를 본다.

참고로 미국의 월별 퇴사율은 1퍼센트 초중반에서 2퍼센트 초반 사이를 유지했다. 그런데 2021년 5월부터 2.5퍼센트를 넘더니 2021년 11월 3.0퍼센트로 역대 최고의 퇴사율을 기록했다. 2.9퍼센트 수준을 몇 달 이어가다 2022년 4월에 다시 퇴사율 3.0퍼센트를 기록했고, 이후 하락하며 2023년 4월 2.4퍼센트까지 내려왔다. 2.5~3.0퍼센트 사이를 2년간 이어가다 2.4퍼센트로 내려오며 대퇴사의 시대가 끝나는 가 싶었지만 2023년 5월 2.6퍼센트로 다시 올라갔다. 월별 퇴사자 수는 2023년 들어서 1월에 388만 명으로 19개월 만에 400만 명 이하가 되었고, 4월에 379만 명까지 떨어졌다. 300만 명대 중반까지 갈 추세를 보이면서 대퇴사의 시대는 끝났다고 보는 이들도 있다. 미국의 테크 업계가 2022년 4분기부터 2023년 1분기까지 대량 해고를 이어가면서 퇴사율 하락에 영향을 주었다. 대량 해고를 통해 생산성, 효율성을 강조하고 있기에 이제 대사직 시대가 가고 대잔류Big Stay 시대가 올 것이라는 전망도 있다. 칼자루가 구직자에게 있지 않은 시대가 되면 직장인은 더 열심히 일하며 자신의 가치를 증명하려 들 것이고 사표는 쉽게

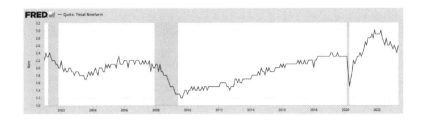

쓰지 않게 된다. 그렇게 되면 조용한 사직은 사라지지 않을까? 하지만 그럴 수도 있고, 그러지 않을 수도 있다. 2030세대 직장인의 태도에서 조용한 사직이 이어진다면 기업으로서는 과감한 결단을 내릴 필요가 있다. 그런 점에서 일론 머스크가 트위터에서 생산성을 이유로 대량 해고를 공격적으로 단행한 것에 지지를 보내고, 그 방식을 따라 하는 미국의 테크 기업 경영자가 많았으며, 이에 따라 노사 갈등이 커지고 관련한 분쟁이 늘어났다. 조용한 사직을 끝내려면 결국 생산성과 성과주의가 강화될 수밖에 없다. 이런 일이 한국에서도 일어날 수 있다.

한국 기업, 노동생산성 혁신은 불가피하다

▼

미국 노동부에 따르면 미국의 노동생산성은 2022년 1분기 이후 5분기 연속으로 감소했다. 미국 정부가 노동생산성에 대한 통계를 작성하기 시작한 1948년 이후 5분기 연속 감소는 처음이었다. 역대 가장 길게 노동생산성이 감소한 것이다. 2022년 4분기와 2023년 1분기에 테크 기업의 대량 해고가 가장 왕성하게 벌어졌던 것은 우연이 아니다. 떨어진 노동생산성을 높이지 않으면 기업 위기가 심화할 수밖에 없다.

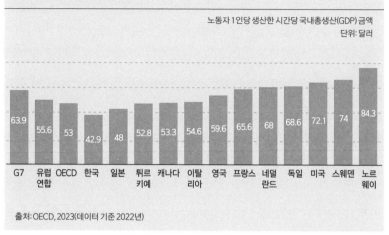

노동자 1인당 생산한 시간당 국내총생산(GDP) 금액
단위: 달러

G7	유럽연합	OECD	한국	일본	튀르키예	캐나다	이탈리아	영국	프랑스	네덜란드	독일	미국	스웨덴	노르웨이
63.9	55.6	53	42.9	48	52.8	53.3	54.6	59.6	65.6	68	68.6	72.1	74	84.3

출처: OECD, 2023(데이터 기준 2022년)

노동생산성이 떨어진 그 기간에 미국의 실업률은 극히 낮았다. 대퇴사의 시대를 거쳐 조용한 사직이란 말이 유행할 만큼 구직자에게 더 유리한 기간이었다. 이직이 잦으면 새로 뽑아 키우는 데 시간과 비용을 계속 투자해야 한다. 또 업무에 익숙해지기 전까지 생산성이 낮은 시기를 감수해야 한다. 결론적으로 미국에서 대퇴사의 시대, 조용한 사직은 생산성을 떨어뜨리는 결과를 낳았고, 이로 인해 노동생산성 회복이 중요한 과제로 떠올랐다.

한국은 미국과 달리 노동생산성 회복이 아니라 노동생산성 개선과 향상이 중요한 과제다. 우리는 노동생산성이 낮은 편이다. OECD에 따르면 2022년 기준 한국의 노동생산성은 42.9달러다. OECD 회원국 37개국 평균인 53달러에 비해 10달러 낮다. 유럽연합 회원국 27개국 평균이 55.6달러, G7 평균은 63.9달러다. 심지어 48달러인 일본, 52.8달러인 튀르키예보다 낮다. 영국은 59.6달러, 독일은 68.6달러, 미국은 72.1달러다. 독일에 비해선 3분의 2 정도이고 미국보다는 40퍼센트가량 낮다. 전국경제인연합회는 이런 통계를 적극 강조하며 고용 유연성이 취약해서 생긴 문제라고 항변한다.

노동생산성은 근로시간당 GDP(국내총생산) 창출분을 측정한 것이다. 한국은 2021년 GDP는 세계 11위지만(IMF 기준) 노동시간이 길다 보니 노동생산성에서 순위가 낮다. 한국 경제를 이야기할 때 늘 지적하고 개선을 요구하는 것 중 하나가 노동생산성이다. GDP는 2020년 10위, 2022년 13위, 2023년 12위(2023.4 잠정 집계 기준)다. 노동시간은 매년 조금씩 줄어들고는 있지만 감소 폭은 아직 미미하다. 물론 노동생산성을 바라보는 경영자 단체와 노동 단체의 입장은 서로 다르다. 어떤 입장이든 간에 노동생산성을 높여야 할 필요가 있는 것은 분명하다. 산업 진화에 따른 고용 유연성 문제는 늘 제기되는데, 2024년 총선 결과에 따라 현 정부는 임기 내에 이 문제를 경영계 입장에서 풀려고 할 것이다. 이해관계의 충돌과 갈등이 불가피하나 어차피 한 번은 겪어야 할 일이다. 한국 경제가 제조업 중심이긴 하지만 목표로 하는 방향은 생산직 인력에 의존하는 제조업이 아닌 첨단 제조업이다. 산업에서 IT와 테크의 영향력이 점점 중요해지면서 산업적, 기술적 진화를 따라가지 못하면 도태될 수밖에 없다. 미국은 첨단 제조업의 중심이 되려고 적극적으로 나서 자국 이기주의를 서슴지 않고 드러내고 있다. 이런 상황에서 한국이 노동생산성 향상에 소극적으로 대응해서는 안 된다. 혁신 과정에서 충돌과 갈등, 저항이 발생하지만 이를 넘어서야 혁신이 가능해진다. 그런 점에서 강한 리더십은 정치, 경제, 사회 등 여러 영역에서 불가피하게 대두될 것이다.

노동생산성을 높이려면 노동시간을 줄이는 것이 중요하다. 전제는 생산성을 유지한 채 노동시간만 줄어야 한다는 것이다. 노동시간이 줄어든 만큼 생산성마저 줄어들면 안 된다. 국내 기업이 제조업 기반의 생산직이 많다보니 노동시간이 줄어들면 생산성이 줄어들 수 있다. 그래서 제조 업계는 자동화, 무인 공장, 로봇 투입을 늘리는 데 적극적이다. 한국은 제조 라인의 자동화 비율이 세계적으로 높은 편인데 이를 더 높이려 한다. 노동시간 줄이는 데는 주 4일제만 한 것이 없다. 주 4일제는 5일 치 업무량과 근무시간을 4일에 끝낸다는 의미이지 그냥 5일에서 하루 더 쉰다는 의미가 아니다. 만약 일을 4일 치밖에 못 하면 월급을 20퍼센트 깎는 것이 주 4일제다. 생산성만 확보되면 주 4일제는 회사나 노동자나 다 이익이다. 하지만 생산성과 업무 효율성이 받쳐주지 못하면 지속적인 주 4일제는 불가능하다. 주 4일제를 제대로 이해하지 못하고 '복지' 관점으로 문제에 접근해서는 곤란하다. 실제로 생산직은 노동시간이 줄면 생산성이 줄어든다. 그래서 주 4일제를 두고 사무직과 생산직의 관점이 다를 수밖에 없다. 같은 기업 내에서 사무직에는 적용되고 생산직에는 적용 안 되는 일이 생길 수밖에 없고, 이를 둘러싼 갈등이 생겨날 수 있다.

이미 주요 대기업은 부분적 주 4일제를 하고 있다. 삼성전자는 2023년 6월부터 월 1회 주 4일 근무제를 한다. 필수 근무시간을 채우면 연차 소진 없이 월급날(21일)이 속한 주의 금요일을 쉴 수 있다. 주로 사무직군이 해당하며 교대 근무를 해야 하는 생산직을 비롯한 일부 직군은 예외다. 여기서 핵심은 필수 근무시간을 다 채웠을 때만 이렇게 할 수 있다는 점이다. SK텔레콤은 2020년부터 격주로 금요일에, SK하이닉스는 2022년부터 둘째 주 금요일에 필수 인력을 제외하고 전 직원이 쉰다. 거의 100퍼센트가 월 1회 주 4일 근무를 하고 있을 만큼 만족도가 높고 정착되었다. CJ ENM은 월 2회 격주로 금요일에 쉰다. 포스코퓨처엠은 월~목요일까지 총 근무시간을 다 채우면 금요일은 2~4시간만 일하고 조기 퇴근할 수 있다. 카카오는 격주 금요일 휴무제를 하다가 지금은 월 1회만 금요일에 쉰다. 카카오게임즈는 격주로 금요일에 쉬고, 토스를 서비스하는 비바리퍼블리카는 주 40시간 근무를 월~목요일까지 하면 금요일은 오후 2시에 조기 퇴근한다. 여기어때는 주 37시간 근무로 월요일은 오후 1시에 출근한다. 배달의민족을 서비스하는 우아한형제들은 주 32시간 근무로 월요일은 오후 1시부터 4시간, 화~금요일은 7시간씩 일한다. 이외에도 근무시간 단축 시도를 하는 기업은 무수히 많다. 당장 모두가 주 4일제로 넘어갈 것도 아니고, 그럴 수도 없다. 하지만 기업에 따라, 업종과 역할에 따라 근무시간 단축과 그에 따른 노동생산성 향상은 확산되어야 한다. 주 4일제의 귀결점 역시 업무 효율성, 노동생산성, 그리고 성과주의다. 2024년 한국의 기업에는 능력주의, 성과주의 바람이 더 거세게 불 것이다.

회의 시간만 줄여도 막대한 돈을 번다

▼

한국이 OECD 국가 중 노동시간은 가장 길면서 노동생산성은 평균 이하인 데는 일하는 방식에서 시간 비효율성도 한몫한다. 글로벌 회계 및 컨설팅 업체 언스트 앤드 영EY, Ernst & Young은 2012년에 한국 직장인

3000명을 대상으로 직장인 생산성 인식 실태를 조사한 보고서를 낸 적 있다. 이 보고서에 따르면 불필요하거나 비효율적이라고 생각하는 업무에 투자한 시간은 평균 2시간 30분이었고, 업무 시간 중 SNS나 메신저, 개인적 통화 등 업무와 무관한 개인 활동으로 소비한 시간은 1시간 54분이었다. 출근 후 하루 4시간 반가량을 허비한 셈으로 실제 일한 시간은 이보다 적은 4시간쯤이었다. 보고서는 비효율적으로 허비한 이런 시간을 전체 직장인에 적용해 환산해보면 연간 146조 원으로 당시 GDP의 11.6퍼센트를 차지한다고 지적했다. 물론 이런 막대한 금액은 산술적으로나 계산되는 수치로 심각한 실태에 경각심을 일깨우려는 의도가 있지만, 그렇다고 전혀 허황한 이야기는 아니다. 보통 월드컵이나 올림픽을 유치할 때 거둘 수 있는 경제 효과를 수십조 원 수준으로 보는데, 직장인의 업무 중 시간 효율성을 조금만 개선해도 매년 올림픽한 번 치르는 만큼의 효과를 볼 수 있다는 말이다.

이 보고서에서 직장인들이 비효율적이라고 인식한 업무 중 20.1퍼센트로 가장 많이 꼽은 것이 의사 결정과 검토 과정에서 시간 지연과 대기였고, 18.4퍼센트가 불분명한 업무 지시나 중복 작업, 18퍼센트가 불필요한 회의, 17.9퍼센트가 의미 없는 보고서 작성을 꼽았다. 이는 직장인이라면 모두 공감할 것이다. 회의를 위한 회의, 보고를 위한 보고를 하느라 정작 진짜 일할 시간을 뺏기는 경우가 있기 때문이다. 타임 퍼포먼스가 Z세대에게는 콘텐츠 소비나 인간관계에 적용된다면, 기업에는 경영 전략에 더 중요하게 적용될 필요가 있다. 노동생산성은 곧 경영 성과와 직결되기 때문이고, 실리콘밸리 테크 기업에서 촉발해 점점 확대되어가는 성과주의, 능력주의 경영과도 연결되기 때문이다.

미국 기업들에서는 불필요한 회의 줄이기에 적극 나서고 있으며, 글로벌 기업 중에는 회의 없는 날을 만드는 기업이 점점 많아지고 있다. 우리보다 노동생산성이 훨씬 높고 시간 효율성을 더 강조해온 그들조차 이 문제에 강력하게 대처하고 나서는 것은 그만큼 회의 문화가 가진 비효율성이 높다는 의미다. 미국 노스캐롤라이나대의 스티븐 로겔버그 교수의 2022년 연구에 따르면, 불필요한 회의 참석에 따라 낭비되는 비용이 직원 5000명 이상의 대기업 기준으로 연간 1억 100만 달러였다. 한국에 적용하면 삼성전자나 현대자동차 같은 규모의 직원 수라면 연간 수천억 원씩 불필요한 회의 때문에 손해를 보는 셈이다.

2022년 12월 삼성전자의 임직원 소통 행사에서 경계현 사장은 2023년 목표 중 하나로 회의 시간 줄이기를 제시했다. 회의 시간을 25퍼센트 줄이고, 나머지 75퍼센트 시간 중 절반은 비대면으로 바꿔서 오가는 시간을 낭비하지 않도록 하겠다는 설명이었다. 회의 시간이 비효율적인 것은 삼성전자뿐 아니라 모든 국내 기업이 해당한다. 직장인들은 짧고 결론이 나는 회의를 원하지만 현실은 불필요한 말로 길어지고 결론 없이 흐지부지 끝나는 회의가 많다. 과거부터 이 문제가 이어졌지만 해결되지 않은 기업이 수두룩하다. 오죽했으면 회의 시작과 함께 모래시계를 작동해 회의 시간이 길어지지 않게 하거나, 신속한 처리와 결정을 위해 체크 리스트를 띄워놓고 회의를 진행하는 방법을 동원하기도 한다. 국내 주요 대기업이나 테크 기업에서는 회의의 비효율성을 해결하고 회의 시간을 줄이기 위해 수년 전부터 적극적으로 나서고 있다. 시작은 회의 시간 줄이기지만 결국 핵심은 노동생산성 향상과 능력주의, 성과주의다.

9장

펀임플로이먼트와 자발적 프리터

실업이 두렵지 않은 사람들에게 노동과 직장이란?

♡ ○ • • • • 🔖

Life_Trend_2024

#펀임플로이먼트 #펀임플로이드 #자발적 프리터 #Z세대 노동관 #긱 고용 #플랫폼 노동 #노동 #직장 #이직 #퇴사 #실직 #재미 #실업 #실업자 #알바 #정규직 #니트 #갭이어 #유연 근무 #안식년 #원격 근무 #일하는 방식 #조직 문화

LIFE TREND 2024

펀임플로이먼트라는 말을 둘러싸고 상대적 박탈감이 생길 수 있다는 비판도 있다. 하지만 시대가 바뀐 만큼 적어도 중립적 태도로 펀임플로이먼트를 바라볼 필요가 있다. 분명한 것은 이 흐름이 확산 중이며, 여기서도 기회와 위기가 나온다는 사실이다.

앞서 살펴본 '격투기 하는 리더, 강한 리더십과 노동생산성' 트렌드와 이번 장에서 살펴볼 트렌드는 서로 다른 입장이면서 서로 연결되는 트렌드다. 독자 중에서도 각자 입장에 따라 둘 중 하나는 거슬리는 변화일 수 있다. 하지만 그것 또한 현재 실재하는 변화이자 대응해야 할 이슈다. 특히 '펀임플로이먼트funemployment'라는 말은 입장에 따라서 호불호가 극명하게 갈린다. 실업이 두려워야 더 열심히 일하고 성과를 내려고 할 텐데, 실업이 두렵지 않으면 사직과 이직을 더 쉽게 하고, 조용한 사직과 요란한 사직loud quitting도 더 할 것이라 우려하는 이들로서는 실직을 재미있게 바라보는 이 시각이 불편할 수 있다. 그리고 실업 기간을 재미있게 지내려면 경제적 여유가 있어야 한다. 즉 모든 실업자가 아니라 쓸 돈을 충분히 모아둔 실업자거나 부모의 경제력에 기댈 수 있는 실업자에게만 해당하는 이야기다. 따라서 펀임플로이먼트라는 말을 둘러싸고 상대적 박탈감이 생길 수 있다는 비판도 있다. 하지만 시대가 바뀐 만큼 적어도 중립적 태도로 펀임플로이먼트를 바라볼 필요가 있다. 분명한 것은 이 흐름이 확산 중이며, 여기서도 기회와 위기가 나온다는 사실이다.

펀임플로이먼트, 왜 실직에서 재미를 찾을까?

▼

funemployment는 fun(재미)에 unemployment(실업)를 합쳐서 만든 말이다. '재미있는 실업'으로 직역해 "아니 일자리 잃은 게 무슨 즐거울 일이냐?"라고 할 수 있겠지만, 사실은 실직이 재미있다는 뜻이 아니다. 실직 상태에서도 재미있게 보내겠다는 뜻이다. 우리 속담 중 '미끄러진 김에 쉬어 간다'와 같다. 이건 실업을 바라보는 태도가 '두려움'이 아니라는 의미다. '회사에서 잘리면 큰일 난다'는 생각을 가진 사람이라면 실업에 대한 공포가 생길 수 있겠지만, '잘리면 뜻하지 않게 얻은 휴가라 생각하고 그냥 재밌게 놀아야지'라는 생각을 가진 사람은 실직에서도 즐거움을 찾는다. 이런 사람들을 '펀임플로이드funemployed'라고 부른다. 이 말이 나온 건 2008년 글로벌 금융 위기로 인한 대량 실직 상황에서였다. 갑작스러운 실직에 자신의 멘탈을 추스리는 긍정적 태도였을 수도 있고, 반대로 실직 상황을 자조하는 태도였을 수도 있다. 이 말이 확산되면서, 마침내 2010년 영국《콜린스 영어사전Collins Dictionary》에 새로운 단어로 추가되었다. 10여 년 전 2030세대가 쓰던 이 말을 2023년 1020세대가 쓴다. 이들은 서로 다른 사람들이다. 10여 년 전 2030세대는 이미 3040세대가 되었다. 지금 1020세대면 10여 년 전에는 갓 태어났거나 어린이였고, 그땐 이 말을 쓸 일도 쓸 필요도 없었다. 아니 이 말이 있는지조차 몰랐을 것이다. 즉 지금의 Z세대에게 펀임플로이먼트나 펀임플로이드는 살면서 처음 쓰는 말이다. 가족 부양이나 노후 대비에 관심 가질 나이가 아닌 그들은 인생은 한 번뿐이므로 지금 이 순간을 즐기자는 욜로YOLO에 호의적이다. 자신이 번 돈을 온전히 자신에게 투자할 수 있는 시기에 있는 그들은 자기계발과 경험 소비에 어느 세대보다 관심이 많다.

틱톡에서 #funemployment가 붙은 쇼츠의 총 조회 수는 1850만 회다(2023. 7. 10. 기준). #funemployed가 붙은 것은 4620만 회다. 직장인이 된 Z세대가 이 말을 쓰는 것은 실직을 대하는 태도 때문이다. 이들에게는 실업마저 유쾌한 놀이다. 틱톡에는 재미나고 유쾌한 영상이 많다. 짧은 영상으로 진지하고 무거운 내용을 담아내기는 힘들며, 또 그래봤자 아무도 안 본다. 실업자라는 의미의 #unemployed가 붙은 쇼츠의 총 조회 수는 무려 8억 1250만 회, 실직이란 의미의 #unemployment가 붙은 것은 4억 7390만 회다. 이런 해시태그를 붙이며 앞에다 #fun #funny를 붙이기도 한다. #funemployment라고 하지 않았어도 이런 쇼츠는 실업자면서 유쾌하고 재미있게 일상을 보내는 내용이다. 대퇴사라는 의미인 #greatresignation은 2억 7500만 회, 조용한 사직이라는 의미인 #quietquitting도 8억 2000만 회다. 틱톡에서 실직, 실업자, 퇴사 등은 결코 무겁지 않다. 같은 시점 인스타그램에서 #funemployment가 붙은 게시물은 무려 20만 개, #funemployed는 11만 개, #unemployment는 36만 개, #unemployed는 38만 개다. 확실히 틱톡과 인스타그램에서 우리는 실업에 위축되지 않는다. 자신이 드러내고 싶은 것을 선택해서 드러내는 것이 소셜 네트워크다. 일상의 편집이되, 다큐가 아닌 예능일 때가 많다. 만약 과거에 대량 실업을 겪은 기성세대였다면 자신의 실직을 남들에게 대놓고 떠들지 않고 최대한 숨겼을 것이다. 조용히 낚시나 등산을 하며 자신의 처지를 달랬을 수는 있어도, 실업을 긍정적으로 혹은 유쾌하게 대하지는 못했을 것이다. 확실히 Z세대 직장인의 노동관, 직장관, 실업관은 이전 세대와 다르다.

Z세대에게 실업은 두려움이 아닌 자기계발 기회다. Z세대는 디지털 네이티브로서 어릴 때부터 자연스럽게 스마트폰을 쓰고, 소셜 네트워크에서 사람들과 어울렸다. 글로벌 경계는 더 없어져 소셜 네트워크에서 만난 외국인들과 자연스럽게 친구가 된다. 다양한 경험을 추구하는 세대면서 글로벌 경험치도 상대적으로 높다. 기성세대는 하고 싶은 것이 별로 없었다. 하고 싶은 것이 많아지려면 경험이 많아야 한다. 기성세대는 지금처럼 해외로 나가는 경험이든, 외국의 친구들과 어울리는 경험이든, 새로운 기술과 문화를 언제든 접할 수 있는 경험이 적었던 시대를 살았다. 그때는 하고 싶은 것이 있어도 제대로 할 기회나 여유가 많지 않았다. 경험에는 돈이 든다. 기성세대여도 부자라면 경험의 기회가 많고 다양한 취향을 갖기 쉬웠다. 하지만 보통 사람들은 그러지 못했다. Z세대는 경험이 기회가 된다고 여기는 세대다. 다양한 경험을 쉽게 할 수 있는 시대에 살면서 경험을 통해 경력과 실력을 쌓아왔기 때문이다. 그래서 실업 상태여도 새로운 경험을 하면서 기회를 만들 수 있다고 생각하며 펀임플로이먼트를 하는 것이다. 실직 상태를 부정적으로 여겨 최대한 빨리 새 일자리를 구하려다가 오히려 좋지 않은 일자리를 구할 수 있다. 오히려 여행을 가고, 새로운 취미를 배우고, 친구들이나 연인과 시간을 보내면 몸과 마음의 재충전뿐 아니라 창의력까지 생길 수 있다고 여긴다. 펀임플로이먼트는 전화위복의 계기일 수 있는

것이다.

　사실 펀임플로이먼트라는 말이 생기기 전부터 이와 비슷한 개념의 말이 있었다. 갭이어gap year 혹은 안식년이다. 갭이어는 학업이나 일을 잠시 멈추고 여행, 교육, 봉사 등 새로운 경험을 하면서 인생의 방향을 재설정하거나 적성과 흥미를 찾아보는 시간을 말한다. 7년 중 1년을 쉰다는 의미의 안식년은 종교적 전통에서 시작되어 현대에 와서는 교수들에게는 연구년이란 이름으로, 일부 직장에서는 장기 근무자에게 안식년 혹은 안식월이란 이름으로 주는 장기 휴가를 가리키는 말이 되었다. 갭이어와 안식년은 오랫동안 일을 잘한 사람이 누리는 특권이다. 펀임플로이먼트, 갭이어, 안식년 모두 여행하고 취미 배우고 자기 개발을 하는 점에서는 동일하다. 단 지금 2030세대의 펀임플로이먼트는 실업 상태에서 하는 것이라는 점에서 차이가 난다. 확실히 이 세대는 휴식, 여가, 휴가를 대하는 태도도 다르고, 실업을 대하는 태도도 다르다.

당신도 올해 펀임플로이드가 될 수 있다

▼

경기 침체기이면서 산업 구조의 변화와 그에 따른 일자리 구조 변화가 활발한 시기다. 즉 실업자가 될 가능성이 더 높아졌다는 이야기다. 글로벌 대기업도 미래가 보장되지 않을 시대, 얼마든지 새로운 스타트업이 순식간에 시장의 판도를 바꿀 수 있는 시대를 우리는 살아간다. 기업이 망해서든 구조 조정을 해서든 실업은 늘어난다. 물론 새로운 기회역시 활발하다. 중요한 것은 일시적이든 좀 더 길어지든 실업 상태를 겪을 이들이 많다는 점이다. 이런 기간을 활용해 자기계발을 하고 긍정적인 기회를 도모하는 것은 합리적이다. 설령 전화위복을 이루지 못할지라도 좌절하고 실의에 빠져 있는 것보다는 즐겁게 보내는 편이 낫다.

편임플로이먼트를 하는 이들 중에는 태도가 진짜 긍정적인 것이 아니라 그렇게 보이려고 척하는 이들도 있다. 이미 인스타그램이나 틱톡에서 실제 모습보다 더 멋지고 좋게 자신을 포장해왔다. 속마음으로는 실업이 힘들고 두려운데 아닌 척 자기 최면을 거는 것일 수도 있다. 하지만 그 또한 어쩔 수 없다. 각자의 방식대로 행복하기 위해서 최선을 다하는 것을 두고 옳고 그름을 따질 수는 없는 노릇이다. 지금 시대는 Z세대뿐 아니라 X세대나 베이비붐세대마저 적당한 가식과 위선, 자기 합리화 등을 소셜 네트워크에서 드러내는 것이 이미 보편적이다. 우리는 팍팍한 현실 속에서 위안을 구하고 즐겁게 버틸 방법을 늘 찾고 있다. 그런 점에서 편임플로이먼트는 특정 세대가 아닌 모든 사람에게 확산할 수 있다.

유연 근무나 원격 근무의 확산도 편임플로이먼트를 확대시키는 배경이 될 수 있다. 유연 근무와 원격 근무 모두 생산성 향상을 위해 일하는 방식에서 일어난 변화다. 이를 통해 구성원의 자기 주도권과 선택권이 강화되고, 조직의 수평화가 진전될 수 있다. 대신에 전통적 조직 문화의 동료와 조직에 대한 '끈끈함'은 약화될 수 있다. 모두가 같은 시간 같은 공간에서 장시간 함께 일하면서 끈끈한 동료 의식을 쌓아왔던 과거와는 다를 수밖에 없다. 조직 내에서 빚어지는 이른바 세대 갈등 현상은 대개 과거에 일하던 방식과 조직 문화가 가진 끈끈함과 위계질서가 오늘날에는 더 이상 유효하지 않아서 생긴 입장차 때문이다. 그래서 갈등을 해소하고자 서로 소통하고 화합하는 환경을 만드는 기업들이 있는데 대부분 실패한다. 갈등의 근본 원인이 서로 세대가 달라서가 아니라 과거 산업과 사회 기준에 맞게 만들어놓은 일하는 방식과 조직 문화가 현재 산업과 사회 기준에 맞지 않는 데 있기 때문이다. 결국 일하는 방식과 조직 문화를 효율적이고 합리적으로 개선하는 것이 세대 갈등을 해소하는 궁극적인 방법이다.

이 문제의 해결을 미룰수록 '조용한 사직'과 '요란한 사직' 현상도 지속될 수밖에 없다. 조용한 사직은 잘하려는 의지 없이 소극적으로 일하는 것이다. 직장에서 마음은 떠났지만 월급은 받아야 하기에 안 잘릴 정도로만 일한다. 기회만 있으면 언제든 퇴사하고 다른 곳으로 가려는 것이다. 요란한 사직은 잘하려는 의지 없고 소극적으로 일하는 것은 같으나 조용히 있는 듯 없는 듯하는 것이 아니라 회사에 대한 불만을 퍼뜨리고 회사를 비난하는 행동도 한다. 조용한 사직이든 요란한 사직이든 기회가 생기면 직장을 떠나려는 것은 마찬가지다. 기회가 없다면 계속 그렇게 일하며 조직 분위기를 해치고 월급만 축낼 수 있다. 사실 다른 곳으로 옮길 기회가 많은 능력 있는 직원이라면 굳이 조용한 사직이나 요란한 사직을 할 이유가 없다. 이런 직원은 평판도 신경 써야 하기에 있는 동안 최선을 다해 성과를 낸다. 어떤 조직에서 조용한 사직과 요란한 사직을 하는 이들이 많다면 그 조직의 인사 제도와 업무 평가 방식에 문제가 있다는 뜻이다.

조용한 사직이란 말이 최근에 나온 것은 사실이지만 엄밀히 따져보면 갑자기 나타난 현상은 아니다. 아주 오래전부터 있었다. 과거에는 이것을 근무 태만, 월급 루팡이라고 불렀을 뿐이다. 기업 입장에서는 가장 나쁜 직원 유형이다. 생산성 낮은 직원이 일을 부실하게 하고 조직 분위기를 해친다면 이보다 더한 악재가 어디 있겠는가.

긱gig 고용, 플랫폼 노동이 늘어나면서 오늘 일하는 곳과 내일 일하는 곳이 다를 수도 있고, 내가 하고 싶을 때 일하다가 하기 싫을 때는 안 해도 되는 상황을 맞는다. 가령 배달의민족이나 쿠팡 배달하는 사람이 일을 며칠 쉰다고 일자리가 사라지는 것은 아니다. 돈을 적게 벌 뿐 다시 일하고자 하면 바로 일자리가 주어진다. 정규직만 일자리라고 생각하던 기성세대에게 긱 고용, 플랫폼 노동은 불안정해 보일 수 있다. 그러나 Z세대에게는 자신이 일하고 싶을 때 일하고 하기 싫을 때 안 할 수 있는 선택권이자 시간 주도권을 가진다는 점에서 장점으로 여기기도 한다. 그들에게 직장은 일해서 돈 버는 곳일 뿐, 직장 동료와 관계를 쌓는 곳은 아니다. 일자리를 구해 열심히 일하는 것은 미덕이고, 일자리를 잃고 빈둥거리며 노는 것은 악덕이라고 보는 건 기성세대의 가치관이자 노동관이다. 그들에게는 확실히 일이 우선이었다. 일을 통해 돈을 벌고, 자아 성취를 하고, 사람들과 어울리며 살아왔다. 하지만 펀임플로이먼트를 진정으로 받아들이는 사람이라면 긱 고용과 플랫폼 노동은 물론이고 자발적 프리터Freeter조차 얼마든지 받아들일 수 있다.

자발적 프리터, 왜 스스로 알바 인생을 선택할까?

▼

1980년대 후반 일본에서 나온 신조어인 Freeter는 free와 arbeit를 합성해 만든 말로, 단기 고용(아르바이트)만으로 생계를 이어간다는 뜻이다. 취업에 실패에서 어쩔 수 없이 아르바이트만 하는 것도 프리터지만, 조직 생활에 얽매이지 않고 최소한의 생계 활동만 하며 취미나 문화생활을 즐기는 것도 프리터다. 후자 중에는 정규직 일자리를 가질 기회가 있어도 스스로 프리터의 삶을 택해 살아가는 경우도 있다. 어쩌면 아르바이트만으로 살아가는 데 지장이 없는 시대라는 의미이기도 하고, 정규직 노동에 대한 당위를 버린 청년 세대가 많아진 시대라는 의미도 된다. 프리터는 경기가 좋든 안 좋든 나온다. 경기가 안 좋으면 비자발적 프리터가, 경기가 좋으면 자발적 프리터가 늘어날 가능성이 크기 때문이다. 긴 불황을 겪은 일본은 여전히 프리터가 많다. 한국도 프리터가 많다. 이들은 아르바이트로 당장 생계는 해결하겠지만 미래에 대한 계획을 세우는 데 한계가 있고, 돈이나 건강 등의 변수가 발생하면 대응이 어렵다. 결국 취약 계층이 될 수 있고, 경기 침체 상황에서는 더 큰 타격을 받는다.

한국에는 자발적 프리터보다 비자발적 프리터가 훨씬 많다. 취업이 안 되니 어쩔 수 없이 아르바이트하는 것이다. 그리고 프리터 하면 2030세대만 떠올리기 쉬운데 4050세대 프리터도 갈수록 늘어나고 있다. 2030세대 프리터가 취업이 안 된 채 시간이 지나면 4050세대 프리터가 되는 것이다. 내 집은 물론이고 결혼, 출산은 꿈조차 꿀 수 없다. 능력이 있는데도 아르바이트만 하면서 자기 시간을 충분히 활용하고 취미와 여가를 누리겠다는 자발적 프리터는 소수다. 취업하기 전까지 임시로 생계 유지를 위해 프리터로 사는 이들이 가장 많고, 그다음은 취업을 완전 포기하고 프리터의 삶을 어쩔 수 없이 받아들인 이들일 것이다.

니트NEET, Not in Education, Employment or Trading는 1999년 토니 블레어

총리가 집권할 당시 영국 정부의 보고서에서 처음 등장한 말이다. 취업을 위한 교육을 받지 않는, 일하지 않고 일할 의지도 없는 청년 무직자, 한마디로 취업할 생각 없는 청년 백수다. OECD는 직장이 없는 15~29세를 니트로 보는데 국가별로 나이 기준은 조금 다르다. 일본은 15~34세로 본다. 일본에서는 1990년대 버블 붕괴 이후 니트가 급증하기 시작해 최근까지도 계속 늘어났다. 그리고 1990~2000년대 니트가 나이를 먹어 이제 중년 니트가 된 경우도 많다. 일본에서 이런 니트와 연결되는 것이 집 안에 고립되어 있는 은둔형 외톨이 히키코모리다. 그리고 성인이 되어서도 부모에게 얹혀사는 캥거루족도 여기에 연결된다. 사실 우리가 일본 걱정할 때가 아니다. OECD가 2021년 발표한 자료에 따르면, 한국의 니트는 15~29세 인구 중 20.9퍼센트였다. 숫자로는 163만 9000명이다. 청년 5명 중 1명은 일할 생각도 준비도 없는 상태다. 미국 13.4퍼센트, 영국 12.4퍼센트, 프랑스 15.0퍼센트, 핀란드 10.8퍼센트, 스웨덴 7.6퍼센트 등이니 한국은 주요 선진국에 비해 니트 비율이 높다. 한국경제연구원이 한국노동패널 자료를 통해 분석한 니트 비율을 보면 2010년 16~17퍼센트에서 계속 증가해 2019년 22.3퍼센트였다. 특히 니트 중 남성은 2010년 17.1퍼센트에서 2019년 25.9퍼센트로 크게 증가했고, 여성은 17.1퍼센트에서 18.2퍼센트로 조금 늘었다. 한국의 니트 비율은 이후로 더 증가했을 것이므로 이제 청년 4명 중 1명은 니트라고 봐도 된다.

원하는 임금 수준도 높아진 데다 워라밸이 보장되고 직원 복지가 좋은 양질의 일자리에만 몰리면서 취업하지 못하는 이들이 많다. 시간이 걸리더라도 양질의 일자리에만 관심을 두다보니 취업 재수, 삼수가 많아지고 니트가 늘어난다. 거기다 이런 일자리는 경쟁률이 높아 합격이 쉽지 않으니 그냥 취업 자체를 포기하게 되기도 한다. 다들 경력자만 원하니 신입이 내세울 것이라고는 학교나 학원 학력, 단기 경험뿐이다. 그걸 스펙처럼 내세워본들 실무에서 써먹을 정도로 검증된 수준이 아니다. 결국 신입으로 들어갈 기회는 계속 줄어든다. 양질의 일자리 문은 좁은데 다들 거기만 매달리니 방법이 없다. 이런 니트가 시간이 지나면서 취업의 기회가 더 줄어들어 경제 활동을 전혀 하지 않는 사회적 잉여 존재로 굳어지면 결국 사회적 부담이 된다.

니트보다는 프리터가 백번 낫다. 니트를 프리터로 전환하는 정책과 지원이 필요하다. 누구나 정규직을 가질 수 있는 시대가 아니다. 프리터는 다른 말로 하면 긱 고용, 플랫폼 노동 인력이다. 과거에는 안쓰럽게만 봤으나 공유 경제나 플랫폼 경제가 중요해진 지금 시대에는 좋고 나쁘고의 문제가 아닌 하나의 노동 형태일 뿐이다. 특히 조금 일하고 적당히 살겠다는 태도로 자발적 프리터를 선택하는 것도 합리적일 수 있다. 지금은 프리터라는 말의 어감이나 의미가 30여 년 전 처음 만들어진 때와 확연히 다르다.

프리터든 정규직이든 삶에서 직장은 '적정 비중'이기를 원한다

▼

통계청에 따르면 2023년 5월 기준 15~29세 청년 취업자는 400만 5000명이다. 이 중 주 36시간 미만 취업자가 100만 3000명인데 여기서 재학생과 휴학생을 빼면 48만 9000명이다. 즉 48만 9000명의 청년은 학생 신분이 아니라 학업을 마친(졸업, 중퇴, 수료) 상태로 주 36시간 미만의 아르바이트나 파트타임, 프리랜서로 일한다. 당연히 적은 임금 등 양질의 일자리는 아니다. 과거에는 이런 경우의 청년 취업자를 정규직 취업 전까지 임시직으로 일하는 것이라고 추정했다. 그런데 놀랍게도 주 36시간 미만 근무 청년 48만 9000명 중 74.8퍼센트(36만 6000명)가 "계속 그대로 일하고 싶다"라고 답했다. "더 많이 일할 수 있는 일자리로 바꾸고 싶다"라는 답은 12.1퍼센트(5만 9000명)에 불과했다. 이렇다면 임시로 일한다고 보기 어렵다. 이들은 프리터로 보인다. 프리터 중에서 36시간 이상 일하는 이들도 상당할 것이니 실제 청년 취업자 중 프리터는 훨씬 많을 것이다. 짧은 근무시간 동안 힘들지 않게 일하며 여유 있게 지내겠다는 프리터도 있을 것이고, 좀 더 긴 시간 동안 힘들게 일하고 돈을 더 벌어서 쉴 때는 그 돈으로 하고 싶은 것을 하다가 돈 떨어지면 다시 일하겠다는 프리터도 있을 것이다. 프리터뿐 아니라 정규직에서도 이런 경향이 이어질 수 있다. 그 증거 중 하나가 펀임플로이먼트다. 기성세대는 자신의 첫 직장을 숙명처럼 받아들여 평생 직장으로 여겼다면, Z세대에게 첫 직장은 그냥 첫 번째 직장일 뿐이다. 평생 거쳐 갈 수많은 곳 중 하나일 따름이다.

이제 구직자는 임금 조건만으로 취업을 결정하지 않는다. 돈도 중요하지만 일하는 방식과 조직 문화의 효율성, 합리성도 중요하다. 이유는 성장하기 위해서다. 일하기 좋은 곳에서 자신의 능력을 발휘하며 일하고 싶은 것이다. 워라밸은 놀고 싶다는 욕망이 만들어낸 것이 아니다. 스스로가 근무시간을 컨트롤할 수 있고, 자신의 삶에서 직장과 직업이 절대 비중이 아닌 적정 비중이기를 바라는 욕망에서 만들어진 것이다. 욜로가 미래 없이 마구 놀고 마구 살려는 것이 아니라 자기 삶의 주도권을 가지고 살아가고 싶은 욕망인 것과도 맥락이 같다. 지금 2030세대는 경제 활동 인구에서 절반 정도를 차지한다. 주요 대기업 중 2030세대 직원 비중이 3분의 2인 곳이 많고, 공기업에서도 대부분 2분의 1은 넘어섰다. 이들은 퇴사를 졸업으로 바라본다. 진학하고 졸업하면서 성장하는 곳이 학교이듯이, 직장을 입사하고 퇴사하면서 성장하는 곳이라 여긴다. 지금 직장에서 성장하지 못하면 자신이 성장할 수 있는 곳으로 옮기려 하고, 성장할 만큼 성장했다 싶으면 더 성장할 수 있는 곳으로 옮기려 한다. 이것은 끈기가 없어서가 아니라 평생직장이 사라진 시대의 보편적 태도다.

직장인 소셜 플랫폼 블라인드에서 2022년 5~12월 직장인 5만 7319명을 대상으로 조사한 '블라인드 지수 2022'에 따르면, 최근 1년 내 이직을 시도한 직장인은 51퍼센트였다. 사원급 55퍼센트, 대리급 54퍼센트, 과장급 48퍼센트였고, 심지어 신입 사원도 49퍼센트였다. 이직을 생각만이 아니라 행동으로 옮겨 시도까지 해본 직장인이 절반을 넘는다. KMAC(한국능률협회컨설팅)에서 2022년 12월 국내 상장 기업 재직자 중 경력 3년 이내 사원급 신입 사원 1000명을 대상으로 조사한《전지적 신입 시점》보고서에 따르면 이직이나 퇴사를 고려해봤다는 응답자가 83퍼센트였다. 중소기업도 아니고 상장사에 취업한 사원들이 이직과 퇴사에 대한 욕구가 아주 컸다는 것은 그만큼 현재 주요 기업의 조직 문화나 일하는 방식, 평가와 보상 체계에 아쉬움을 가진 이들이 많다는 의미다. 이는 또한 확실히 평생직장이 사라진 시대임을 실감하게 한다. 평생직장이 존재하던 시대에는 한 직장에서 오래 일하면 성실성, 책임감 등이 높다고 평가하고 잦은 이직은 부정적으로 보았다.

하지만 이제 시대가 바뀌어 잦은 이직이 보편화되는 시대를 맞았다.

직장을 옮기면서 연봉과 직급을 올리고 빠르게 성장한다. 물론 개인적으로는 이런 점이 유리하나 일부 기업에서는 잦은 이직자를 리더급으로 받아들이기를 꺼리는 경향도 있다. 리더급은 책임감이 중요한 자리이므로 개인의 이익을 위해 자주 옮겨다니는 것은 부정적일 수 있다. 사실 입장에 따라 이직을 자주 하는 것에 대한 상반된 시각이 존재한다. 한쪽에는 이직이 잦은 것은 그만큼 수요가 있고 선택을 받아왔다는 차원에서 개인의 능력 입증으로 볼 수 있기에, 자주 이직한 지원자에 대해 전혀 불이익을 주지 않겠다는 입장이 있다. 잦은 이직이라는 리스크 때문에 유능한 직원을 놓치는 것이 더 아깝기 때문이다. 다른 한쪽에는 자주 이직한 지원자는 언제 나갈지 모르는 불확실성이 있다는 점, 갑자기 퇴사해 남은 사람의 업무를 가중시킬 수 있기에 책임감과 배려가 부족하다는 점을 들어 리스크 관리 차원에서 불이익을 주어야 한다는 입장이 있다. 일부 기업에서는 경력자이면서 한 직장에서 3~5년 정도의 근속 기록이 없으면 1차 서류에서 탈락시키며, 헤드헌터를 통해 채용할 때 이직 횟수 기준을 정해둔 기업도 있다. 분명한 것은 과거에는 후자 입장이 주류였으나, 이제 전자 입장도 꽤 확산되었다는 사실이다. 2가지 시선이 공존하는 시대가 되었다.

심지어 평생직장이 여전히 유효한 공무원마저 이직에 대한 관심이 높다. 한국행정연구원의 《2022 공직생활실태조사》에 따르면, 공무원 6000명 대상 설문 조사에서 '나는 기회가 되면 이직할 의향이 있다'에 '그렇다'고 답한 비율이 정부 부처 및 광역자치단체 공무원은 45.2퍼센트, 기초단체 공무원은 46.8퍼센트였다.

행정안전부와 인사혁신처에 따르면 국가 공무원 중 재직 기간 5년 미만 퇴직자가 2021년 1만 693명으로 처음으로 1만 명 선을 돌파했다. 2017년 5181명이었으니 4년 새 2배 증가했다. 2021년 5년 미만 퇴직자 중 2030세대가 80퍼센트였다. 2022년 서울시와 서울 시내 25개 구에서 사표를 낸 임용 5년 차 이하 공무원은 281명으로 2019년 157명에 비해 3년 만에 2배 증가했다. 5년 차 이하 공무원의 퇴직률은 2013년 3.4퍼센트에서 2022년 8.6퍼센트로 크게 올랐다. 9급 국가 공무원 경쟁률은 2011년 94.3 대 1에서 2023년 22.8 대 1로 4분의 1이 되었다. 7급 국가 공무원 경쟁률은 2011년 122.7 대 1에서 2022년 42.7 대 1로 3분의 1이 되었다. 서울시 시청, 구청 9급 공무원 시험 경쟁률은 2013년 84 대 1에서 2022년 12 대 1로 7분의 1이 되었다.

공무원의 퇴사가 늘어나고 공무원 시험 경쟁률이 낮아진다는 것은 어떤 의미일까? 공무원이라는 일자리가 지금 2030세대에게 매력도가 크게 떨어졌다는 의미다. 경직된 위계 구조와 구시대적 조직 문화에다 성과에 따른 보상 체계도 미흡하고 미래 비전이 부족한 것은 과거나 지금이나 마찬가지다. 과거에는 정년 보장이 다른 아쉬움을 상쇄시켰다면 지금은 정년 보장이 동기부여가 되지 않는다. 기회만 되면 이직하려는 이들이 많다는 것은 조용한 사직 상태인 사람들이 많다는 것으로 해석할 수 있다. 이는 공무원 사회가 풀어야 할 당면 과제다. 아니 공무원 사회뿐 아니라 한국의 모든 기업이 풀어야 할 과제다. 이 문제를 해결하지 못하면 잦은 퇴사와 이직을 계속 겪을 것이고, 이는 고스란히 생산성 하락으로 이어진다

10장

취하기 싫다면서 취하려는 사람들

종잡을 수 없는 위험한 20대

Life_Trend_2024

#소버 라이프 #알코올 프리 #음주율 #흡연율 #주류 소비량 #회식 문화 #대마 #마약 #향정신성의약품 #마약 사범 #대마초 합법화 #과시

LIFE TREND 2024

우린 지금 역사상 가장 술과 멀리하는 20대를 만나고 있다. 아니 술과 담배를 가장 멀리하는 1020세대를 만나고 있다. 이들을 사회적 관점으로 볼 것이냐, 비즈니스의 관점으로 볼 것이냐에 따라 대응은 달라질 수 있다.

소버 라이프sober life? 취하고 싶지 않은 것이 아니라 그냥 술이 시시해진 것뿐이다. 이를 오해하면 안 된다. 술, 담배를 멀리한다고 퓨어한 세상이 되는 것은 아니다. 오히려 더 위험해질 수도 있다. 우린 지금 역사상 가장 술과 멀리하는 20대를 만나고 있다. 아니 술과 담배를 가장 멀리하는 1020세대를 만나고 있다. 이들을 사회적 관점으로 볼 것이냐, 비즈니스의 관점으로 볼 것이냐에 따라 대응은 달라질 수 있다. 트렌드는 옳고 그름의 문제가 아니다. 그냥 있는 그대로, 변화 그 자체를 인정하고 받아들이면 길이 보일 수 있다.

Z세대의 소버 라이프와 알코올 프리

▼

Z세대가 주류인 틱톡에서 술이 깬, 맨정신의 상태를 뜻하는 #soberlife의 총 조회 수(2023. 6. 23. 기준)는 18억 회, #sobercurious는 5억 8000만 회, #AlcoholFree는 18억 회, 무알코올이나 저알코올 칵테일을 뜻하는

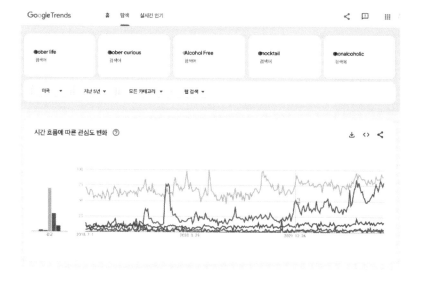

#mocktail은 11억 회, #nonalcoholic은 2억 7500만 회다. 술 안 마시거나 무알코올을 드러내는 콘텐츠가 많다는 것을 알 수 있다. 구글 트렌드에서 최근 5년간 sober life와 Alcohol Free 등의 키워드에 대한 관심도 추이를 살펴봐도 확실히 증가세에 있음을 볼 수 있다. 이것은 미국만의 이야기가 아니라 전 세계적인 흐름이다.

Z세대에게 음주와 흡연은 더 이상 멋져 보이는 이미지가 아니다. 음주와 흡연에 대한 환상이나 미화를 부추긴 것은 기성세대 문화다. Z세대는 '취하기 위해'서가 아니라 '즐기기 위해' 술을 마신다. 이럴 경우 양이 아니라 질을 따질 수밖에 없다. 싼 술을 많이 마시고 빨리 취하는 것을 중요하게 여긴 술 문화는 X세대 때까지다. 사실 X세대가 20대였을 때도 당시 기성세대의 이런 술 문화에 반기를 들듯 소주 대신 맥주와 칵테일을 일부 즐겼다. 그러나 결국 나이가 들면서 소주와 소맥

문화를 이어갔다. 이런 X세대의 자녀가 바로 Z세대다. 아예 술을 안 마시거나 무알코올 맥주를 적극 받아들이는 세대다. 술을 마셔도 싼 소주보다는 위스키, 와인, 칵테일, 프리미엄 소주 등에 대한 관심이 크다. 마구 마시거나 취해서 쓰러질 생각이 없으니 다소 비싸더라도 좀 더 좋은 술을 찾는다. 술을 취향과 문화의 대상으로 바라보는 이들 또한 늘어간다. 이는 올드 머니의 술 문화와도 가깝다. 전통적으로 비싸고 귀한 위스키와 와인을 가장 탐닉했던 것이 부유층이었는데, Z세대가 향후 이를 이어받을 가능성이 크다. 주류 업계가 주목할 지점이다.

국내 주류 출고량은 지속적 감소세다. 그런데 출고량이 줄어도 술값은 계속 오르고 있어서 주류 기업의 매출은 떨어지지 않는다. 하지만 계속 그럴 수 있을까? 아직은 4050세대가 주축 소비자로 든든히 버티고 있다. 주류 회사들은 30대도 열심히 공략하고 있다. 하지만 주류 기업의 비즈니스가 지속가능하려면 20대를 공략해야만 한다. 지금의

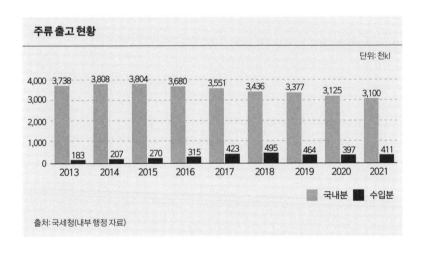

20대, 그리고 향후의 20대가 양보다 질을 원하고 만취를 원하지 않는 것은 보는 시각에 따라서는 위기다. 그러나 달리 해석하면 고급 술 시장에 새로운 기회가 열릴 수 있다. 어차피 욕망의 문제다. 소주를 즐기고 만취를 즐겼던 405060세대의 욕망과는 다르지만, 20대에게도 술에 대한 욕망은 존재한다.

왜 청소년에게 음주와 흡연이 점점 시시해지고 있을까?

▼

지금 청소년은 Z세대다. 그리고 10년 전 청소년도 Z세대다. 그때 청소년이 이미 20대 중반을 넘어섰다. Z세대가 청소년 음주 통계에 잡히기 시작한 것은 2010년대 즈음으로, 확실히 술을 경험하는 비율이 그때부터 크게 줄어들었다. 청소년이 구할 수 있는 술은 싼 것일 수밖에 없고, 소주나 맥주로는 친구들에게 '멋진 경험'이라는 과시가 전혀 안 된다. 오히려 '시시한 행동'처럼 보인다. 현재의 중고등학생은 Z세대(1997~2012년생, 2024년 기준 12~27세) 중에서도 후기(2004~2012년생)에 속한다. 이들의 음주율, 흡연율의 감소는 결국 이들이 대학생이 되고 20대가 되어서도 영향을 미친다. Z세대 전기(1997~2003년생)인 대학생과 사회 초년생도 중고등학생 때 지속적으로 음주율, 흡연율 하락세를 보인 당사자들이다. 사실 한국에서 청소년의 음주율, 흡연율 감소세는 밀레니얼세대(1982~1996년생) 중 후기(1990~1996년생)부터 본격화된 흐름이다. 이는 한국만의 상황이 아니다. 미국, 영국을 비롯한 주요 국가에서 청소년 음주율, 흡연율이 2000년대 이후 계속 감소세다. 부모 세대가 청소년이었을 때보다 음주와 흡연이 대폭 줄었다. 그러다보니

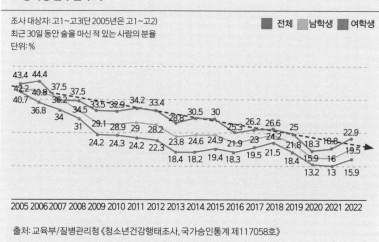

고등학생 음주율 추이

조사 대상자: 고1~고3(단 2005년은 고1~고2)
최근 30일 동안 술을 마신 적 있는 사람의 분율
단위: %

■ 전체 ■ 남학생 ■ 여학생

출처: 교육부/질병관리청《청소년건강행태조사, 국가승인통계 제117058호》

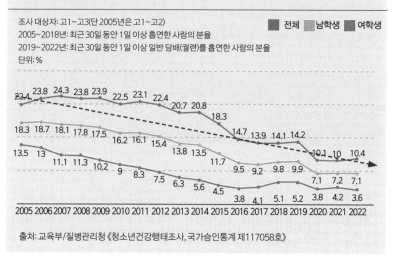

고등학생 흡연율 추이

조사 대상자: 고1~고3(단 2005년은 고1~고2)
2005~2018년: 최근 30일 동안 1일 이상 흡연한 사람의 분율
2019~2022년: 최근 30일 동안 1일 이상 일반 담배(궐련)를 흡연한 사람의 분율
단위: %

■ 전체 ■ 남학생 ■ 여학생

출처: 교육부/질병관리청《청소년건강행태조사, 국가승인통계 제117058호》

밀레니얼세대가 20대의 주류가 된 2010년대 이후로 글로벌 주류 소비량은 감소 경향을 이어오고 있고, 한국도 마찬가지다.

교육부/질병관리청의《2022 청소년건강행태조사》에 따르면, 청소년 음주율 추이(2005~2022년)는 지속적 하락세를 보이고 있다. 여기서 음주율은 최근 30일 동안 1잔 이상 술을 마신 적이 있는 사람의 비율이며, 중고등학생이 조사 대상이다.

전체 청소년의 음주율은 2005년 27퍼센트에서 2010년 21.1퍼센트, 2015년 16.7퍼센트, 2020년 10.7퍼센트, 2022년 13.0퍼센트로 17년 새 반 토막 났다. 이 중 고등학생 음주율은 더 중요한데, 2005년 42.2퍼센트에서 2022년 19.5퍼센트로 이 또한 반 토막 이상 났다. 2021년 18.8퍼센트에서 2022년 22.9퍼센트로 올라 급등세처럼 보이지만 2019년 25퍼센트에서 이어진 추세로 보면 하락 흐름이 맞다. 2020, 2021년은 팬데믹 효과로 음주율이 크게 떨어졌다. 비대면 수업이 늘면서 학교에 가지 않기도 했던 시기였으니 음주할 기회가 더 줄어서 생긴 일이다. 고등학생의 흡연율(최근 30일 동안 하루 이상 흡연한 사람의 비율)도 추이는 비슷하다. 지속적 하락세였는데 2020, 2021년은 급락세를 보였다. 2022년에도 일시 반등한 음주율과 달리 흡연율은 정체했다. 음주는 직접 어울리면서 더 증가할 요인이 있었던 반면 흡연은 그 효과가 미미했던 셈이다.

10대의 술과 담배를 대하는 태도와 욕망 변화에 직접 타격을 받는 주류 업계, 유흥 업계, 담배 업계 등이 이들을 공략할 다양한 방법을 모색하는 것은 당연하다. 관련 기업으로서는 이런 변화가 생존의 문제가 되기에 법 테두리 안에서 가능한 방법을 다 시도해볼 필요가 있다. 사실 우리가 간과하는 것 중 하나는 직접 연결된 업계 외에 간접적으로 연결된 업계가 받는 타격이다. 그중 대표적인 것이 대형 음악 페스티벌이다. 티켓값으로는 음악 페스티벌 주최 측이 수익을 거둘 수 없다. 티켓 판매금으로는 페스티벌 라인업에 들어가는 밴드와 뮤지션에게 주는 돈도 빠듯하다. 술과 음식, 굿즈 등을 판매해 수익을 내는데, 이 중 가장 핵심이 술이다. 술은 마진이 큰 데다 주류 기업을 스폰서로 끌어들이기도 좋다. 그런데 Z세대가 술을 덜 마시면서 대형 음악 페스티벌 개최가 점점 위태로워지는 것이다. 손해 보면서 페스티벌을 기획할 수도 없고, 티켓값을 큰 폭으로 올리는 데도 한계가 있다. 이는 도미노가 되어 가수들에게 영향을 주고, 음악 시장과 음악 비즈니스의 방향에도 영향을 줄 수 있다. 주류 회사들은 오래전부터 대학 축제에서 주요 스폰서였는데 점점 그 역할이 축소될 수도 있다.

지금의 20대는 직장 회식 문화에 회의적이고 소극적인데, 현재의 10대가 나중에 20대가 되어 직장에 들어가더라도 더하면 더했지 덜하지 않을 것이다. 이미 현재의 30대도 기성세대의 회식 문화에서 이탈하고 있으니, 현재의 4050세대가 직장에서 나가거나 존재감이 미미해지는 시점이 되면 회식 문화는 소멸할 수 있다. 회식에 소극적인 2030세대로 인해 4050세대도 회식에 점점 소극적이 되어간다. 회식 문화의 소멸은 회식하는 직장인을 중요 소비자로 삼고 있는 대형 술집이나 음식점이 타격을 받고, 직장 밀집 지역에서 번성했던 이들은 점점 쇠퇴해갈 수밖에 없다. 이미 팬데믹을 겪으며 큰 영향을 받았는데 팬데믹이 끝나가도 그 이전과 같은 상황으로는 절대 되돌아가지 못한다.

팬데믹과 무관하게 쇠퇴해가는 이런 상황은 2000년대 이후 청소년 음주율, 흡연율의 지속적 하락세의 결과이기도 하다. 담배 회사들은 모터스포츠에 주요 스폰서가 되어 막대한 재정적 후원을 하는데, 담배 회사의 사업성이 떨어질수록 모터스포츠에도 영향을 줄 수 있다. 술과 담배가 건강에 안 좋으니 음주율, 흡연율이 더 줄어야 한다고 쉽게 말할 수는 없다. 관련 기업들, 이와 연결되는 다양한 비즈니스에는 가혹한 일이 될 수 있고, 누군가의 일자리가 사라지는 일일 수도 있다. 분명한 것은 대세는 정해졌으니 대응만 남았다는 사실이다.

지금 마약 사범의 중심은 20대다

▼

대검찰청 마약 동향 자료에 따르면 2023년 1~4월 마약 사범 총 5587명 중 20대의 비율이 34퍼센트다. 이는 역대 가장 높은 비율이다. 2005년에 마약 사범 중 20대는 11퍼센트였다. 2005~2016년까지 20대는 8~13퍼센트 사이였다. 그러다가 2018년부터 급증하여 2019년에 21.9퍼센트로 처음 20퍼센트대를 넘더니 2021년에는 31.4퍼센트로 30퍼센트대를 넘었다. 2018년 대비 2023년, 즉 최근 5년 만에 마약 사범 중 20대의 비중이 2배나 늘어난 것이다.

2030세대로 범위를 넓히면 2023년 1~4월 기간에는 62퍼센트나 된다. 2013년에 2030세대는 35.9퍼센트였으니 10년 만에 거의 2배가 되었다. 2010년 이전까지는 3040세대가 70퍼센트에 육박했고, 2010년대 중반까지도 60퍼센트대였다. 2010년대 후반 들어 20대 마약 사범이 급증하면서 마약은 3040세대에서 2030세대로 중심이 옮겨 갔다.

대검찰청 마약 동향 자료에 따르면 마약 사범은 종류에 따라 크게 대마, 마약, 향정신성의약품으로 나뉘는데, 2022년에는 각각 20.7퍼

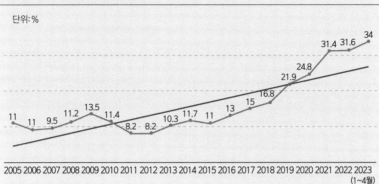

전체 마약 사범 중 20대의 비율

단위: %

11 11 9.5 11.2 13.5 11.4 8.2 8.2 10.3 11.7 11 13 15 16.8 21.9 24.8 31.4 31.6 34

2005 2006 2007 2008 2009 2010 2011 2012 2013 2014 2015 2016 2017 2018 2019 2020 2021 2022 2023
(1~4월)

출처: 대검찰청 마약 동향

센트, 13.9퍼센트, 65.4퍼센트였다. 2022년 전체 마약 사범 중 20대
는 31.6퍼센트, 30대는 25.6퍼센트였는데, 이 중 대마에서는 20대가
42.7퍼센트, 30대가 34.7퍼센트, 마약에서는 20대가 9.1퍼센트, 30대
가 4.8퍼센트, 60대 이상이 가장 높은 비율로 무려 60.8퍼센트를 차
지했다. 향정신성의약품에서는 20대 32.8퍼센트, 30대 27.1퍼센트였
다. 2022년 마약 사범 중 2030세대는 57.2퍼센트였는데, 대마에서는
77.4퍼센트, 향정신성의약품에서는 59.9퍼센트를 차지했다. 20대가
대마와 향정신성의약품에 대한 경각심이 상대적으로 낮고, 인터넷으
로 거래가 이루어지면서 빠르게 확산되고 있다.

　20대가 전체 마약 사범 중 비중이 높은 것도 문제지만 실제 20대
마약 사범 수 증가가 더 문제다. 2013년 대비 2022년, 즉 10년 만에
20대 마약 사범 수는 무려 575퍼센트 증가했다(향정신성의약품은 585퍼
센트, 대마는 520퍼센트 증가). 10년간 전체 마약 사범 수는 244퍼센트 증

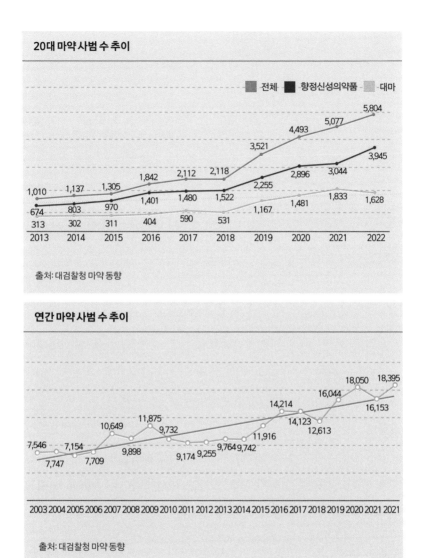

20대 마약 사범 수 추이

전체 ■ 향정신성의약품 대마

	2013	2014	2015	2016	2017	2018	2019	2020	2021	2022
전체	1,010	1,137	1,305	1,842	2,112	2,118	3,521	4,493	5,077	5,804
향정신성의약품	674	803	970	1,401	1,480	1,522	2,255	2,896	3,044	3,945
대마	313	302	311	404	590	531	1,167	1,481	1,833	1,628

출처: 대검찰청 마약 동향

연간 마약 사범 수 추이

2003	2004	2005	2006	2007	2008	2009	2010	2011	2012	2013	2014	2015	2016	2017	2018	2019	2020	2021
7,546	7,747	7,154	7,709	10,649	9,898	11,875	9,732	9,174	9,255	9,764	9,742	11,916	14,214	14,123	12,613	16,044	18,050	18,395 16,153

출처: 대검찰청 마약 동향

가했는데, 유독 20대가 그보다 2배 이상 더 가파른 증가세였기 때문이다. 확실히 지금 마약 사범 증가세의 주축은 20대이며, 검거되지 않은 이들도 예상보다 많을 수 있다.

　연간 검거된 마약 사범 수는 2003~2006년까지 7000명대를 이어오다가 2007년 1만 649명으로 1만 명대가 된 후 2007~2015년까지는 1만 명 내외를 유지했다. 2016년부터 1만 4000명대를 넘고 계속 증가하다가 2020년 1만 8000명대를 돌파했으며 증가 추세를 이어가고 있다. 10년 전보다 2배 정도 늘었는데 검거된 마약 사범 숫자일 뿐 실제는 더 광범위할 가능성이 크다. 이런 급증세 중심에 20대가 있다. 인터넷으로 은밀하고 쉽게 거래가 이뤄질 수 있기 때문이다. 힙합이 Z세대의 주류 문화라는 점도 여기에 다소나마 영향을 끼친다고 추정해볼 수도 있다. 그리고 과거에는 통계에 잡히지도 않았을 10대가 수년간 증가세를 보이더니 2023년 1~4월 기준으로 15~19세 마약 사범이 2.3퍼센트를 차지했다. 15세 미만도 0.2퍼센트이니 10대가 전체의 2.5퍼센트다. 향정신성의약품에서 10대의 비율은 전체의 2.9퍼센트다. Z세대가 음주율, 흡연율에서는 이전 세대보다 크게 낮으나 마약류에서는 위험 수준이다.

　Z세대 사이에서 술이나 담배는 과시할 만한 것이 아니지만 대마나 향정신성의약품은 과시 대상이 된다는 의미로도 해석된다. 실제로 소셜 네트워크나 인터넷에서는 대마나 향정신성의약품에 대한 은어가 활발히 사용되며, Z세대 중 유학이나 해외 경험이 있는 이들은 마약류에 대한 경각심이 크게 낮고 호기심은 상대적으로 높은 경향을 보인다.

미국의 1020세대가 한국의 Z세대에게 미칠 영향

▼

술, 담배 안 한다고 모범생으로 보거나 술, 담배 한다고 불량 학생으로 보는 것은 과거에는 맞았을지 모르지만 지금은 확실히 틀린 생각이다. 술, 담배가 시시해진 것일 뿐이어서 Z세대는 다른 자극적이고 과시적인 것을 찾는다. 미국 국립마약남용연구소NIDA에 따르면 2015년을 기점으로 미국 고교생 중 대마초(마리화나)를 피우는 비율이 담배를 피우는 비율을 역전했다. 이는 대학생도 마찬가지다. 미국 역사상 처음으로 1020세대가 담배보다 대마초에 더 노출된 것이다. 담배는 계속 감소세였고, 대마초는 합법화를 계기로 증가한 결과다. 담배 판매는 금지해야 한다면서 대마초는 합법으로 해야 한다는 것이 미국의 여론이다.

퓨 리서치 센터의 조사(2021)에 따르면 미국 응답자의 약 60퍼센트가 기호용과 의료용 대마초 모두 합법이어야 한다고 답했다. 대마초 합법화에 반대한 응답자는 8퍼센트에 불과했다. 반면 미국 질병통제예방센터CDC의 조사(2023) 결과에 따르면 미국 성인의 약 57퍼센트가 '모든 담배 제품 판매 금지 정책'을 지지하고 있다. 2012년 워싱턴주, 콜로라도주 등을 필두로 기호용 대마초가 합법화되기 시작했는데, 2023년 5월 현재 캘리포니아주, 콜로라도주, 뉴욕주 등 22개 주에서 대마초 소비는 합법이다. 의료용 대마초는 1996년 캘리포니아주를 필두로 37개 주가 합법화했다. 합법화하려는 흐름이 이어지고 있기에 향후 더 늘어날 것이다.

세금 수입 증대를 위해 대마초를 합법화한 주가 많다. CNBC는 대마초 산업 전문 매체 〈엠제이비즈 팩트북MJBiz Factbook〉을 인용해

2023년 미국의 대마초 시장이 336억 달러 정도라고 보도했다. 〈엠제이비즈 팩트북〉에 따르면 2024년 384억 달러, 2025년 443억 달러, 2026년 497억 달러로 가파른 성장세를 이어갈 것으로 전망하고 있다. 물론 미국은 한국과 다르다. 하지만 미국의 1020세대의 행동과 태도에 한국의 1020세대가 영향받을 여지는 충분하다. 미국의 라이프 트렌드, 소비 트렌드는 전 세계에 영향을 주는데, 한국도 예외가 아니다.

참고로 캐나다는 정부 차원에서 대마를 합법화한 나라다. 또 기호용 대마초 소비에 대해 비범죄화하는 국가도 있다. 대표적인 곳이 네덜란드, 독일 등이다. 개인이 미량 소지할 경우 법으로는 불법이지만 검찰이 기소하지 않는다는 방침으로 사실상 범죄가 성립되지 않는 식이다. 아시아에서는 태국이 2022년 6월부터 대마를 전면 합법화했다. 마약류에서 대마(마리화나)를 제외하는 나라가 계속 생겨난다. 그렇다고 마약류에 대해 관대해지는 것은 아니다. 다른 마약류에 대한 처벌은 강화되기도 한다. 요컨대 이런 흐름이 한국 사회의 1020세대에게 어떤 영향을 줄지, 패션과 엔터테인먼트, 콘텐츠, 정신 건강, 취미와 레저 등 다양한 영역에서 어떤 소비 이슈와 연결될지 주목할 필요가 있다. 아울러 마약류가 어떤 사회적, 문화적, 정치적, 경제적 문제가 있을지에 대한 면밀한 검토와 대응이 필요하다.

11장

얼리 안티에이징과 안티에이징 테크

특정 계층이 아니라 모든 연령대가 타깃이 되는 시장

Life_Trend_2024

#얼리 안티에이징 #안티에이징 테크 #프리케어 #얼리 케어 #슬로 에이징 #헬스케어 #노화 방지 #불멸(영생) 서비스 #억만장자와 빅테크의 투자

20대부터 70대까지 안티에이징에 관심을 쏟는다. 이것은 우리의 자연스러운 욕망일까? 뷰티, 제약, 의료 업계가 부추긴 마케팅의 산물일까? 여기에 새롭게 등판한 안티에이징 테크는 우리의 욕망을 어디까지 끌어올릴까?

안티에이징을 좀 일찍 시작하는 것을 '얼리 안티에이징Early Anti-Aging' 이라고 한다. 사실 안티에이징은 노인이나 중장년만의 관심사가 아니다. 누구나 "어려 보인다" "동안이다"라는 말을 칭찬으로 여긴다. 심지어 중고등학생도 피부 관리에 신경 쓰는 시대이니, 20대가 안티에이징 하는 것이 무슨 낯선 일이겠는가? 20대는 20대대로, 40대는 40대대로, 70대는 70대대로 모두가 늙어가는 것에 대해 걱정하며 대비하고 있다. 이것은 우리의 자연스러운 욕망일까? 뷰티, 제약, 의료 업계가 부추긴 마케팅의 산물일까? 여기에 새롭게 등판한 안티에이징 테크Anti-Aging Tech는 우리의 욕망을 어디까지 끌어올릴까?

왜 20대가 안티에이징에 관심 갖는가?

▼

얼리 안티에이징의 주인공은 20대다. 비슷한 의미로 피부 노화를 미리 관리하기 시작한다는 프리케어pre-care라는 말도 쓴다. 이는 피부 관리를 넘어 각종 질병 예방과 관리를 사전에 하는 얼리 케어early care 신드롬으로 이어진다. 노화에 저항하는 안티에이징과 달리 노화를 받아들이되, 대신 천천히 건강하고 아름답게 늙어가겠다는 슬로 에이징Slow-Aging도 이제 2030세대가 새로운 주인공이다. 아직 늙기도 전인 2030세대가 무슨 슬로 에이징인가 하겠지만, 엄밀히 따져보면 성장이 멈춘 20대 초중반부터 노화가 시작된다는 연구 결과가 있긴 하다. 겉으로 티 나지 않아도 분명 피부는 노화가 시작되는 것이다. 물론 여전히 논쟁거리다. 노화를 질병으로 보느냐, 정상적인 과정으로 보느냐에 따라 대응 방식이 다를 수밖에 없는데, 전자로 봐야 비즈니스가 더 잘된다.

네이버 검색어 트렌드에서 2030세대에 한정 지어 얼리 안티에이

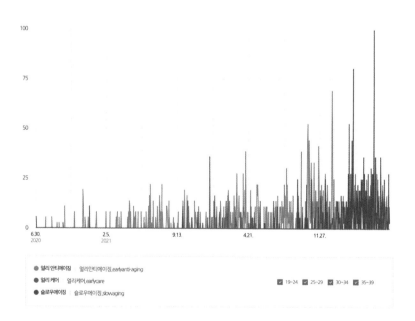

징, 얼리 케어, 슬로 에이징 3가지 키워드에 대한 검색량(관심도) 추이를 살펴보았다. 얼리 안티에이징에 대한 검색량은 2021년 들어 증가하더니 이후 증가세를 이어갔고, 얼리 케어에 대한 검색량은 2021년 하반기 이후 급증하기 시작해 증가세를 이어갔다. 슬로 에이징은 2022년 하반기부터 부상하더니 2023년을 장악해갔다.

중장년과 노년이 핵심 타깃이던 기존의 안티에이징과 달리 얼리 안티에이징, 얼리 케어, 슬로 에이징은 2030세대가 타깃이다. 안티에이징을 위해 일찍부터 관리해야 한다며 20대부터 공략했고 20대는 이를 받아들였다. 실제로 올리브영에서 안티에이징 제품 매출은 2022년에 2021년 대비 30퍼센트 정도 증가했고 2023년에도 증가세는 이어지고 있다. 올리브영은 2030세대가 중심인 곳이다. 멤버십 회원 1200만 명 (2022년 12월 기준) 중 60퍼센트 이상이 2030세대이고, 전체 구매액에서 2030세대가 차지하는 비중은 70퍼센트 이상이다. 특히 라이브커머스 '올영라이브' 시청자는 80퍼센트 이상이 2030세대다. 2022년 전체 올리브영 매출이 2조 7775원인데 이 중 모바일 앱으로 1조 원 이상을 팔았다. 올리브영은 전체 임직원 중 2030세대 비율이 90퍼센트를 넘는다. 뷰티 제품을 2030세대가 팔고 2030세대가 사는 곳인 셈이다. 이런 올리브영에서 안티에이징 제품 매출이 늘어간다는 것은 2030세대가 안티에이징 제품 소비를 확대해가고 있다는 의미다.

올리브영이 2023년 뷰티 트렌드 키워드로 꼽은 것도 '슬로 에이징'이었다. 2030세대의 기능성 화장품 시장에서 노화 대응을 주요 욕망으로 만들겠다는 의지 같기도 하다. 안티에이징이 중장년, 노년 대상 말이라면 2030세대에게는 슬로 에이징이란 말을 특화해 공략하겠다는 것이다. 안티에이징 상품과 서비스는 뷰티, 제약, 의료계가 주로 팔고 있는데 공교롭게도 이들 모두 슬로 에이징, 얼리 안티에이징, 프리케어란 말을 다 활용하고 있다. SNS를 통해 실시간 자신의 모습을 드러내고, 사진 보정 앱을 통해 실물보다 훨씬 매력적인 이미지를 만들어 내는 시대를 살아가기에 메이크업, 피부과, 성형외과도 더 적극적으로 받아들인다. 노화에 대한 두려움, 피부 관리에 대한 경각심이 커질 수밖에 없다.

구글 트렌드에서 검색어 Slow Aging, Well Aging의 지난 10년간(2013. 8~2023. 8) 관심도 추이를 살펴보면 둘 다 지속적 증가세를 보이고 있다. 좀 더 느리게 늙기를, 건강하게 잘 늘어가기를 바라는 것은 전 세계 사람들의 자연스러운 관심사다. 그런데 여기에다 anti aging을 추가해 관심도 추이(2004~2023)를 비교해봤더니 압도적으로 높게

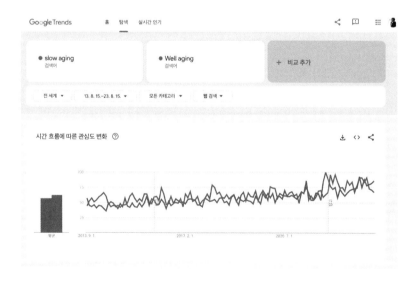

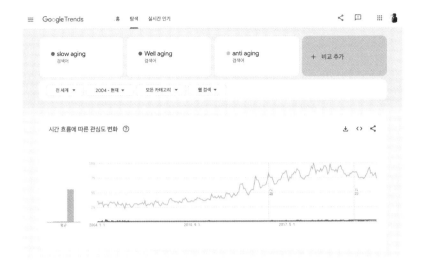

지속적으로 상승해왔음을 알 수 있었다. 확실히 우리는 노화가 걱정스럽다. 막을 수만 있다면, 멈출 수만 있다면 우리는 그렇게 하는 쪽을 선택할 것이다.

안티에이징 테크: 억만장자들과 빅테크의 투자 러시
▼

그런데 화장품 바른다고 안티에이징이 충분히 될까? 건강보조제를 먹고 피부과 시술을 받는다고 충분할까? 안티에이징 테크Anti-Aging Tech는 안티에이징의 새로운 주인공이다. 아니 단지 새롭다는 의미가 아니라 진짜 주인공이란 의미다. 인류의 문제를 풀어가는 것은 과학기술의 숙제다. 노화 방지, 세포 노화 방지, 신체 부위 재생, 연골 교정, 장기 생성, 치아 재생, 노화 관련 유전자 치료 및 질병 연구 등 생명 연장과 노화를 막는 불멸(영생) 서비스Immortality-as-a-service 분야에 빅테크와 벤처 캐피털 등의 투자가 확대되고 있다. 아마존 창업자 제프 베이조스가 투자한 알토스 랩스Altos Labs, 구글 창업자 레리 페이지와 세르게이 브린이 투자한 캘리코 랩스Calico Labs, 그리고 캠브리안 바이오파마Cambrian Biopharma, 로열Loyal 등은 노화를 늦추는 연구를 하는 스타트업이다. 노화를 늦추고 건강하게 오래 사는 기술을 연구하는 스타트업이 늘어나고 관련 투자가 증가하고 있다.

특히 억만장자들의 투자와 관심이 크다. 글로벌 인력 정보 업체 알트라타에 따르면 전 세계 억만장자의 평균 연령은 67세이고, 70세 이상이 42퍼센트나 된다. 자신의 재산을 좀 더 오래 누리고 싶은 욕망이 생기지 않겠는가? 안티에이징 테크에 돈을 쏟아부어서라도 오래 살고 싶어하는 이들이다. 안티에이징 테크가 원하는 성과를 내면 자신의 수명 연장과 건강은 물론이고 막대한 수익까지 보장받는 사업이므로 일석이조다. 이러니 억만장자와 빅테크가 안티에이징 테크와 불멸(영생) 서비스에 관심을 가질 수밖에 없다. 지금 억만장자 중에는 빅테크 창업자가 많으며, 그중 많은 이들이 벤처 투자자로 나서고 있다. 이제 노화 방지는 테크 비즈니스이며, 역시 기술이 답임을 가장 잘 아는 것 또한 이들이다.

소프트웨어 개발자이자 사업가 브라이언 존슨Bryan Johnson(1977~)은 2013년 자신이 창업한 결제 플랫폼 회사 브레인트리Braintree를 이베이에 8억 달러에 매각했다. 36세에 억만장자가 된 것이다. 이후 건강에 집착하며 의료진을 투입해 관리하기 시작했다. 평생 다 쓰지도 못할 만큼 돈이 생겼고 원하는 것은 다 누리며 살 수 있는 사람이 건강하게 오래 살 생각을 하는 것은 당연하다. 그는 뇌, 심장, 폐, 간, 신장, 근육, 치아, 피부 등 모든 신체 기관의 나이를 18세로 되돌리겠다는 목표로 매년 200만 달러를 자기 몸에 투자하고 있는데, 이것을 프로젝트 블루프린트Project Blueprint라고 스스로 명명했다. 그는 전문 의료진 30명이 세운 지침에 따라 생활한다. 의료진은 매일 그의 체중, 혈당, 심장 박동 수 등을 꼼꼼히 측정하고, 매달 초음파, MRI(자기공명영상), 혈액 검사, 내시경 검사 등을 주기적으로 실시한다. 그는 엄격한 채식주의 식단으로 하루에 1977킬로칼로리를 섭취한다. 질 좋은 수면(매일 20시 30분에 취침하고 5시 30분에 기상), 규칙적인 운동 루틴(하루 1시간, 주 3회 고강도로 실시)을 지키고, 매일 수십 가지의 보충제와 건강 보조 식품을 섭취한다. 또한 피부를 위해 햇빛은 최대한 피하고 매일 7가지 크림을 바르며 매주 필링이나 레이저 같은 피부과 시술을 받는다.

존슨은 아침에 일어나면 우선 약 30밀리리터의 물에 스펠미딘 13.5밀리그램, 단백질 7.6그램, 크레아틴 2.5그램, 콜라겐 20그램, 카카오플라바놀 500밀리그램, 계피 1작은술을 넣은 음료를 마신다. 음료와 동시에 DHEA 25밀리그램, EPA 500밀리그램, 아연 15밀리그램 등 보충제를 섭취한다. 트레이닝이나 스킨 케어 후 아침 식사로 블랙 렌틸 콩 300그램, 브로콜리 250그램, 콜리플라워 150그램, 표고버섯 혹은 잎새버섯(마이타케) 50그램 등에 올리브 오일을 1큰술 넣은 요리를 먹는다. 점심, 저녁 메뉴의 레시피도 인터넷에 찾아보면 나온다.

심지어 2023년 1~6월까지 매달 1회씩 젊은 사람의 혈장을 자신의 몸에 주입하는 혈액 교환 시술을 했다. 그중 한 번은 17세인 자기 아들로부터 혈장을 받았다. 이를 위해 아들은 1리터의 혈액을 헌혈했다(일반적인 헌혈량은 320~400밀리리터이므로 이보다 3배 정도 많은 양이다). 6개월에 걸쳐 진행한 혈액 교환 시술은 이후 중단했다. 효과가 나타나지 않아서 중단했다고 발표했다. 몇몇 연구에서 나이 든 쥐가 젊은 쥐의 혈액과 장기를 공유하면 회춘 효과가 나타난다는 결과를 밝혀냈으나 인간에게도 효과가 있다는 것은 예측에 불과했다. 결과적으로 브라이언 존슨이 스스로 실험 대상이 되어서 효과가 없다는 답을 얻은 셈이다. 사실 그는 건강에 미친 사람, 건강 염려증 환자가 아니다. 브라이언 존슨은 노화를 혁신적으로 막고, 신체 나이를 청년으로 되돌리는 것을 사업으로 연결시키려고 한다. 이를 위해 뇌 활동을 모니터링하고 기록하는 의료 기업 커널Kernel과 벤처캐피털 OS 펀드OS Fund를 창업해 각각 CEO로 활동 중이다.

안티에이징은 정말로 불멸(영생) 서비스일까?

▼

2023년 테크 분야의 최고 스타는 오픈AIOpenAI의 CEO 샘 올트먼Sam Altman이다. 전 세계를 생성형 AI 열풍으로 이끈 주인공이기 때문이다. 그는 실리콘밸리 최고의 스타트업 엑셀러레이터/벤처캐피털로 꼽히는 와이 콤비네이터Y Combinator의 대표를 지냈다. 특히 올트먼은 핵융합 발전 사업을 하는 헬리온 에너지Helion Energy에 3억 7500만 달러를 투자했고 이사회 의장도 맡고 있다. 그는 인간 수명을 10년 연장하는 것을 목표로 하는 생명공학 스타트업 레트로 바이오사이언스Retro Biosciences에도 1억 8000만 달러를 투자했다. 인류의 미래를 위한 가장 중요한 2가지인 에너지 혁신과 수명 혁신에 투자한 셈이다. 핵융합을 통해 탄소 배출이 없는 청정에너지를 만드는, 이른바 인공태양 기술은 인류의 미래를 급진적으로 바꿀 기술로 꼽힌다. 아울러 생명공학 기술로 인간의 평균 수명이 10년 연장된다면 인류는 100세 시대가 아니라 110세, 120세 시대를 열어가게 된다.

흥미롭게도 샘 올트먼은 벤처 기업 넥톰Nectome의 실험 대기자 25명 중 1명이다. 1만 달러를 내고 대기자가 되는데, 실험을 하려면 사후여야 한다. 죽고 나서 자기 뇌의 기억을 컴퓨터에 보관하려는 것으로, 어쩌면 영생을 누리는 새로운 방법일 수 있다. SF 영화에서 억만장자가 자기 뇌의 기억을 젊은 사람의 뇌에 옮겨서 계속 살아가는 상황이 종종 나오는데, 인간의 상상력은 그냥 상상에 그치려 하지 않는다. 미국 국립정신건강연구소와 와이 콤비네이터 등의 지원을 받는 스타트업 넥톰은 뇌를 동결시켜 뉴런과 시냅스, 기억까지 보존하는 것을 연구하는 회사다. 일론 머스크가 공동 창업자인 뉴럴링크Neuralink는 인간 뇌와 컴퓨터를 연결하는 뇌 인터페이스 기술을 연구하는 기업이다. 인간의 뇌와 컴퓨터가 직접 연결되어 소통한다면 각종 마비 증상과 정신 분열증, 우울증, 실명 등 신경 질환 문제를 해결하는 새로운 방법이 될 수 있다. 그동안 원숭이를 통한 실험을 진행했는데, 2023년 5월 미국 식품의약국FDA으로부터 인간 임상 실험 승인을 받았다. 처음에는 뇌의 신경 질환 해결이겠지만, 궁극에는 인간 뇌를 컴퓨터에 다운로드하거나 그것을 다시 뇌로 이식하는 쪽으로 연구가 이어질 것이다.

전 세계에서 10억 달러 이상의 부자는 3000명 내외로 추산된다. 한국에도 40여 명 있다. 억만장자들은 모두 현대판 불로초를 원하지 않을까? 진시황제는 불로초를 못 구했지만 어쩌면 우리는 과학기술 덕분에 불로초를 손에 넣을지도 모른다. 물론 문제는 돈이다. 하지만 이 돈을 충분히 감당할 수 있는 최고의 고객인 억만장자들이 있지 않은가? 지금은 불멸(영생) 서비스라는 말이 너무 거창해 보여도 시간이 지나면 우리에게 좀 더 친숙한 말이 될지 모른다. 두렵게도.

누군가는 피부에 화장품 바르는 것으로만 안티에이징한다고 할 때, 누군가는 세포 노화를 막고 장기를 재생하는 의료 기술로 몸속까지 안티에이징을 하고, 또 누군가는 영생을 위한 큰 그림을 그리고 있다. 빈부 격차와 양극화는 여기서도 드러난다. 20대마저 안티에이징에 빠져들게 만드는 사회, 우리에게 나이 든다는 것의 의미는 무엇일까? 늙어가는 것이 그렇게 두렵고 꺼릴 일일까? 불로초가 정말 있다면 행복할까?

12장

스마트 그레이와 에이지리스 유스

나이를 지우고, 나이를 멈추는 사람들

Life_Trend_2024
#스마트 그레이 #에이지리스 유스 #노령화 #슈퍼 에이저 #부자 노인 #영포티
#영피프티 #세대 #나이 #경제력 #소비력 #기후위기세대

LIFE TREND 2024

점점 나이를 지우고, 나이를 멈추려는 사람들이 늘어난다. 노인만이 아니다. 모두가 나이에 대한 관성을 지우고 살아가려 한다.

2024년 우리가 주목할 사람들 이야기다. 누구나 한때 20대를 거치고, 40대가 되었다가, 언젠가는 노인이 된다. 어떤 나이가 더 좋은 나이라는 것은 없다. 누군가는 젊을수록 좋다고 하고, 누군가는 적당히 나이가 들어 경제력과 사회적 지위를 가진 나이를 좋다고 한다. 그러나 아무리 자신이 좋다고 여기는 나이가 되더라도 그 나이에 멈춰 있을 수는 없다. 그런데 점점 나이를 지우고, 나이를 멈추려는 사람들이 늘어난다. 노인만이 아니다. 모두가 나이에 대한 관성을 지우고 살아가려 한다.

스마트 그레이, 역사상 가장 강력한 노인의 시대가 열린다

▼

노인이라고 다 같은 노인이 아니다. 새로운 기술을 흡수하고, 시대 정신을 받아들이고, 경제력까지 있는 노인을 더 이상 과거의 노인처럼 봐서는 안 된다. 이들은 중요한 소비자이자 새로운 트렌드 세터가 되기도 한다. 소비자를 넘어 사회적 영향력을 가진 노인들이 있다. 이런 노인들을 '스마트 그레이Smart Gray'라고 명명한다. 똑똑한 노인이란 의미에서 더 확장해 경제적, 기술적, 문화적으로 진화한 노인을 일컫는다.

"늙으면 죽어야 해." 노인들이 많이 하는 말 중 하나다. 이 말을 자기 자신에게 하면 자조와 푸념인데, 남에게 하면 아주 고약한 저주다. 과연 이 말을 빈곤층 노인이 더 많이 할까, 부유층 노인이 더 많이 할까? 답은 명백하다. 부유층 노인은 "늙어도 건강하고 즐겁게 살아야 해"라고 말할 것이기 때문이다.

노인이 빈곤해지는 가장 큰 원인은 무엇일까? 뻔한 이야기 같지만 버는 돈보다 쓰는 돈이 많아서다. 경제 활동 인구에서 벗어난 노인은 근로 소득이든 사업 소득이든 적거나 없을 수밖에 없다. 쓸 만큼의 돈이 연금으로 계속 나오거나, 노후 자금을 많이 확보해두었거나, 건물주 혹은 고액 예금자라서 월세나 이자, 배당금 같은 금융 소득이 많다면 문제 될 게 없는 것이다. 자산은 쌓이는 것이므로 나이가 들수록 더 많이 쌓였을 가능성이 있다. 다만 일정 나이가 되면 자식에게 퍼주고 넘겨주느라 본인의 자산은 줄어든다. 노후를 자식이 책임져준다는 믿음이 있을 때는 그래도 괜찮았다. 하지만 이제는 그렇지 않다. 그래서 내가 번 돈, 내가 쌓은 자산을 죽을 때까지 내가 쥐고서 쓸 만큼 쓰고 가겠다는 노인이 많아졌다. 쓰다가 남으면 죽고 나서 유산으로 줄 수는 있어도 미리 넘겨주었다가 혹시나 빈곤에 허덕이는 신세가 될지 모를 불확실성을 감수하지 않겠다는 말이다.

한국 사회에서 노인에 대한 키워드 중 가장 보편적인 스테레오 타입은 '꼰대' 혹은 '빈곤'일 수 있다. 국민연금공단 국민연금연구원이 2023년 2월에 발표한 보고서《노인빈곤 실태 및 원인분석을 통한 정책

방향 연구》에 따르면 우리나라의 65세 이상 노인 빈곤율은 2020년 기준 38.97퍼센트였다. 2022년 말 기준 65세 이상 인구는 926만 7000여 명으로 전체 인구 중 18퍼센트를 차지한다. 이들 중 361만 명이 빈곤층인 셈이다. 노인 빈곤율은 노인 인구 중 중위 소득의 50퍼센트(상대 빈곤선) 이하인 사람의 비율인데, OECD 국가 중에서 한국은 높은 편에 속한다. 더 큰 문제는 노인 빈곤율이 75~84세는 50.34퍼센트, 85세 이상의 경우는 54.31퍼센트라는 점이다. 75세 이상의 절반이 빈곤층으로, 한국의 노인 중 절반은 죽기 전 빈곤에 허덕이며 살아간다는 말이다. 한국보건사회연구원에 따르면 2015~2019년 사이 한국의 최빈 사망 연령(사망 빈도가 가장 높은 연령)은 여성 90세, 남성 85.6세였다. 이는 사회 문제가 될 수밖에 없고, 정치적으로도 노인 유권자의 표를 의식하는 정책이 나올 수밖에 없다.

이제 이런 노인은 이 책에서 잠시 잊도록 하자. 이들에 대한 대책 마련은 정부와 지자체가 해야 할 몫이고, 정치권이 고심해서 잘하면 된다. 우리가 주목할 노인은 수는 적더라도 영향력을 가진 '스마트 그레이'다. 당신이 정치인이나 공무원이 아니라면 새로운 소비 세력이자 새로운 트렌드 주도자인 이들에게 더 주목하는 것이 옳다.

왜 《스포츠일러스트레이티드》는 수영복 입은 81세 마사 스튜어트를 내세웠을까?

▼

《스포츠일러스트레이티드Sports Illustrated》는 1954년 창간된 미국에서 가장 오래된 스포츠 잡지다. 남성 독자가 주류이며 매년 여름이면 수영복 특별판을 내는데, 당연히 남성 독자를 공략하기 위함이다. 2023년 여름에 나온 수영복 특별판에는 81세 사업가 마샤 스튜어트Martha Stewart와 유명 배우 메건 폭스Megan Fox, 독일의 싱어송라이터로 빌보드차트 1위를 차지한 트랜스젠더 아티스트 킴 페트라스Kim Petras, 수영복 모델 브룩스 네이더Brooks Nader 등이 커버를 장식했다. 혹시 당신은 수영복 입은 마사 스튜어트를 보고 '왜 80대 노인을 선택했을까?' 하는 생각이 드는가? 당신은 수영복 하면 20대 혹은 30대가 모델인 것이 자연스럽다고 여기는가?

2023년 여름의 수영복 특별판은 한마디로 DE&I(다양성, 형평성, 포용성)가 제대로 충족된 라인업이다. 유명한 여배우와 수영복 모델이 라인업에 포함된 것은 익숙하고 보편적인 일이지만, 80대 노인과 트랜스젠더가 라인업에 포함된 것은 확실히 시대 변화다. 사실 트랜스젠더보다 더 파격적인 것이 80대 노인이다. 나머지 3명이 성인이 되어서 살아온 시간보다 마사 스튜어트 혼자서 성인으로 산 세월이 길다. 수영복 입은 마사 스튜어트는 노인이 아닌 여성으로서의 삶을 이야기하고, 이성 교제와 육체적 사랑을 이야기한다. 누구나 노인이 되지만 우리는 노인에 대한 편견이 있다. 연애하거나 섹시하고 쿨한 이미지는 2030세대에게 어울린다고 생각하면서, 노인의 이미지로는 건강 관리나 하면서 인생을 돌아보는 여유, 연륜을 떠올린다. 노인은 왜 연애하면 안 되나? 섹시하고 쿨하면 안 되나? 모든 노인이 다 그래야 한다는 말이 아니다. 다만 그럴 수 있는 노인은 그러도록 그냥 놔두라는 것이다. 마사 스튜어트의 사례는 80대 노인도 매력적일 수 있다는 인식 전환을 위한 것이기도 하다. 우리는 멋지고 우아하게 늙을 권리가 있다. 외모 관리 이

출처: swimsuit.si.com

야기가 아니다. 새로운 친구를 사귀고, 하고 싶은 것을 하면서 정신적, 육체적으로 건강하게 늙어가는 이야기다.

"기업은 60세 이상 세대에 주목해야 한다. 2030년이 되면 전 세계의 60세 이상 인구가 35억 명에 달할 것이다. 젊은 인구는 줄어들지만 60대 이상 세대는 전 세계 어디를 가도 늘고 있다. … 나이 든 소비자가 경영 지평을 새롭게 바꿀 것이다. 노인의 구매력은 2030년이면 무려 20조 달러에 이를 것으로 추산한다." 와튼스쿨 국제경영학 교수인 마우로 기엔Mauro F. Guillén이 한 말이다. 역사상 가장 강력한 노인의 시대가 열리는 중이다. 그러니 노인 빈곤 타령만 하고 있어서야 되겠는가? 마사 스튜어트 같은 노인은 미국에만 있는 것이 아니다. 한국에도 607080세대 부유하고 우아한 멋쟁이 노인이 엄청나게 많다. 65세 이상 중 최상위 1퍼센트만 해도 9만 명이 넘는다. 5퍼센트라고 해도 45만 명 이상이다. 이들이 진짜 핵심 소비자다. 자식을 부양할 나이를 지났고 자산도 충분하다. 온전히 자신을 위해 돈을 쓸 수 있는 데다, 자식에게 안 물려주고 자신이 다 쓰다 가겠다고 마음먹는 이들이 점점 늘어간다. 오래 사는 것이 꼭 축복은 아니다. 몸만 건강하게 오래 산다고 되는 것도 아니다. 몸과 정신 모두 건강하게 오래 살아야 한다. 그러기 위해 상위권 노인들이 라이프스타일, 사회적 역할과 인간관계, 경제 활동과 자산 관리, 기부 등에서 변화를 가져오고 있다.

80대 이상 노인 중 중장년층 수준의 인지 능력을 보이는 사람을 슈퍼 에이저super ager라고 한다. 좋은 유전자도 영향을 주었을 것이고, 건강에 좋은 생활 습관도 영향을 주었을 것이다. 중요한 것은 기억력이나 인지 능력은 나이들수록 떨어질 수 있지만 언어 능력, 이해력, 통찰력, 공감력 등은 나이가 들어도 더 좋아질 수 있다는 사실이다. 이런 요소는 인간관계를 윤택하게 만들고, 자신의 전문성을 심화하는 데 쓰인다. 80대가 넘어도 총기가 떨어지지 않고, 지적이고 세련되고 통찰력 있는 사람은 그동안 잘 살아온, 잘 나이 들어온 사람일 것이다. 이런 노인을 지향하는 사람들이 늘어갈 수밖에 없다. 현재 4050세대가 잘 나이 들면 이런 노인이 될 수 있지 않을까?

2024년에 더 주목해야 할 45~54세

▼

《라이프 트렌드》 시리즈의 시작인 《라이프 트렌드 2013: 좀 놀아본 오빠들의 귀환》에서 가장 핵심 주제는 40대가 된 X세대, 역사상 가장 젊은 40대라는 의미로 사용한 '영포티Young 40s'였다. 2013년 한국의 중위 연령은 39.7세였다. 전 국민 중 가장 중간에 있는 나이가 중위 연령이다. 중위 연령이 40대로 진입하려는 그 시점에 나는 X세대를 재조명하기 위해 영포티라는 개념을 정의하고, 당시 40대 초중반이 된 그들을 영포티라고 명명했다. 바로 1970~1974년생 그룹이다. 이 그룹은 한국 사회에서 가장 젊고 개성 강하고 취향과 경험 소비에 앞장서는 40대로 존재감을 드러냈다. 이들은 1975~1979년생이 40대에 진입하며 영포티로 진화하는 데 영향을 주었으며, 이후 밀레니얼세대가 취향과 경험 소비에 본격 나선 것도 앞선 영포티가 만들어낸 영향과 무관하지 않다. 밀레니얼세대 일부가 이제 40대에 진입했는데 이들 역시 영포티로 불릴 것이다. 이제 40대는 확실히 젊은 나이가 되었다.

연령별 인구 분포(행정안전부, 2023. 5, 주민 등록 인구 연령별 인구수)를 보면 50대가 862만 명으로 가장 많고, 40대 800만 명, 60대 753만 명, 30대 658만 명, 20대 631만 명, 10대 467만 명, 70대 388만 명 순이다. 당연한 말이겠지만 소득이 가장 높은 연령대는 40대, 50대고, 가계 지출이 가장 높은 연령대도 40대, 50대다. 물론 소득과 가계 지출은 60대부터 확 떨어진다. 그런 점에서 50대 후반부터는 60대 이후를 대비해서라도 소비 태도에 변화가 올 수 있다. 따라서 40대 중반에서 50대 중반까지가 가장 중요한 소비 타깃이다. 바로 1970~1979년생으로 2024년에 45~54세가 되는 이들이다. 물론 45~54세의 가계 지출에서 자녀 양육비, 교육비가 크다는 점을 간과하면 안 된다. 온전히 자신에게 다 쓸 수는 없지만 과거 세대처럼 자식에게만 올인하지 않기에 소비 세력으로서 45~54세를 주목하는 것은 중요하다.

한국에서 해외 문화와 해외 상품이 본격적으로 유입된 1990년대에 20대로 살면서 기성세대가 경험해본 적 없는 소비와 문화를 받아들인 것도 바로 이들이다. 해외 배낭여행을 나간 첫 세대이자 어학연수나 유학을 보편적으로 선택한 첫 세대이기도 하다. 그 이전 세대는 해외여행 나가기가 쉽지 않았다. X세대는 해외여행 자유화 세대라고 볼 수 있다. 대중문화를 비롯한 해외 문화를 적극 받아들인 X세대 덕분에 1990~2000년대로 이어지는 한국 영화의 전성기, 대중문화의 부흥기가 가능했고, 지금의 K팝, K무비, K드라마, K웹툰 등 K컬처의 토대가 만들어질 수 있었다. K팝을 주도하는 한국의 4대 대형 기획사 중 3개(하이브, JYP, YG)가 X세대가 설립한 회사다. 〈기생충〉의 봉준호 감독, 〈오징어게임〉의 황동혁 감독 등 세계적으로 주목받은 감독 중에도 X세대가 많다. 웹툰이란 말은 한국에서 처음 만들었고 전 세계 웹툰 문화와 산업의 주도권도 한국이 갖고 있는데, 여기서도 X세대가 초창기 개척자 역할을 했다. 엄밀히 말해 한국의 K컬처는 정부가 개입해서 만든 것이 아니라, 1990년대부터 수십 년간 민간에서 피땀 흘리고 고생해 쌓아온 결과물이다. 그리고 이 저력의 중심에 X세대 창작자들이 큰 비중을 차지한다. 1990년대를 20대로 살아간 이들이 누린 경험과 사회 환경이 이런 배경에 큰 역할을 했다.

특정 세대를 주목하는 것은 그 세대가 나고 자란 환경에서 비롯된 특성들 때문이다. X세대는 후기 베이비붐세대로서 한국 역사상 가장 많은 또래가 있었고, 학교 다닐 때부터 치열한 경쟁을 해왔고, 해외 문화의 본격 개방기를 겪으며 문화적 경험치가 높아졌다. 20대 때는 한국 경제가 가장 잘나가던 시기와 더불어 한국 경제가 위기에 빠진 IMF 구제 금융 시기를 겪었다. 극과 극의 경험, 다양한 변화의 시기를 다 누려본 것이 X세대다. 그러니 이들이 기성세대가 오랜 기간 쌓아온 삶의 방식을 따르지 않고 자신들의 방식으로 살아간 것은 당연한 일인지 모른다. 밀레니얼세대나 Z세대가 지금의 특성을 가지고 살아갈 수 있었던 것도 X세대가 과도기적 격변을 먼저 거치며 벽을 조금 무너뜨렸기 때문이다. 물론 X세대가 다음 세대를 위해 그렇게 한 것은 절대 아니다. 하지만 모든 세대는 앞 세대가 조금 더 진전시킨 사회적 진화의 영향을 직간접적으로 받기 마련이다.

45~54세(1970~1979년생)는 10년 기간이지만 각각 15년 기간인 밀레니얼세대(1982~1996년생)나 Z세대(1997~2012년생)보다 인구수가 많다. 한국 역사상 가장 많은 아이가 태어났던 2차(혹은 후기) 베이비붐 세대이기 때문이다. 그리고 이들이 Z세대의 부모 세대다. 과거 기성세대의 관점으로는 4050세대라면 중장년이다. 하지만 100세 시대에서 4050세대는 여전히 청년기다. 나이는 먹더라도 늙어가는 것이 아니라 계속 젊고 세련되게 살고 싶어하고, 새로운 소비를 받아들이려 한다. 경제력과 소비력이 높다보니 2030세대 소비자보다 더 매력적인 소비 세력일 수 있다. 특히 이들이 나이 먹어갈수록 안티에이징 시장, 슬로에이징 시장에서 강력한 소비자가 될 수밖에 없고, 안티에이징 테크에서도 핵심 소비자가 될 수밖에 없다.

새로운 것에 시선이 쏠려 기존에 있던 것을 간과하곤 한다. 밀레니얼세대나 Z세대의 새로움과 그들이 만들 기회에 주목하는 것은 당연하다. 그러나 아직 충분히 기회를 만들어낼 수 있는 X세대를 간과하면 안 된다. 2023년 한국의 중위 연령은 45.6세다. 1993년 한국의 중위 연령이 28.4세였으니, 30년 전의 20대 후반과 지금의 40대 중반이 사회적으로 봤을 때는 같은 나이가 된다. 통계청에 따르면 2030년이면 중위 연령이 49.8세가 된다. 머지않아 50대가 되어도 겨우 중간밖에 안 되는 나이인 셈이다. 원조 영포티인 1970~1974년생들을 '영피프티

Young 50s'라 불러도 된다. 이들이 2024년에 50~54세가 된다.

X세대와 베이비붐세대의 교집합 50~54세, 그들은 누구인가?

▼

현재 인구수가 가장 많은 나이는 몇 살일까? 바로 2024년 기준 53세 (1971년생)다. 1971년에 아이가 가장 많이 태어났으니 현재도 가장 많은 것은 당연하다. 2022년 기준으로 1971년생은 91만 2000여 명이 생존해 있는데 남성 46만 명, 여성 45만 명가량이다. 2000년대생이 연간 40만 명대였고, 2020년대생이 연간 20만 명대임을 감안하면 1971년생은 앞으로도 오랜 기간 가장 인구수 많은 또래가 될 것이다. 1971년생, 1969년생, 1970년생, 1972년생 순서로 현재 인구수가 많은데, 모두 90만 명 이상이다. 그다음으로 1961년생, 1973년생, 1968년생, 1962년생, 1974년생 순이며 각각 86~88만 명 정도다. 가장 인구수가

출생 연도	계	남자	여자
1971년생	912,293	463,517	448,777
1969년생	905,151	453,830	451,321
1970년생	902,154	455,519	446,635
1972년생	901,865	459,970	441,895

많은 나이 톱 10 중 7개가 X세대다. 인구수가 많을뿐더러 경제력도 높다. 특히 40대가 되면서 영포티로 거듭난 이들이 많다.

베이비붐세대라는 말은 전쟁이 끝난 후 출생아 수가 크게 늘어난 기간에 태어난 세대를 의미한다. 여론 조사 기관 퓨 리서치 센터는 미국의 베이비붐세대를 1946~1964년생으로 규정한다. 2차 세계대전 종전 이후부터 1960년대 초중반까지다. 한국은 미국과 다르다. 광복 이후 베이비붐이 일어날 듯하다가 한국전쟁을 만났다. 그래서 한국의 베이비붐세대는 한국전쟁이 휴전한 1953년 이후부터 1960년대 중후반까지 태어난 세대로 본다. 그런데 출생아 수를 보면 진짜 베이비붐세대는 따로 있다. 바로 1970년대 초중반생들이다. 연간 가장 많은 아이가 출생한 해는 102만 4773명이 태어난 1971년이다. 한국에서 연간 100만 명 이상 출생아 기록은 1969, 1970, 1971년 단 3번뿐이다. 그래서 1968~1974년까지를 후기 베이비붐세대로 보기도 한다. 1950년대 중반에서 1960년대 초반까지 연간 70~80만 명 출생했고, 1965년부터 1974년까지가 연간 90만 명 이상(1969~1971년은 연간 100만 이상) 출생했다. 베이비붐세대 속성을 가지면서 X세대의 중심축인 1970~74년생은 지금 50~54세다. X세대와 2차 베이비붐세대의 교집합인 연령대다.

퓨 리서치 센터는 미국의 X세대를 1965~1980년 출생자로 규정하는데, 2024년 기준 44~59세다. 컨설팅 기업 맥킨지는 1960~1979년 출생자로 규정하며, 2024년 기준 45~65세다. X세대의 미국 기준을 한국에 그대로 적용하기는 어렵다. 미국의 1980년대가 한국의 1990년대와 비견될 수 있다. 그런 점에서 한국의 X세대를 정의할 때 1960년대 초중반 출생은 빼는 것이 맞다. 한국에서 X세대라는 말이 본격적으로 쓰이고 사회적 유행어가 된 것은 1993년 태평양이 트윈엑스 화장품 광고에 사용하면서부터다. 당시 광고대행사가 20대 초반인 500만 명에 가까운 1970~1974년생을 타깃으로 마케팅하기 위해 미국에서 유행하던 X세대라는 용어와 세대 개념을 가져와 한국 사회에 적용한 것이다. 1988년 올림픽 이후 해외 문화가 개방되고, 1990년대 초반 경제가 호황을 누리면서 당시 대학생이던 20대 초반 청년 사이에 해외 배낭여행과 어학연수, 유학에 대한 관심이 증폭되었다. 이들은 패션과 문화의 왕성한 소비자가 되었으며, 그중 일부가 오렌지족이 되기도 했다. 엄밀히 말해 X세대의 중심은 1970~1974년생까지 5년간 출생한 이들이다. 여기에 1990년대 초중반에 10대 중후반~20대였던 이들까지 포함해 1966~1981년까지 15년 기간의 출생자를 X세대로 보거나, 아니면 1970~1979년까지 10년간 출생자만 X세대로 규정하기도 한다. 사실 X세대의 기간은 법으로 정한 것이 아니어서 보는 관점에 따라 다를 수 있다. 하지만 과하게 두루뭉술하게 넓히기보다는 적당히 좁히는 것이 낫다. 1970~1979년생 정도로 보는 것이 가장 합리적이다. 즉 넓게 보면 2024년 기준 43~58세, 좁게 보면 45~54세이고, 그중에 핵심이자 중심은 50~54세다.

직장인으로 보면 1970~1974년생은 은퇴를 앞둔 사람들이다. 이들이 은퇴 이후 보일 소비와 삶의 태도는 이전 세대들과 다를 가능성이 크다. 이들은 아파트에서 주로 살고 또 가장 오래 살아온 사람들이기도 한데, 이들이 은퇴를 앞두고 대도시와 아파트를 떠날 가능성에 주목해야 한다. 대도시의 집을 팔아 그 돈 중 일부로 소도시나 외곽의 단독 주택, 전원주택으로 옮겨가면 나머지 차액만큼 노후 자금에 보탤 수 있다. 1960년대생 베이비붐세대가 은퇴하면서 이런 수요가 늘어나리라 예상하고 여러 대기업이 모듈러 주택 사업에 본격적으로 뛰어들었다. 1970~1974년생의 세컨드 하우스 수요와 맞물리면서 이 시장은 커질 수 있다. 집이 바뀌면 의식주가 모두 바뀌고, 삶의 태도 또한 바뀐다. 앞으로 은퇴 이후 라이프스타일의 중요한 방향성을 이들을 지켜보며 찾아볼 필요가 있다.

모든 것은 X세대 때문이다

▼

X세대는 그냥 여러 세대 중 하나가 아니다. 지금 우리가 사용하는 세대론이 시작된 것도 X세대 때문이다. 원래 세대世代, generation는 인간이 태어나서 자식을 낳기까지 걸리는 30년 주기를 뜻한다. 분명 생물학적, 사회적 측면에서 30년이란 기간은 의미 있다. 그러나 지금 우리가 쓰고 있는 세대 구분은 그 기간이 아니다. 대개 15~20년, 때로는 10년일 때도 있다. 나라마다 사회적 상황에 따라서 얼마든지 다를 수 있다. 세대 구분은 X세대가 만든 것이 아니라 X세대의 등장으로 만들 필요가 있었던 것이다. X세대의 등장 이후 Y(밀레니얼), Z, 알파 순으로 세대 명명 규칙이 생겨난 셈이다. 이처럼 우리가 관심 갖는 세대 개념은 X세대 때문에 본격화되었다.

X세대라는 세대 징의와 정체성은 사회학자, 통계학자가 아닌 소설가에 의해 규정되고 확산되었다. 캐나다 작가 더글러스 커플랜드 Douglas Coupland가 1991년 소설《X세대Generation X: Tales for an Accelerated Culture》를 출간한 이후 본격적으로 사용하기 시작했다. 1960~1978년에 서구 산업 국가에서 태어난 이 세대는 기성세대와 다른, 정의하기 어려운 세대였다. 괜히 알파벳 X를 쓴 것이 아니었다. 만약 X 대신 A라고 했다면 우리는 B, C, D세대라는 명명 규칙을 썼을지 모른다. 소설가가 상상력으로 정의한 세대 명이 아이러니하게 훗날 세대 연구에서 기준점이 된 셈이다.

가장 성공한 X세대는 누구일까? 한국 최고 부자이자 세계적으로 손꼽히는 글로벌 기업 삼성전자의 회장인 1968년생 이재용일까? 1970년생 정의선 현대자동차그룹 회장일까? 아니면 1978년생인 LG그룹 구광모 회장일까? 1968년생 정용진, 1970년생 이부진, 1967년생 이해진, 1972년생 방시혁, 1972년생 봉준호 등도 분명 한국에서는 가장 성공한 X세대라 할 수 있다. 하지만 전 세계에서는 단연 1971년생 일론 머스크 아닐까? 세계 최고 부자 순위 1위다. 테슬라 시가 총액은 2021년 10월 1조 달러를 넘어서기도 했고(2023년 8월 7600억 달러), 스페이스X가 2023년 공개 매수를 추진하면서 평가받은 기업 가치는 1500억 달러였다. 일론 머스크 지분율은 테슬라 약 13퍼센트, 스페이스X 40퍼센트대로 알려져 있다. 이 밖에 솔라시티, 하이퍼루프, 뉴럴링크, 스타링크, 더보링컴퍼니 등도 그가 설립하거나 인수해 높은 지분율을 가지고 있는 기업이다. 돈만 많은 것이 아니라 산업적, 사회적, 정치적 영향력 또한 높다. 그가 남긴 트윗 메시지 한 줄에 주가가 출렁이거나 전 세계 언론의 헤드라인이 바뀔 정도다.

흥미롭게도 X세대인 일론 머스크는 X(엑스)를 너무 좋아한다. 1000만 달러(1995년에 창업한 스타트업을 4년 만에 매각하며 번 2200만 달러

중 일부)를 투자해 창업한 온라인 금융 서비스 기업 엑스닷컴이 나중에 페이팔이 되어 그를 억만장자로 만들었다. 그 돈으로 그는 2002년에 항공 우주 기업 스페이스X를 설립했다. 스페이스X를 통해 인공위성을 대량으로 쏘아올려서 우주 인터넷 사업 스타링크를 하는 등 민간 기업이 항공 우주 산업으로 돈을 벌고 있다. 그가 최고의 전기차 기업으로 일군 테슬라에서 만드는 차 중에는 모델 X가 있다. 2017년 X.com 도메인을 페이팔로부터 680만 달러를 주고 사들인 그는 2023년 트위터의 이름을 X로 바꾸고 도메인도 X.com으로 바꾸었다. 지주회사인 X 홀딩스가 소유한 X 주식회사가 X 서비스를 운영하고 있는 것이다. 2023년 AI 개발 기업 xAI을 설립했는데 여기에도 X가 들어간다. 그가 두 번의 결혼으로 얻은 7명의 자녀 중 첫째의 이름이 사비에르Xavier다. 그리고 1번의 사실혼 관계를 통해 얻은 2명의 자녀 중 아들의 이름이 엑스 애시 에이-트웰브X Æ A-Xii다. 아들은 X, 그다음에 태어난 딸은 Y라고 부른다고 했다. 이렇게 나열해놓고 보니 X를 그냥 좋아하는 것이 아니라 집착에 가까울 정도로 좋아한다. 물론 그가 집착하는 X가 본인이 X세대라서 그렇다는 증거는 없다.

요점은 X세대가 가진 경제적, 정치적, 산업적, 사회적 영향력이 앞으로도 지속될 가능성이 크다는 사실이다. 직장인으로서 4050세대의 힘은 떨어지지만 경영자로서 4050세대, 자산가로서 4050세대, 테크 리더로서 4050세대, 정치인으로서 4050세대의 힘은 더 커질 것이다. 아직 X세대 리더들의 전성기는 정점에 이르지 않았고, 이들의 영향력은 더 오래갈 것이다.

마케터라면 당장 '세대'를 버리고 '나이'를 잡아라

▼

MZ라는 말이 무슨 20대를 대표하는 것처럼 오해하는 사람이 있다. M세대(밀레니얼세대, 1982~1996년생, 2024년 기준 28~42세)와 Z세대(1997~2012년생, 2024년 기준 12~27세)를 합한 세대가 MZ다. MZ의 나이 범위는 30년(15년+15년)으로 12세부터 42세까지다. 과연 이런 나이대를 하나의 공통 개념으로 묶어야 할까? 밀레니얼세대가 부상한 것은 그들이 20대 주류가 되었을 때다. 그러다가 이들이 나이를 먹고 이어서 Z세대가 20대로 진입하자 MZ라는 말을 쓰기 시작했다. 언론이 만들어낸 국적 불명의 세대 통합적 말인데, M과 Z가 서로 다르다는 생각은 못 하고 비슷하다고 여겨서 두루뭉술 섞어 조합한 것이다. MZ세대를 1020세대로 아는 사람도 있고, 2030세대로 아는 사람도 있다. 20대면 혹은 막연히 젊으면 다 MZ라고 하는 사람도 있다. 얼마나 세대 구분에 무지한지 단적으로 보여주는 사례다. 이렇게 고무줄처럼 쓸 것이라면 그냥 나이로 구분하면 되지 왜 군이 세대로 구분해야 할까? 나이는 아주 중요한 기준이 된다. 나이에 따라 누리는 것이 다를 수 있고, 고민과 기회가 다를 수 있다. 트렌드에서도 나이는 늘 중요한 이슈다. 소비력이 좋을 나이가 언제인지, 나이대별 반응하는 이슈가 무엇인지에 따라서 많은 기회와 위기가 생겨나기 때문이다.

MZ라는 말을 쓴 지 좀 되었는데, 그러다보니 M이 40대가 된 때가 왔다. 그러자 어디선가 슬쩍 MZ에서 M을 빼고 대신 알파를 넣어서 (Z+alpha) 잘파세대라는 말을 만들어냈다. 알파세대는 2013년 이후 출생자로 지금도 태어나고 있다. 알파세대 중 최연장자가 2024년에 겨우

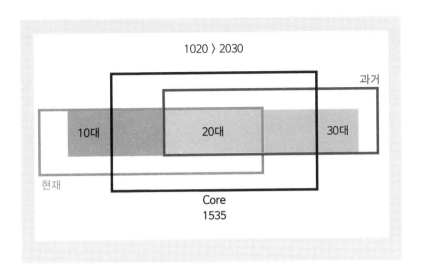

11세다. 알파세대는 10대가 아니라 10세 미만의 아이들인 것이다. 과연 이런 아이들과 Z세대를 묶어서 잘파세대라는 말을 만들어낸 이들의 의도는 뭘까? 도대체 누구를 주목하자는 것일까? 유치원생부터 초중고생, 대학생까지 다 주목하자는 걸까? 그냥 말장난하듯 신조어를 만드는 것이 제일 위험하고 멍청하다. 1020세대를 주목하자는 의미라면 Z세대로 이야기하면 된다. 2014년 기준 12~27세가 Z세대니까 이들이 1020세대의 대다수다.

과거에는 2030세대가 중요했다. 20대를 중심으로 30대로 확장한 나이대가 주요 타깃 그룹이었다. 지금은 1020세대가 중요하다. 10대의 영향력 급부상으로 20대를 중심으로 10대로 확장한 나이대가 주요 타깃 그룹이다. 좀 더 확장하면 102030세대인데, 엄밀히는 10대 중후반에서 30대 초중반까지다. 1535라는 20년 기간의 그룹이 되는 것이다. 물론 그 중심에는 20대가 있다. 과거에도 그랬고, 현재도 그렇고, 앞으로도 20대가 중요하다. 새로운 트렌드에 대한 반응과 흡수력이 가장 좋고, 새로운 소비를 본격 전개할 시기이기도 하다. 대학 진학률이 여전히 높은 한국에서 20대는 대학생이거나 대학을 갓 졸업한 직장 초년생이다. 20대는 늘 중요했다. 대학에 들어가 여러 경험을 하면서 소비와 취향에 눈뜨고, 취업을 하면서 경제력을 갖추기 시작하는 것이 20대다. 새로운 소비 세력으로서 가장 왕성하게 새 트렌드에 반응하고, 기업의 마케팅에 반응한다. 광고 회사가 가장 중요하게 바라보는 대중 소비자일 수밖에 없고, 소비재 기업을 비롯한 대부분의 기업 역시 새롭게 소비 시장에 진입하는 20대를 주목할 수밖에 없다. 1990년대에는 X세대, 2010년대에는 밀레니얼세대를 주목했고, 2020년대에는 Z세대를 주목한다. Z세대의 20대 시기는 한동안 이어진다.

　구매력, 소비력이 가장 높아서 이들을 주목하는 것이 아니다. 본격적 소비 주체로서 시작하는 단계의 사람들이기에 이들을 초반부터 잡으려 한다. 한번 자기 취향이라고 받아들인 브랜드나 제품은 평생 간다. 한번 쓰면 살면서 계속 쓴다. 한번 길들여진 입맛은 아주 오래 간다. 그러니 20대를 잡는다는 것은 단지 20대 때만 잡는 것이 아니다. 소비의 방향이자 취향이 결정되지 않은 시기, 새로운 것에 반응을 잘하는 시기가 20대이기에 그들을 소비 세력으로서 주목하는 것이다. 모든 영역에서 이들을 주목하는 것도 아니다. 주로 소비재나 경험재 분야가 이들을 주목한다. 물론 이들이 매력적이고 중요한 소비자인 것은 분명하지만, 이들만이 중요하다고 오해하면 안 된다. 앞서 살펴보았듯이 45~54세도 중요한 소비 세력이고, 노인 중 스마트 그레이 역시 중요한 소비 세력이다. 실은 모든 세대가 다 필요하다. 그리고 엄밀히 말해 세대에 따른 차이보다 경제력, 소비력에 따른 차이가 더 크다. 같은 나이여도 경제력 차이가 크면 소비 태도나 라이프스타일, 직업관과 투자관이 다르다. 심지어 극단적으로 다르다. 그러니 막연히 '세대'로 모든 답을 내리려 하지 말고 나이, 그리고 경제력과 소비력을 기준으로 접근하는 것이 필요하다. 같은 세대 내에서도 차이가 클 수밖에 없다. 소비자를 분석하고, 그들의 트렌드를 해석해 기회를 찾고자 한다면 범위는 좁힐수록 좋다.

마케팅 이야기를 하면서 MZ세대, 잘파세대라는 표현을 쓰는 사람은 걸러야 한다. 구체적 타깃을 잘 모르는 사람이기 때문이다. 마케터나 비즈니스 기획자나 타깃을 명확히 해야 답도 명확해진다. 밀레니얼세대 15년, Z세대 15년, 알파세대 12년 기간이다. 사실 이 기간도 길어서 밀레니얼세대는 전기와 후기로 나누는데, 왜 억지로 다른 두 세대를 묶어 30년 단위로 만드는가? 타깃을 두루뭉술하게 잡는 것은 타깃을 잘 몰라서다. 즉 세대에 대한 이해가 낮고, 비즈니스에 대한 이해가 낮아서다. 일부러 두 세대를 묶어서 세심하고 구체적인 대응을 막는 것은 문제가 있지 않은가? 그런데도 세대 이해를 제대로 하지 않고 대충 신조어나 말장난으로 대응하려든다면 안일하거나 세대에 대한 이해 자체가 없는 것이다. 이럴 바에는 세대 구분을 아예 하지 않는 편이 낫다. 타깃 고객은 잘게 쪼갤수록 더 세밀하고 정확한 대응이 가능하며, 그렇게 해야 목적을 이루기에 유리하다. 그러니 뭉뚱그려 대응하려는 것은 일을 제대로 안 하겠다는 말이나 다름없다.

만약 특정 세대를 원한다면 기후위기세대를 꼭 기억하라

▼

말장난 같은 이니셜 조합의 실체 없는 세대가 아니라 특성별, 주제별로 그룹을 나눠서 대응하는 것이 실효성 있다. 기후위기세대Climate Crisis Generation, 디지털네이티브세대Digital Native Generation, 미래세대Future Generation 같은 구체적 실체가 있는 이들을 살펴봐야 한다. 그중에서 가장 중요한 것이 기후위기세대다. 지금의 1020세대가 중심이고, 10세 이하까지 포함될 수 있다.

이들이 기후 위기를 가장 심각하게 겪을 사람들이고, 앞선 기성세대에게 기후 위기에 대한 책임을 강하게 요구하는 사람들이다. 당연히 소비와 라이프스타일에서 친환경, 지속가능성이 중요한 욕망이자 관심사가 될 수밖에 없다. 그리고 기후위기세대를 자녀로 둔 부모나 미래세대를 걱정하며 책임감을 느끼는 기성세대는 기후위기세대의 동조자가 된다.

미국의 중고 패션 플랫폼 스레드업THREDUP의 《리세일 리포트 2023Resale Report 2023》에 따르면, Z세대의 82퍼센트는 옷을 사기 전 중고 패션의 가치를 고려한다고 말했는데 이는 2021년 조사보다 38퍼센트포인트 증가한 것이다. 그리고 Z세대의 64퍼센트는 새 제품을 구매하기 전에 중고 제품을 먼저 알아본다고 했다. Z세대는 절약을 위해서가 아니라 지속가능성과 친환경을 위해 중고 패션을 선택하는 것이다. 케이팝포플래닛Kpop 4 Planet은 국내외 K팝 팬들이 기후 위기 대응과 포용성, 평등성 등을 지향하며 만든 단체다. 1020세대가 중심으로, 기후위기세대의 활동 중 하나다. 현대자동차에 알루미늄을 공급하는 인도

네시아의 기업에서 석탄 발전을 하는 것을 두고 케이팝포플래닛은 현대자동차에 중단 요구를 했다. BTS가 현대자동차 모델을 하기도 했는데, K팝 팬들은 자신들이 좋아하는 뮤지션을 모델로 쓴 기업이지만 환경 이슈가 발생하자 시정 요구를 한 것이다.

2023년 8월 미국 몬태나주 법원에서는 2~18세인 16명이 원고가 되어 2020년에 제기한 소송에서 원고 승소 판결이 나왔다. 이들은 주 헌법에 환경을 보호하고 개선하도록 명시했는데도 석탄과 천연가스 등 화석 연료 정책을 주 정부가 펼치는 바람에 깨끗하고 건강한 환경에 대한 시민의 권리가 침해되었다며 소송을 제기했다. 몬태나주는 미국에서 석탄, 석유, 가스의 주요 생산지로 송유관을 비롯한 관련 시설을 갖추고 있다. 이런 주에서 기후 문제 대응과 미래 세대를 위한 환경 개선 및 유지 책임이 주 정부에 있다는 판결이 나온 것이다.

기후위기세대는 전 세계적으로 목소리를 내고 있다. 한국에서는 2023년 1월 국가인권위원회가 '기후 위기는 인권의 문제'라며 정부에 의견을 표명했다. 국가 온실가스 감축 목표를 상향하고, 미래 세대의 기본권 보호를 위해 감축 의무를 명확히 할 필요 있다고 강조했다. 독일에서는 청소년들의 기후 소송에 따라 정부의 온실가스 감축 정책이 바뀌었다. 2021년 독일 헌법재판소는 청소년들이 제기한 기후 소송에서 온실가스 감축 부담을 미래로 미루는 것은 청소년 자유권에 대한 과도한 제한이 될 수 있다며 독일의 기후보호법 일부 위헌 결정을 내렸다. 이 결정에 따라 독일 정부는 2030년 온실가스 감축 목표를 55퍼센트(1990년 대비)에서 65퍼센트로 상향했다. 그리고 2050년까지였던 탄소 중립 목표를 2045년까지로 5년 당겼다. 미래 세대를 위해 최대한 빨리 이 문제를 해결하겠다는 정부의 의지를 보여준 셈이다.

2024년에는 기후 위기에 대한 공통된 공감대와 태도를 가진 이들이 하나의 그룹을 이루어 자신들의 소비자로서의 행동, 유권자로서의 선택을 분석하고 대응하는 일은 더더욱 중요해진다. 한국에서는 국회의원 선거가 있는 해다. 정치는 미래 지향적이어야지 과거 지향적이어서는 안 된다. 그러므로 표를 가진 노인을 위한다고 미래 세대를 소홀히 하는 행태가 나와서는 곤란하다. 2024년은 미국 대선을 비롯해 전 세계적으로 많은 선거가 있는 해다. 전 세계에서 정치적 격돌에 따른 경제, 산업, 사회의 변화가 가속화할 해다.

13장

AI의 역습과 일자리 위기의 서막

과도한 기우인가, 심각한 위험인가?

Life_Trend_2024

#로봇 #자동화 #AI의 역습 #생성형 AI #초거대 AI #챗GPT #AI 투자 러시 #일자리 위기 #인력난 해소 #로보택시 #휴머노이드 로봇 #직장인 교육 #재교육 #투자 러시 #기술적 특이점 #쓸모없는 계급 #급여투명화법 #세대 갈등 #인재난

LIFE TREND 2024

AI를 사용해 직원을 대체하려는 CEO를 비난하는 것이 맞을까? 아니면 생산성과 효율성을 높이는 방법을 적극 찾고, 수익성 개선을 위해 노력하는 CEO라고 이해하는 것이 맞을까? 분명한 것은 우리가 이런 상황을 자주 겪게 될 것이라는 점이다.

2023년 7월, 인도의 전자상거래 업체 두칸Dukaan의 CEO 수미트 샤Summit Shah는 AI 챗봇으로 고객 상담을 대체해 담당 직원의 90퍼센트를 해고했다고 자신의 트위터에 밝혔다. 고객 상담 직원을 AI 챗봇으로 대체했더니 상담 시간은 1분 44초에서 0초로, 상담 요청 후 해결까지는 2시간에서 3분으로 줄었고, 고객 지원에 들어가는 비용은 85퍼센트는 절감했다고 했다. 이 트윗은 조회 수가 수백만 회에 이르렀고. 그가 트윗한 이 메시지는 논쟁에 휩싸였다. 직원을 해고하는 것을 너무 가볍게 여기는 듯한 뉘앙스였기 때문이다. 해고된 직원들에게 제공한 지원이나 그들에 대한 위로나 감사 언급은 전혀 없이 수익성 개선을 자랑하는 듯한 태도에 비난이 가해졌고 BBC,《포천》등 여러 매체도 이런 태도를 지적했다. 그는 BBC와의 인터뷰에서, 2일 만에 만든 AI 챗봇으로 고객 상담 직원을 대체했다면서 회사가 위태로운 상황에서 수익성 개선을 위해 찾은 대안이었다고 말했다. AI를 고객 상담 외에 엔지니어링, 마케팅, 영업 등에서도 사용하고 있고, 향후 그래픽 디자인, 일러스트레이션, 데이터 분석 등의 업무에까지 배치해 직원을 대체할 생각이라고 밝혔다. 과연 수미트 샤를 비난하는 것이 맞을까? 아니면 생산성과 효율성을 높이는 방법을 적극 찾고, 수익성 개선을 위해 노력하는 CEO라고 이해하는 것이 맞을까? 분명한 것은 우리가 이런 상황을 자주 겪게 될 것이라는 점이다.

왜 미국 작가조합과 미국 배우조합은 파업을 했을까?

▼

미국 작가조합WGA은 2023년 5월 2일부터, 미국 배우조합SAG-AFTRA은 7월 13일부터 파업을 시작했다. 이 글을 쓰는 8월 25일 시점으로 작가 파업은 116일, 배우 파업은 42일째인데 더 오래갈 듯하다. 단기간에 끝나지 않고 있어서 콘텐츠 제작에 타격이 불가피하다. 할리우드에서 제작 중이던 영화, 드라마의 90퍼센트 이상이 제작 중단 상태다. 토크쇼나 예능도 상당수 중단되었다. 장기간 파업은 작가, 배우, 제작사 모두에게 손해다. 그럼에도 불구하고 쉽게 결론이 나지 않는 것은 쟁점이 중요하고, 그동안 다루지 않았던 내용이 있어서다. 원래 배우조합과 제작사 단체는 3년 주기로 협상한다. 근로 조건과 인권 보호, 수익 배분 등을 협상하는데, 이전 파업이 1980년이었으니 43년간 협상이 결렬된 적 없었다. 미국 작가조합과 미국 배우조합이 동시에 파업을 한 것은 1960년 이후 63년 만이다. 파업에 참여한 배우, 작가, 스태프 등은 약 16만 명이다. 파업의 상대자는 넷플릭스, 디즈니, 워너브라더스, 유니버셜, 아마존 등 OTT나 영화/콘텐츠 제작사다.

파업의 쟁점은 스트리밍 수익 배분, 창작자 보호, 제작사나 OTT

의 과도한 CEO 연봉 책정(구조 조정을 한다고 다른 부분은 쥐어짜면서) 등 여러 가지가 있지만 그중 핵심 쟁점 하나가 AI 사용이다. 그동안은 이 것을 쟁점으로 고민할 필요가 없었다. 아주 먼 미래에야 닥칠 일이지 아직은 아니라고 생각했기 때문이다. 그런데 오픈AI에서 개발한 대화 형 AI 챗봇인 챗GPTChatGPT가 등장해 전 세계를 뒤흔들자 당장 현실 문제처럼 여겨져 위기감과 두려움이 커졌다. 생성형 AI를 사용해 작가 의 역할을 일부 대체하거나, AI로 생성한 이미지와 영상으로 배우의 역 할을 대체하는 상황에 맞서 작가와 배우를 보호할 장치가 필요한 것이 다. 제작사로서는 비용 절감과 생산성 향상을 위해 AI 활용을 계속 확 내해가려 한다. AI 기술의 진화로 머지않아 작가가 아닌 기계가 시놉시 스를 발전시킨 초고를 쓰고, 이것을 사람이 다듬을 수도 있다. 시간문 제일 뿐 앞으로 작가의 역할을 상당 부분 대체할 수 있다. 배우도 마찬가지다. 인간과 기계(로봇, AI)가 일자리를 두고 경쟁하는 상황이 가시화된 핵심 분야 중 하나가 콘텐츠 제작 현장이다.

넷플릭스의 AI 관련 분야 채용 동향을 보면 콘텐츠 생성을 위한 AI를 개발하고 있다고 추정된다. 이미 콘텐츠 제작에 AI 기술을 활용하고 있기도 하다. 스페인의 리얼리티 데이트 쇼 〈딥페이크 러브〉는 제목에서 알 수 있듯이, 참가자의 얼굴과 몸을 스캔해서 AI가 생성한 딥페이크를 활용해 참가한 커플의 믿음을 시험해보는 콘텐츠다. 만약 한국에도 이런 기술을 적용하면 〈나는 솔로〉나 〈돌싱글즈〉를 만들면서 출연자의 얼굴과 몸을 기반으로 AI가 만들어낸 딥페이크를 아바타로 두고 서로 데이트하다가 마지막에 사람이 진짜로 나타나는 식이 될 것이다. 때로는 마지막에 알고 봤더니 사람이 아닌 가상의 존재일 수도 있다. 처음에는 AI를 일부 활용하며 인간과 공존하겠지만, 기술적 진화가 더 이루어지면 사람 없이 처음부터 AI가 모든 것을 만들어내게 된다. 디즈니도 AI 전담팀을 운영하며 AI를 통한 콘텐츠 제작을 시도한다. 아마 모든 콘텐츠 제작사가 이런 접근을 하지 않을까? 이런 상황에서 작가조합, 배우조합이 파업하며 이 문제에 대한 보호 장치를 만들고자 하는 것은 당연해 보인다. 작가와 배우의 입장은 타당하며, 반대로 콘텐츠 제작사의 입장도 타당하다.

로보택시의 시작, 샌프란시스코 택시 기사의 운명은?

▼

샌프란시스코는 2012년 차량 공유 서비스(우버)를 최초로 허가해 산업이 되는 길을 닦아주었고, 숙박 공유 서비스(에어비앤비)도 최초로 허가해 산업의 길을 열어주었다. 전 세계에서 차량과 숙박을 비롯한 공유 경제는 지난 10년간 큰 산업으로 성장했고, 일상의 문화로 자리 잡았다. 캘리포니아 공공요금위원회CPUC는 2023년 8월, 샌프란시스코에서 자율 주행 로보택시(웨이모, 크루즈)를 24시간 연중무휴로 운영하도록 상업용 승객 서비스의 추가 운영 권한을 부여해주었다. 기존에는 통행량이 적은 밤 10시부터 오전 6시까지 야간에만 제한적으로 무료 운영해왔던 데서 본격적 산업화의 길로 넘어가게 해준 것이다. 자율 주행 로보택시가 현실에 들어오면 어떤 일이 벌어질지 이제 샌프란시스코에서 직접 경험하게 되었다. 편리와 효율을 강화할지, 교통 체증을 가중시킬지, 운전자의 일자리를 빼앗아갈지 이제 직접 겪어보며 알 기회를 잡은 것이다.

자율 주행 로보택시 산업으로서는 큰 전환점이다. 알파벳(구글) 자회사 웨이모Waymo LLC는 2009년 구글의 자율 주행차 프로젝트로 시작된 기업이다. GM 자회사 크루즈Cruise LLC는 자율 주행 스타트업으로 시작해 2013년 GM에 인수되었다. 둘 다 시작한 지 10여 년 만에 자율 주행 로보택시 사업이 본격화되는 셈이다. 자율 주행 로보택시는 이들 외에도 전 세계 자동차 업계, 테크 업계가 계속 주목하고 준비하던 사업이다. 현대자동차는 2024년 좀 더 본격적인 행보를 보일 예정이다. 시작이 어려웠을 뿐, 그동안 제한적이고 부분적이던 자율 주행 로보택시가 샌프란시스코를 기점으로 전 세계 주요 도시로 번져가면 생각보다 발전 속도가 너 빠를 수 있다. 원래 시작이 반이라고 했다.

《라이프 트렌드 2023: 과시적 비소비》에서 '일상에 들어온 로봇택시와 무인 공장, 그리고 당신의 위기'라는 트렌드 이슈로 로보택시가 일상에 들어오는 이야기를 다룬 바 있다. 실제로 샌프란시스코에서는 현실이 되었으며, 서울에서도 조만간 현실에 가까워질 것이다. 2024년 우리는 먼 미래라고 여겼던 일을 더 가깝게 만나게 될 텐데, 그중 하나인 로보택시가 일상의 모습이 되는 예상 못 한 상황을 맞이할 수 있다. 이전에 전 세계에서 택시 기사들이 일자리를 지키기 위해 우버를 비롯한 차량 공유와 모빌리티 서비스에 한편으로는 저항하고, 한편으로는 적응해갔다. 한국에서는 우버를 몰아내고, 타다를 접게 만들기도 했다. 과거에는 가능했지만 이제는 그런 일이 재현되기 쉽지 않다.

이는 택시 기사만의 이야기가 아니다. 로봇과 자동화가 우리의 일자리와 우리의 일상에 큰 변화를 일으키기 시작했고, 앞으로는 전방위적으로 여러 영역에서 적용되어 변화를 몰고 올 것이다. 우리가 살아가면서 계속 직면할 이 문제에서 누구도 예외는 없다.

일자리 위기 대 인력난 해소, 과연 당신의 관점은?

▼

세계경제포럼에서 2023년 5월에 발표한《직업의 미래 보고서 2023Future of Jobs Report 2023》에 따르면, 2022년에는 인간 의존 직무 66퍼센트, 기계 의존 직무 34퍼센트였으나 2027년에는 인간 의존 직무 57퍼센트, 기계 의존 직무 43퍼센트로 전망한다. 전 세계 직업에서 기계 의존 직무 비중이 5년 새 34퍼센트에서 43퍼센트로 높아지는 것이다. 2030년경이면 50퍼센트를 넘어설 수도 있다. 기계 의존 직무가 늘어날수록 인간의 일자리에 영향을 미칠 수밖에 없다. AI나 고도화된 로봇만 있는 것이 아니다. 단순한 자동화 도구로도 일자리는 대체된다.

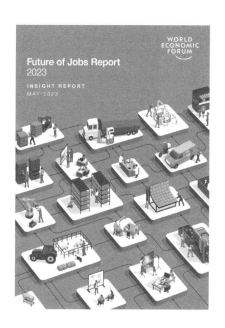

　얌샘김밥은 2023년부터 기존 김밥 조리기에 자동말이 기능을 추가했고 제육덮밥, 불고기덮밥, 떡볶이 같은 볶음류를 자동 조리할 수 있는 '셰프 로봇'도 도입했다. 1인분씩 미리 소분된 재료와 양념을 냄비 모양의 자동조리기에 넣고 조리 버튼을 누르자 로봇이 스스로 데우고 볶으며 요리를 완성해냈다. 김밥도 기계가 김 위에 밥을 펴놔 사람은 속재료만 올리면 되고, 써는 것도 로봇이 한다. 2023년 4월 현재 전국 240여 개 점포의 75퍼센트인 180개 점포에서 김밥 반자동 조리기를 사용하고 있다. 얌샘김밥은 2023년 안에 전체 요리를 자동화한 매장을 40여 곳으로 늘릴 계획이다. 2024년이면 거의 모든 점포에서 자동화가 일부 이상 적용될 것이고, 완전 자동화하는 매장은 100개에 육박할 수도 있다. 김밥 프렌차이즈를 하는 자영업자는 부자가 아니다.

영세한 이들이 자신의 노동력으로 돈을 버는 것인데, 직원 고용은 인건비와 잦은 이직이 부담스럽다. 그런데 자동화 기기로 이 문제를 해결할 수 있다면 마다할 업주가 있을까? 자동화, 셰프 로봇은 얌샘김밥의 프렌차이즈 마케팅 전략이다. 이것은 얌샘김밥만의 전략일까? 아니다. 김밥 프렌차이즈뿐 아니라 치킨 프렌차이즈에서도 자동화 조리 도구는 늘어날 수밖에 없다. 편의점이나 빨래방이 무인화되는 것 역시 인력난 해소와 관련 있다. 영세 자영업자가 24시간 편의점과 빨래방을 운영할 수 없으니 아르바이트 고용이 필수적인데, 사람 구하기가 쉽지 않고 최저 임금이 부담스러울 수 있다. 결국 자동화, 무인화는 인력난 해소 차원으로 볼 수 있다. 물론 다른 입장에서는 일자리 위기로 볼 수 있다.

당신의 관점은 무엇인가? 과연 일자리 위기일까, 인력난 해소일까? 아니면 노동 혁신일까? 구직자 입장에서는 일자리가 줄어드니 일자리 위기로만 보일 수 있겠지만, 고용주 입장에서는 중소기업이나 자영업에서 구인난을 겪고 있기에 로봇이 이를 대체한다면 인력난 해소로 보인다. 그런데 이런 입장 차이를 떠나 전체 고용과 노동 환경을 통합적으로 본다면 분명 노동 혁신이다. 인간이 도구를 활용해 생산성을 극대화하는 것이기 때문이다. 우리는 인간이다. 이해관계가 얽혀 있고 지극히 주관적일 수 있는 인간이다. 일자리도 필요하고 돈도 필요하다. 그러니 일자리 위기와 인력난 해소라는 상충하는 관점은 좁혀지기 어렵다. 결국 결론은 각자도생이란 말인가? 기본 소득과 로봇세는《라이프 트렌드》시리즈에서 계속 언급해왔는데, 결코 쉽지 않겠지만 인류가 모색할 주요 대안임에는 틀림없다.

일론 머스크가 휴머노이드 로봇 테슬라봇을 만드는 진짜 이유

▼

사람을 로봇으로 다 대체하기는 쉽지 않다. 사람에게 맞춰진 작업 환경이나 사회 시스템 때문이다. 그래서 로봇으로 대체하는 데는 시간이 걸린다. 그런데 사람과 닮은 휴머노이드 로봇 기술이 발달하면 어떻게 될까? 세상은 그대로 둔 채 사람만 휴머노이드 로봇으로 바꾸면 된다. 일론 머스크가 테슬라봇Tesla Bot을 개발하는 것은 우연이 아니다. 그는 2021년에 휴머노이드 테슬라봇으로 사람이 일하는 방식을 바꿔놓겠다고 했는데, 2022~2023년 프로토타입과 업그레이드된 버전 등을 공개하며 노동자 연봉보다 적은 가격(약 2만 달러)으로 24시간 일하면서 불만도 없는 휴머노이드 로봇을 고용할 수 있다는 식의 메시지를 계속

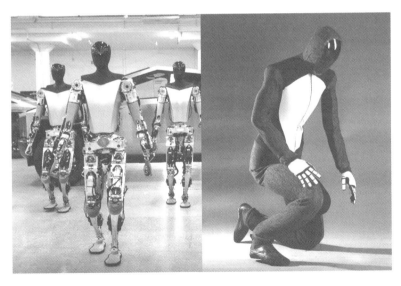

▶▶▶ 왼쪽: 테슬라봇, 오른쪽: 네오

던졌다. 자동차 시장을 전기차 중심으로 전환시키면서 막대한 부를 거머쥔 그가 휴머노이드 로봇이 가져올 일자리 혁신과 비즈니스 기회에 주목하고 있는 것이다.

오픈AI도 2023년 3월 휴머노이드 로봇 이브EVE와 네오NEO를 개발하는 노르웨이의 로봇 스타트업 1X에 투자했다. 네오는 사람이 가상현실 고글을 끼고 원격으로 조종할 수도 있다. 사람이 휴머노이드 로봇을 아바타처럼 부리는 것이다. 이는 위험한 산업 현장에서 효과적이다. 한국에서는 안전 의무 위반으로 발생한 산업 재해 등을 처벌하는 중대재해처벌법이 시행 중인데, 휴머노이드 로봇을 활용해 재해를 줄일 수 있다면 기업 경영자로서는 관심이 갈 수밖에 없다. 오픈AI는 돈만 투자한 것이 아니라 파트너십을 맺고 AI 기술까지 지원한다. 휴머노이드 로봇이 만들어낼 일자리 혁신과 비즈니스 기회를 꿰뚫어 본 것이다. 이외에도 여러 휴머노이드 로봇 기업이 있는데 공통적으로 노동력 부족과 높은 이직률, 재해와 위험 수당 등을 고려해 사람을 대체하는 것을 염두에 두고 개발한다. 생산직, 물류직, 배송직, 건설직, 단순서비스직 등에서 활용될 수 있다.

《로봇의 부상Rise of the Robots》을 쓴 미래학자 마틴 포드Martin Ford는 "합리적인 기업가라면 인력을 절감할 수 있는 기술이 나올 경우, 거의 예외 없이 그 유혹을 뿌리치지 못한다"라고 했다. 일자리를 유지하기 위해 기술 진화가 생산성, 효율성을 높이는 것을 막아야 할까? 과연 막을 수는 있을까? 그리고 엄밀히 따지면 사람이 AI 혹은 로봇과 일자리를 두고 싸우는 것이 아니다. 사람은 생산성과 효율성 혁신을 통해 줄어든 일자리를 놓고 일자리가 필요한 다른 사람과 싸울 뿐이다. 즉 AI

2023~2027년 신규 일자리 및 실직자 수

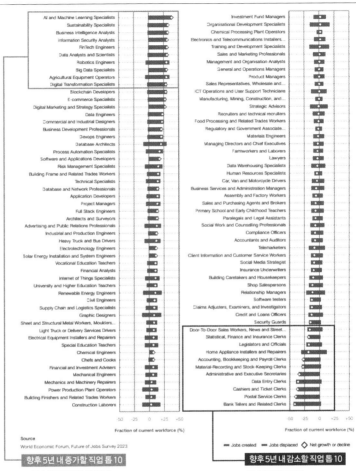

Source
World Economic Forum, Future of Jobs Survey 2023

■ Jobs created ■ Jobs displaced ◇ Net growth or decline

향후 5년 내 증가할 직업 톱 10

① AI와 머신러닝 전문가
② 지속가능성
  (에너지 및 기후) 전문가
③ 사업 지능 분석가
④ 정보 보안 분석가
⑤ 핀테크 엔지니어
⑥ 데이터 분석가와 과학자
⑦ 로봇 엔지니어
⑧ 전자공학 엔지니어
⑨ 농기계 전문가
⑩ 디지털 전환 전문가

향후 5년 내 감소할 직업 톱 10

① 은행 창구 직원
② 우체국 직원
③ 계산 및 매표 직원
④ 데이터 입력 직원
⑤ 행정 업무 전담 비서
⑥ 자재 기록 및 재고 관리 직원
⑦ 회계, 부기, 급여 담당자
⑧ 국회의원과 공무원
⑨ 통계, 재무, 보험 직원
⑩ 방문 판매원,
  신문 및 노점 관련 종사자

를 비롯한 기술적 도구를 잘 활용해서 자신의 능력을 극대화할 수 있는 사람이 주로 일자리를 차지하게 된다.

앞에서 언급한 《직업의 미래 보고서 2023》에는 2023~2027년 신규 일자리 및 실직자 수가 표로 실려 있다. 좌측 상단부터 신규 일자리가 많아지는 직업 순서, 우측 하단부터 일자리가 줄어드는 직업 순서다. 향후 5년 내 증가할 직업 상위 10개와 감소할 직업 상위 10개를 확인해보라. 당신의 직업이 거기에 해당하는지, 어떤 직업을 선택하는 것이 좀 더 유리할지 판단해보라.

고학력 사무직이 가장 위험하다고?

▼

세계경제포럼World Economic Forum에 따르면 2027년까지 AI로 인해 전 세계적으로 8300만 개의 일자리가 사라진다. 일자리 감소가 클 직군으로 은행원, 단순 사무직, 행정직 등이 꼽혔다. 그리고 같은 기간 동안 6900만 개의 새로운 일자리가 만들어진다. 하지만 문제는 사라진 일자리에 종사하던 사람들이 새로운 일자리로 그대로 넘어갈 수 없다는 점이다. 그중 일부는 교육을 통해 전문성을 쌓아 직업 전환을 이루겠지만, 대부분은 그냥 실직자로 남을 수 있다. AI로 인해 자신의 역할 자체가 사라졌기 때문이다. 이런 점은 지식 노동자가 더 불리할 수 있다. 이들이 종사하는 직업은 AI 기술 진화로 인해 효율성, 생산성 극대화가 이루어질 수 있기 때문이다. 전체 노동자 중 3분의 1을 지식 노동자로 볼 수 있다. 대부분 사무직 직장인으로 마케팅, 출판, 법률, 회계, 자문, 연구개발 등의 분야 종사자가 해당한다. 미국에는 지식 노동자만 약

1억 명이다. OECD가 2023년 7월 발행한 보고서《2023년 고용 전망》에서는 AI 기술을 활용한 자동화로 일자리 대체의 위험성이 있는 직업이 27퍼센트가량인 것으로 분석했다. 여기서도 영향을 많이 받을 일자리로 고학력 사무직을 꼽았다. 그동안 지식 노동자, 고학력 사무직 등이 우대받다보니 대학 진학은 기본이고 명문대 진학을 선호해왔다. 하지만 AI가 가장 잘 대체할 수 있는 중 하나가 아이러니하게 지식 노동자, 고학력 사무직이다. 일자리의 변화는 대학 진학에 대한 태도 변화로까지 이어질 수밖에 없다.

2023년 5월 한국리서치가 성인 남녀 1000명을 대상으로 조사한 결과를 발표했다. AI 기술 발전으로 인해 '전반적으로 볼 때, 줄어드는 일자리가 더 많을 것'이라는 응답자가 80퍼센트였고, '전반적으로 볼 때, 새로 생기는 일자리가 더 많을 것'은 8퍼센트, '별다른 영향을 주지 않을 것'은 7퍼센트였다. 확실히 AI 기술로 일자리가 줄어드는 것에 대한 우려나 두려움이 클 수밖에 없다. 특정 직업을 두고 AI와 인간 중 어느 쪽이 우세할지 묻는 질문에 스포츠 경기 심판은 'AI가 더 잘할 것이다' 78퍼센트, '인간이 더 잘할 것이다' 16퍼센트였다. 컴퓨터 프로그래머는 78퍼센트 대 16퍼센트, 자산관리사는 73퍼센트 대 20퍼센트로 AI가 더 잘할 것이라는 견해가 압도적으로 높았다. 예를 든 이런 직업 외에도 AI가 우세할 직업은 많다. AI 기술의 일자리 대체를 우려하는 것은 한국 노동자만이 아니다. 전 세계에서 다 우려한다. 2023년 5월 미국의 신원 조회 플랫폼 채커Checkr에서 미국 노동자 3000명을 대상으로 생성형 AI가 일자리에 미치는 영향에 대한 설문 조사를 했다. 응답자의 69퍼센트는 AI 도구가 자신의 일자리를 대체할 수 있다고 우려했다. 특히 밀레니얼세대는 76퍼센트, Z세대는 71퍼센트가 AI로 인한 일자리 대체를 우려하고 있다. 응답자의 79퍼센트가 AI 도구를 도입하면 임금 하락으로 이어질 수 있다고 답했고, 67퍼센트는 AI에 대체되지 않기 위해 AI 관련 지식을 습득하는 데 돈을 쓸 의향이 있다고 답했다. 직장인의 교육, 재교육 시장은 커질 수밖에 없다. 살면서 여러 개의 직업을 거친다는 것은 여러 번의 직업 전환을 한다는 의미고, 여러 번 새로운 전문 교육을 받는다는 의미다.

글로벌 컨설팅 회사 맥킨지는 2030년까지 미국인의 일하는 시간 중 30퍼센트가 자동화될 것이고, 최소 1200만 명(실제로는 이보다 훨씬 더 많을 수 있다)이 다른 분야로 전환할 것으로 봤다. 전환하고 싶어서 하는 게 아니라 자기 일자리와 자기 역할이 자동화로 사라져서 어쩔 수 없이 전환하는 것이다. 물론 전환을 못 하는 이들은 실직자로 남는다. 기술 진화가 일자리를 빼앗아가는 상황은 불가피하다.

글로벌 빅테크의 AI 투자 러시와 앞당겨질 미래

▼

2023년의 최고 유행어는 '챗GPT'가 아닐까? 챗GPT가 촉발한 생성형 AI 이슈가 전 세계를 장악했다. 주식 시장의 테마주로 각광받고, 교육 현장에서는 챗GPT를 어떻게 쓸 것인가를 두고 위기와 기회를 타진했으며, 출판, 광고, 패션, 의료, 법률, 소비재 등 분야를 막론하고 챗GPT와 생성형 AI를 적용하는 시도가 전방위적으로 일어났다. 2023년은 챗GPT로 시작해 생성형 AI로 끝난다고 해도 과언이 아니다. 이는 2024년에도 이어질 것이다. 다만 오픈AI가 이 흐름을 주도하지는 못할

오픈AI 웹 사이트 월별 방문자 수

단위 10억 명

것이다. 시밀러웹SimilarWeb에 따르면 2023년 7월 챗GPT 웹 사이트 방문 사용자 수는 15억 명으로 6월의 17억 명에 비해 12퍼센트인 2억 명이나 감소했다. 5월이 19억 명으로 정점이었는데 그 후 연속으로 매달 2억 명씩 줄어든 것이다. 구글이 챗GPT에 대응하기 위해 자체 대형언어모델 LaMDA와 PaLM을 기반으로 만들어 2023년 3월에 출시한 AI 챗봇 바드Bard의 영향도 있고, 오픈 소스인 메타의 LLaMA가 생성형 AI 개발 붐을 일으키며 시장의 새로운 주도자로 떠오른 영향도 있다. 오픈 AI의 원천 기술 자체가 구글에서 시작된 것이기도 하다. 마이크로소프트의 검색 엔진 빙이 챗GPT의 인기를 등에 업고 나섰지만, 여전히 검색 서비스에서 절대 강자는 구글이다. 오픈AI와 마이크로소프트의 투자와 강력한 파트너십 아래 챗GPT가 먼저 시장에서 부각되었지만,

2023년에 구글이 생성형 AI 서비스를 자사의 다양한 서비스에 전방위적으로 적용하면서 구글의 힘이 드러나고 있다.

챗GPT를 운영하기 위해서는 막대한 비용이 든다. 하루에 70만 달러가량이라고 하는데, 1년이면 2억 5550만 달러다. 이렇게 큰돈을 쓰지만 챗GPT를 통해 벌어들이는 수익은 미미하다. 2022년 매출은 2800만 달러로, 적자가 5억 4000만 달러였다. 2023년에는 약 2억 달러의 매출이 예상되는데, 그 정도로는 적자가 해소될 수 없다. 2023년 초에 마이크로소프트로부터 100억 달러의 투자를 유치해서 당장 망할 일은 없지만, 기술과 인프라에 대한 막대한 금액의 투자는 앞으로 계속 필요하다. 오픈AI뿐 아니라 AI 스타트업 대부분은 오랜 기간 막대한 투자가 필요하고, 글로벌 빅테크와 파트너십을 통해 시너지를 낼 필요가 있다. 이것이 글로벌 빅테크 기업의 투자 러시가 이어지는 이유다. 현재까진 가장 투자를 잘한 빅테크는 오픈AI에 투자한 마이크로소프트다. 2023년 들어 AI 스타트업에 대한 대형 투자가 이어지고 있는데, 구글은 앤트로픽Anthropic, 런웨이Runway 등에 투자하고, 세일즈포스는 앤트로픽, 코히어Cohere, 허깅 페이스Hugging Face 등에 투자하고, 엔비디아는 코히어, 런웨이 등에 투자했다. 투자에 적극적인 빅테크는 클라우드 서비스와 연관된 곳이 많다.

앤트로픽은 오픈AI의 연구원들이 2021년 공동 설립한 AI 스타트업으로, 대형언어모델과 AI 챗봇 클로드Claude를 개발한다. 2021년 1억 2400만 달러, 2022년 5억 8000만 달러의 투자를 유치했다. 기업 가치는 50억 달러로 평가받는데, 2023년 상반기에만 7억 5000만 달러의 투자를 유치했다(3월에 구글이 3억 달러, 5월에 구글과 세일즈포스 등이 4억

5000만 달러). 직원 수 50명가량인 앤트로픽은 앞으로 최대 50억 달러의 투자를 유치해 가장 강력한 대형언어모델을 만들겠다는 목표를 밝힌 바 있다. 2023년 8월에 SKT가 1억 달러를 투자하기도 했다. 앤트로픽은 구글의 클라우드 시스템과 구글이 개발하는 차세대 AI 칩을 사용하는 등 구글과 강력한 파트너십을 갖고 있다. 오픈AI와 마이크로소프트의 강력한 파트너십에 견줄 만하다.

구글의 딥러닝 AI 연구팀에 있었던 2명이 2019년 공동 창업한 AI 스타트업 코히어는 2023년 6월 엔비디아, 세일즈포스, 오라클 등으로부터 2억 7000만 달러의 투자를 유치했다. 그동안 투자받은 총액은 4억 4500만 달러다. 코히어는 대형언어모델을 기반으로 기업이 사용할 수 있는 생성형 AI 기술을 개발한다. 기업 가치 40억 달러로 평가받는 AI 스타트업 허깅 페이스의 투자 유치 과정에서 세일즈포스가 리드 투자자로 참여하고 있다. 향후 세일즈포스가 인수를 염두에 두고 있다는 해석도 있다. 허깅 페이스는 메타의 오픈 소스 Llama 2 같은 대형언어모델을 비롯해 수십만 개의 AI 모델을 호스팅하고 있다. 세일즈포스는 오픈 소스 플랫폼인 허깅 페이스를 이용해 자사의 클라우드 기반 서비스를 접목하려는 것이다. 아마존 웹 서비스AWS도 허깅 페이스와 파트너십을 맺고 있다. 아마존 웹 서비스는 오픈AI의 Dall-E와 경쟁 관계인 Stability AI, GPT-3와 경쟁 관계인 AI21 Labs와도 파트너십을 맺고 있다. 동영상 생성형 AI 스타트업 런웨이는 2023년 6월 1억 4100만 달러의 투자를 유치했는데 구글, 엔비디아, 세일즈포스 등이 참여했다. 전 세계적으로 엔터프라이즈 및 클라우드 컴퓨팅을 가능하게 하기 위한 데이터 센터에 약 1조 달러 정도가 투자되어 있다고 한다.

AI 열풍으로 인해 데이터 센터의 생성형 AI, 가속 컴퓨팅으로 전환이 본격화되기 시작했는데, 기존 데이터 센터에 투자된 것 이상이 추가 투자될 것으로 전망하고 있다. 1조 달러가 넘는 새로운 시장을 차지하기 위해서 빅테크 기업들이 AI 스타트업에 투자하고, 파트너십을 맺는 것이다.

AI 투자에 가장 적극적인 빅테크는 메타다. 메타는 2022년 11월부터 2023년 5월까지 총 3차례에 걸친 대량 해고로 막대한 인건비 절감을 이루었다. 이것이 AI 개발에 공격적인 투자를 할 수 있는 배경이기도 하다. 메타버스에 공격적으로 투자하며 사명을 메타로 바꾸었지만, 지금은 메타버스는 잠시 두고 AI에 적극적이다. 자체 개발한 대형 언어모델 LLaMA(2023년 3월 LLaMA1, 7월 LLaMA2 공개)를 오픈 소스 전략으로 선택한 것이 현재까지는 묘수로 평가받는다. 생성형 AI 모델 훈련을 위해 개당 1만 달러 정도인 엔비디아의 AI 칩을 대량 구매하며 막대한 돈을 써서 과잉 투자 우려를 낳았는데, 메타버스 투자에서 성과를 거두지 못한 마크 저커버그로서는 생성형 AI에 승부수를 띄운 셈이다. 일각에서는 이러다가 사명이 메타AI가 되는 것 아닌가 할 정도다. 장기적으로 메타버스 시장이 제대로 커지고 생성형 AI 시장도 커지면 메타로서는 최상의 결과다. 참고로 2023년 1월 124달러로 시작한 메타의 주가가 7월 말 325달러까지 갔고, 8월에도 300달러 내외였다. 이런 주가 상승에는 메타가 AI에 적극 투자하고 대량 해고로 수익성을 개선한 점이 결정적 요인으로 작용했을 것이다. 2023년 상반기까지는 오픈AI가 주도하는 듯 보였지만 구글, 메타, 엔비디아, 세일즈포스 등이 급속도로 성장했고, 애플도 공격적 행보를 예고하고 있다. 국내에서도 네이버,

카카오, 삼성전자, LG, 엔씨소프트, SK텔레콤 등이 적극 나서고 있다.

분명한 것은 AI가 새로운 부의 중심이 될 것이라는 사실이다. 주도하는 기업과 밀려나는 기업이 엇갈릴 수밖에 없고, 글로벌 빅테크 중에서 더 커지는 기업이 있는 반면 망하는 기업도 나올 수 있다. AI 관련 인재가 더 중요해지므로 일하는 방식을 바꾸고 인재상도 변할 수밖에 없다. 엄밀히 보면 예상되었던 미래가 좀 더 앞당겨진다는 게 더 맞을 것이다.

이미 시작된 미래, 기술적 특이점과 쓸모없는 계급

▼

특이점은 일반적으로 기술적 특이점Technological Singularity을 뜻하는데, AI를 비롯한 기술 진보가 인간 사회와 인류의 진화에 급격하고도 되돌릴 수 없는 변화를 가져오는 미래의 어느 순간을 의미한다.

특이점의 기본 개념은 컴퓨터의 아버지라 불리는 존 폰 노이만John von Neumann(1903~1957)이 제시했다. 이것을 대중화시킨 사람이 샌디에이고대 컴퓨터과학 교수이자 SF 소설가로 활동한 컴퓨터과학자 버너 빈지Vernor Vinge다. 그가 1993년 발표한 논문이 〈다가오는 기술적 특이점The Coming Technological Singularity〉이다. 버너 빈지는 사이버 공간이란 개념을 처음 제시한 사람이기도 하다. 특이점의 시기를 좀 더 구체화한 것은 21세기 들어서다. 미래학자이자 발명가, 컴퓨터과학자 레이 커즈와일Ray Kurzweil은 《특이점이 온다The Singularity Is Near: When Humans Transcend Biology》(2005)라는 책에서 AI가 인류의 지능 총합을 넘어서는 시점을 2045년으로 봤다. 그는 2012년부터 구글의 엔지니어링 디렉터(이사)로 합류해 머신 러닝과 AI 분야 연구 프로젝트에 참여했다.

2017년에는 "2029년이면 컴퓨터가 인간 수준의 언어를 이해할 수 있으리라는 것이 지난 수십 년 동안 내가 일관되게 예측해온 결과다"라고 말했다. 최근의 생성형 AI의 진화 속도를 보면 그가 말한 2029년보다 더 빨리 그런 날이 올 수도 있을 것이다. 그리고 기술적 특이점도 2045년보다 더 앞당겨질 수 있다. 기술적 특이점이 우리와 무슨 상관인가 싶은 사람도 있을 텐데, 세계적 베스트셀러 《사피엔스Sapiens》(2014)의 저자 유발 하라리Yuval Noah Harari 교수가 《호모 데우스Homo Deus: A Brief History of Tomorrow》(2016)에서 "쓸모없는 계급useless class"이라는 표현을 써서, 자동화로 인해 일자리를 뺏겨 고용 시장에서 밀려난 이들을 지칭했다. 냉혹한 말이지만 일자리가 사라지는 순간 사회적으로 쓸모가 사라진다. 생산 활동을 하거나 돈을 벌지 못하고, 먹고살 방법을 스스로 해결하지 못하게 되기 때문이다. 유발 하라리는 현재의 아이들이 학교에서 배우는 대부분의 내용은 그들이 40세가 될 시기면 전혀 쓸모없어질 것이라는 말도 덧붙였다. 기술적 특이점과 쓸모없는 계급은 미래의 일, 남의 일이 아니라 우리가 지금부터 직면하게 되는 일이다.

초거대 AIHyperscale AI는 기존 AI에서 진화한 차세대 AI로 대용량의 데이터를 학습해 인간처럼 종합적 추론이 가능해진다. 이를 기존 AI와 구분해 AGIArtificial General Intelligence(범용 인공지능)라고 한다. AGI는 인간의 두뇌와 동일한 수준에서 작업을 수행하고, 음성을 듣고 이해하며, 복잡한 사고와 판단을 수행할 수 있는 지적 능력을 지닌 가상 두뇌다. 인간이 그동안 하던 창작을 AGI가 할 수 있다. 지금도 AGI를 활용해 에세이를 쓰고 책을 만들고 그림을 그린다. 이용자의 특정 요구에 따라 결과를 생성해내는 AI라는 의미에서 생성형 AI라고도 한다. AI는 인간이 만든 데이터 원본을 학습해 소설, 시나리오, 논문, 에세이, 이미지, 미술, 비디오, 코딩 등 다양한 콘텐츠를 생성해내게 된다. IT 분야의 전문 리서치 그룹 가트너Gartner에 따르면, 2025년이면 전체 데이터 중 10퍼센트를 AGI가 만들 것으로 예측한다. 우리가 보는 텍스트나 이미지, 프로그래밍 코드 등의 10퍼센트를 사람이 아닌 AGI가 만든다는 것은 우리가 보는 뉴스 기사나 쇼핑몰의 상품 설명이나 우리를 유인하기 위한 카피, 유튜브나 틱톡에서 즐겁게 보는 영상, 이미지, 웹페이지, 블로그 포스트 등을 AI가 만들어낸다는 의미다. 결국 인간의 일자리 대체는 더 확대될 수밖에 없다. 아우디는 디자인 부서에서 AI를 활용해 휠 디자인을 하는데, 모든 부서에서 AI를 활용하는 것이 목표라고 할 정도다. 특정 분야가 아니라 모든 분야에서 AI의 활용도가 높아질 것이고, 이것은 우리가 알던 수많은 직업에 직접적 영향을 미친다.

뉴욕의 급여투명화법과 한국의 MZ세대 갈등론

▼

뉴욕시는 2022년 11월부터 구인, 승진, 전직에 대해 공지를 하는 모든 경우, 급여의 범위를 명시하도록 의무화하는 급여투명화법을 시행하고 있고, 뉴욕주도 2023년 3월 유사한 법을 통과시켰다(시행은 6개월 후부터다). 이 법은 이미 캘리포니아주, 콜로라도주, 워싱턴주에서 시행되고 있다. 왜 이런 법을 만드는 걸까? 이유는 여성이라는 이유로, 소수 인종이라는 이유로, 장애가 있다는 이유로 급여를 차별하지 못하도록 하기 위해서다. 그동안 미국 연방 정부와 주 정부들은 임금, 급여의 평등화를 위해 노력해왔다. 직원의 연령, 인종, 국적, 성별 정체성, 장애,

결혼 등의 이유와 상관없이 유사한 업무를 하는 다른 직원과 동일한 급여를 받을 권리_{Right to equal pay for substantially similar work}를 보장하고 있다. 그럼에도 불구하고 급여 차별이 존재하자 문제를 해결하려는 노력의 일환으로 뉴욕주를 비롯해 여러 주에서 급여투명화법을 만드는 것이다. 급여 차이가 날 경우 이유를 충분히 설명할 수 있어야 한다. 성과나 능력에 따른 이유가 아니라 단지 성별, 나이, 인종 등의 이유라면 불법으로 규정하고 벌금을 부과한다. 뉴욕시 법안에서는 위반 건당 25만 달러의 벌금을 물게 된다. 이런 법의 핵심은 차별을 없애는 것이지 일괄적 평등이 아니다. 한국은 나이와 연차가 급여 책정에 영향을 미친다. 남녀 임금 격차도 OECD에서 가장 큰 나라다. 결혼하고 양육하는 직원이 암묵적으로 불이익을 받는 경우가 비일비재하다. 한국 기업에서 벌어지는 일이 미국에서 벌어진다면 벌금 물 일이 엄청나게 생긴다.

조직의 수평화, 능력주의, 성과주의, 역할주의가 가장 활발한 곳이 미국 기업이다. 빅테크 기업 대부분이 그렇다. 그들이 탁월한 성과를 일구어내고, 산업을 주도하고, 세계적 기업으로 영향력을 행사하는 것은 이런 조직 문화와 일하는 방식과 무관하지 않다. 능력만 있으면 아무리 어리든 소수 계층이든 장애를 가졌든 상관없이 능력을 발휘할 기회가 있다. 능력 있는 상위 1퍼센트가 빅테크에 많을 수밖에 없고, 그 속에서도 치열하게 경쟁하고 성과를 만들어내려 노력한다. DE&I는 결국 능력주의, 역할주의를 구현하기 위한 기반이다. 한국 기업도 이제는 최소한 성별, 나이, 인종, 장애 등에 대한 차별은 없애고 능력과 성과, 역할에 따라서 급여를 주어야 한다. 생성형 AI를 비롯한 기술적 진화는 사람의 능력을 극대화한다. 그 사람이 어떤 성별인지 어떤 인종인지 나이가 몇 살인지는 상관없다. 누가 더 새로운 기술을 도구로 잘 활용하고 업무 능력이 뛰어난지만 상관있다. 이건 거부할 수 없는 흐름이다. 앞서 8장 '격투기 하는 리더, 강한 리더십과 노동생산성'에서 다룬 내용과도 연결된다. 노동생산성과 조직의 수평화, 투명한 보상은 떼어놓고 이야기할 수 없으므로, 이는 일하는 방식과 일자리에서 변화를 가져온다.

그런데 우린 아직도 관성에 붙들려 있다. 2000년부터 많은 대기업이 수평화 시도를 했지만 조직 내 저항 세력에 의해 계속 무력화되었다. 그로부터 20여 년이 지난 지금 일부 기업이 겉으로는 수평화에 가까워졌지만 속으로는 여전히 과거의 행태가 존재한다. 만약 당신의 조직에서 MZ세대로 인한 갈등이 이슈라면 수직적 위계 구조에서 벗어나지 못했다는 전형적 증거다. 기업에서 MZ세대라는 구분은 득보다 실이 많다. 괜한 구분을 통해 편견과 차별을 만드는 것이기 때문이다. 애초에 MZ세대라는 말 자체가 X세대나 베이비붐세대 입장에서 자기들과 다른 젊은 두 세대를 임의로 묶어 통칭한 것이다. 그들을 이해하기 위해 MZ세대라는 말을 만들어낸 것이 아니라, 그들과 자신들을 구분하고 차이를 두기 위해서다. 사람은 나고 자란 환경, 시대에 따라서 경험과 가치관이 다르다. 세대 차이는 불가피하다. 하지만 세대 차이가 모두 세대 갈등이 되는 것은 아니다. 서로가 다름을 인정하고 존중하면 갈등의 여지가 줄어든다.

업무 능력과 세대는 상관없다. 어떤 세대여서 일을 잘하고, 어떤 세대여서 일을 못하는 것은 없다. 어떤 세대에서 이렇게 행동하고, 어떤 세대에서 저렇게 말한다는 것도 없다. 세대가 아닌 각자의 차이일 뿐이다. 그 사람이 그렇게 생각하고 행동하는 것이지, 그 사람이 특정 세대여서 그러는 게 아니다. 그럼에도 불구하고 MZ세대 때문에 세대 갈등이 생긴다고 여기는 기업의 경영자나 임직원이 여전히 있다. 그동안 이 문제를 풀겠다며, MZ세대를 이해하고 그들과 소통하겠다며 커뮤니케이션 교육과 화합 행사 따위를 잔뜩 했다. 그리 현명한 접근이 아니다. 산업 구조가 바뀌고 시대가 바뀌고 기술이 바뀌었다. 결국 일하는 방식과 조직 문화도 지금 시대에 맞는 것으로 바꿔야 한다. 그런데 이것을 바꾸지는 않고 세대가 서로 달라서 갈등이 생겼다며 풀겠다고 했으니 얼마나 어리석은가? 기업은 친목 단체가 아니다. 철저히 업무와 성과, 책임으로 만들어지는 조직이고 관계다. 과연 일하는 데서 상대의 나이, 상대의 세대를 아는 것이 필요할까? 업무 능력 자체만 보면 된다. 나이와 세대는 일과 아무런 상관도 없다.

AI가 일자리를 대체하는 시대, 기업은 인재난을 겪는다

▼

한국 사회에서 MZ세대라는 구분 자체가 갈등을 만들어낸다. 하루빨리 기업의 조직 문화가 나이나 서열 중심 문화에서 벗어나야 한다. 나이가 어리든 후배 세대든 상관없이 누가 더 유능하고, 누가 더 성과를 만들어내느냐에 따라서 권한, 역할, 보상을 줘야 한다. 결국 위계 구조 중심에서 수평적 조직으로 가려는 목적은 경직된 상하관계를 지우기 위해서다. 수평화는 능력주의, 역할주의다. 능력이 없는데 나이와 연차가 많다고 더 많은 연봉을 받고 더 많은 권한을 가지는 것이 과연 타당한가? 익숙하고 관행적으로 해왔다고 계속 고집하는 것은 참 고약한 태도다.

조직의 미래는 안중에 없고 자기 밥그릇만 챙기면 된다는 태도다.

　한국 경제가, 한국 기업이 그동안 이루어놓은 성과만 보고 미래에도 그러리라 여기는 이들이 있는데, 일하는 방식과 보상에서 투명성과 수평화가 확보되지 않는 한 한국 기업의 미래는 회의적이다. 인재가 모여드는 기업으로 만들지 못하면 미래가 위태롭다.

　참고로 LG전자의 29세 이하 직원의 자발적 퇴사율이 2022년 29.9퍼센트라고 언론이 호들갑 떨며 기사화한 일이 있다. 이 수치 맞긴 하다. 다만 글로벌 사업장 전체의 수치고 해외 사업장에서 코로나 영향으로 인한 퇴사율이 반영된 것이다. 국내 사업장만 따로 살펴봤더니 20대 직원 2600명 중 266명이 자발적 퇴사를 했다. 10퍼센트가 조금 넘는다. 29.9퍼센트보다 낮아서 최악은 아니구나 싶으나 중소기업도 아닌 대기업에서 10퍼센트가 넘는다니 심각하긴 하다. 삼성전자, 현대차, SK하이닉스 등에서 29세 이하 자발적 퇴사율이 1~3퍼센트임을 감안하면 확실히 높다. 20대의 조기 퇴사가 과거에 비해 많아진 것은 사실이지만 특정 기업이 다른 기업들에 비해 과하게 높다면 그 기업의 급여 투명성, 조직 경직성 등에서 문제가 있다고 볼 만하다. 이런 문제를 해결 못 하면 결국 기업이 손해다. 평생직장 시대에 만들어진 조직 문화와 보상 방식으로는 인재를 잡아둘 수 없다. AI를 비롯한 기술적 진화가 더 가속화될수록 인재의 중요성은 더 커진다. 구직자는 많지만 기업에서 원하는 인재 찾기가 갈수록 어렵다. 힘들게 구한 인재를 잘 지키는 것, 인재를 계속 성장시켜 더 나은 인재로 키워가는 것이 중요하다. 젊은 직원의 퇴사율, 직원 전체의 이직률이 높은 조직일수록 인재에 대한 교육, 인재를 성장시키는 투자에 취약한 경우가 많다.

2023~2027년 기업의 우선순위 재교육 항목

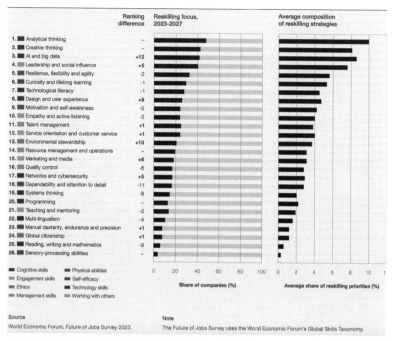

1. 분석적 사고력 / 2. 창의적 사고력 / 3. AI 및 빅데이터 활용 / 4. 리더십 및 사회적 영향력 / 5. 탄력성, 유연성 및 민첩성 / 6. 호기심과 평생 학습 / 7. 기술 활용 능력 / 8. 디자인 및 사용자 경험 / 9. 동기부여와 자기 인식 / 10. 공감과 적극적인 경청 / 11. 인재 관리 / 12. 서비스 오리엔테이션 및 고객 서비스 / 13. 환경 관리 / 14. 자원 관리 및 운영 / 15. 마케팅 및 미디어 / 16. 품질 관리 / 17. 네트워크 및 사이버 보안 / 18. 신뢰성 및 세부 사항에 대한 주의력 / 19. 시스템적 사고 / 20. 프로그래밍 / 21. 교육 및 멘토링 / 22. 다국어 / 23. 손재주, 지구력 및 정밀성 / 24. 글로벌 시민 의식 / 25. 읽기, 쓰기 및 수학 / 26. 감각 처리 능력

세계경제포럼의《직업의 미래 보고서 2023》에 나오는 2023~2027년 기업에서 우선순위로 꼽은 재교육 항목을 보자. 상위에 있는 분석적 사고력, 창의적 사고력, 리더십 및 사회적 영향력 등은 AI가 대체할 수 없는 역량이다. 그리고 AI 및 빅데이터 활용이 세 번째로 높은 우선순위라는 점에 주목하자. 과연 기업에서는 이 리스트의 상위 항목들을 중심으로

직원 교육을 하고 있는가? 혹시 가장 하위 항목들로 교육하고 있지는 않은가? 대개 전자라면 경영자가 유능하고 교육 부서가 힘이 있고 예산이 충분한 경우일 것이고, 후자라면 그 반대일 것이다.

기업의 인사, 교육 부서가 중요해지는 시대가 시작되었다. 과거에는 관행처럼 인사, 교육 부서는 돈 버는 부서가 아니라 쓰는 부서라 여겨 조직 내에서 힘이 없었다. 그런 낡은 인습이 이어지면 결국 AI의 역습에서 인재난을 심각하게 겪을 수밖에 없다. DE&I를 글로벌 기업들이 중요하게 여기고 대응하는 이유 중 하나가 인재 확보다. 우수한 인재일수록 DE&I가 갖춰지지 않은 기업에서 일하기를 꺼린다. 이는 곧 투명한 평가와 공정한 보상과 연결되기 때문이다.

AI가 많은 일자리를 대체한다는 것은 AI가 대체하지 못하는 인재를 기업이 더 원하게 된다는 의미이기도 하다. 치열한 인재 전쟁이 벌어질 수밖에 없다. 능력주의, 역할주의, 성과주의를 결국 받아들여야 한다. 그러자면 일하는 방식과 조직 문화에서 관점 변화부터 필요하다. 먼저 주 4일제는 노동생산성과 성과주의의 산물이다. 주 4일제는 5일 치의 업무량을 4일에 끝낸다는 의미지 그냥 5일에서 하루 더 쉰다는 의미가 아니다. 생산성과 업무 효율성이 높지 못하면 지속적 주 4일제는 불가능하다. 주 4일제를 통해 기업이 성과를 내고 성장하지 못하면 주 4일제는 지속가능하지 않다. 주 4일제를 제대로 이해하지 못하고 '복지' 관점으로 접근해서는 곤란하다. 원격 근무를 바라보는 태도도 마찬가지다. 원격 근무는. 효율성과 생산성 때문에 하는 것이다. 자동화와 로봇 도입 역시 마찬가지다.

지금 시대에 맞는 관점을 조직 구성원과 경영자가 가지는 것이 필수다. 그래야만 조직 문화 혁신도, 조직 수평화도 가능해진다. 노동자와 사업주(자본가)를 대립 구도로 보는 것은 이제 시대착오다. 이미 산업의 중심은 IT가 쥐고 있고, AI 기술이 일자리 구조를 완전히 바꿀 기세인 시대에 살고 있다. 결국 우리는 더 생산성 높고 더 합리적인 대안을 선택해야지, 과거의 방식을 고수해서는 안 된다. 먼저 사람이 바뀌어야 AI의 역습이든 AI의 진화든 대응할 수 있다.

참고자료

1장 욕망이 된 '올드 머니'

〈요즘 미국 10대 사이에서 유행하는 패션은?〉, 2023. 4. 22, 《W 코리아》.

〈아는 사람만 아는 요즘 트렌드, 조용한 럭셔리〉, 2023. 4. 5, 《보그 코리아》.

〈'아는 사람만 알아보는' 요즘 브랜드 로고〉, 2022. 11. 3, 《보그 코리아》.

〈"티 나는 명품은 별로" 찐 부자들이 사는 법, '조용한 럭셔리'가 온다〉, 2023. 4. 2, 《헤럴드경제》.

〈기부왕 빌 게이츠의 '부자들을 향한 메시지'〉, 2023. 2. 6, 《아이티데일리》.

〈영국 부자의 '푸른 피'에 들어있는 유전자는…〉, 2013. 6. 2, 《주간조선》.

〈Arrivederci, Gucci. The luxury logo boom is over〉, 2023. 3. 29, *Fastcompany*.

〈If You Pay Attention to One Trend This Season, Make It "Quiet Luxury"〉, March 6, 2023, *VOUGE*.

〈The Rise of Quiet Luxury Isn't Just a TikTok Trend〉, May 5, 2023, *Hypebeast*.

〈Can YOU spot an upper-class wardrobe? The 5 fashion rules that indicate 'old money'〉, 27 February 2023, *Daily Mail*.

〈4 Gen Z fashion trends revived on TikTok in response to the pandemic〉, 2022. 2. 1, *Business Insider*.

〈Gen Zers are trying to dress like they're 'old money'〉, 2021. 9. 1, *Business Insider*.

〈Gen Z, millennials reviving old money fashion, decor, sports〉, 2021. 10. 3, *Business Insider*.

〈Why Preppy Style and 'Old-Money' Fashion Are On the Rise〉, 2023. 3. 25, *The Wall*

Street Journal.

〈Why Are We So Obsessed With the Old Money Aesthetic?〉, 2022. 10. 27, *Harper's Bazaar Australia.*

〈Vast New Study Shows a Key to Reducing Poverty: More Friendships Between Rich and Poor〉, Aug. 1, 2022, *The New York Times.*

〈"Cosplaying as a different class character": life as a low-income student at Yale〉, JAN 27, 2022, *Yale Daily News.*

〈Social capital I: measurement and associations with economic mobility〉, Raj Chetty, Matthew O. Jackson, 01 August 2022, *Nature*, volume 608, pp.108–121.

《라이프 트렌드 2019: 젠더 뉴트럴》, 김용섭, 부키, 2018.

《라이프 트렌드 2023: 과시적 비소비》, 김용섭, 부키, 2022.

《ESG 2.0: 자본주의가 선택한 미래 생존 전략》, 김용섭, 퍼블리온, 2022.

https://www.highsnobiety.com/p/old-money-style/.

https://www.chosun.com/site/data/html_dir/2013/06/02/2013060200514.html.

https://www.nature.com/articles/s41586-022-04996-4.

https://yaledailynews.com/blog/2022/01/27/cosplaying-as-a-different-class-character-life-as-a-low-income-student-at-yale/.

https://www.wsj.com/articles/old-money-style-preppy-fashion-aesthetic-47607135.

https://hypebeast.com/2023/5/rise-quiet-luxury-stealth-wealth-old-money-tiktok-succession.

https://www.thenationalnews.com/lifestyle/fashion/2022/05/22/old-money-aesthetic-the-tiktok-trend-thats-all-about-faking-generational-wealth/.

https://www.glamourmagazine.co.uk/gallery/old-money-aesthetic.

https://socialcapital.org.

https://opportunityinsights.org.

https://www.wkorea.com/2023/04/22/틱톡-꾸뛰르-올드_머니_아웃핏/.

https://harpersbazaar.com.au/old-money-aesthetic/.

https://companiesmarketcap.com.

https://www.forbes.com/real-time-billionaires.

https://givingpledge.org/about#aboutCarousel.

https://trends.google.co.kr/trends/.

https://datalab.naver.com/keyword/trendSearch.naver.

https://www.tiktok.com/ko-KR/.

https://www.instagram.com.

https://www.themiilk.com.

2장 반려자를 반려하다

《2023 한국 반려동물보고서》, 2023. 6, KB금융지주 경영연구소.

〈반려동물 장례휴가, 비혼직원에 축하금… '복지 끝판왕' 이 회사〉, 2022. 8. 21,《중앙일보》.

〈중국 반려동물 1억2000만 마리 시대, 펫코노미 누가 무엇을 소비하나〉, 2023. 5. 19, Kotra 해외시장뉴스.

〈다양한 산업이 참가하는 일본 반려동물 용품 시장〉, 2023. 4. 27, Kotra 해외시장뉴스.

〈[2021 글로벌 반려동물 시장①] 개·고양이 수 모두 감소한 '일본'〉, 2021. 5. 25,《데일리펫》.

〈세대별 보험상품 가입 변화와 시사점〉, 2022. 1, 보험연구원.

〈비혼 선언하면 혜택 쏟아내는 기업들〉, 2023. 3. 3,《매일경제》.

〈AI 반려동물 로봇, 고독사 예방 돕는다… 세계 각국 잇달아 출시〉, 2021. 5. 26,《AI타임스》.

〈'6조' 반려동물 시장 활황… 중견업체·외산 경쟁 '후끈'〉, 2023. 6. 29,《데일리안》.

〈[Smart Tech Korea 2023] 블럭나인, 반려로봇 '루나 로봇' 출시〉, 2023. 6. 29,《월간 로봇 기술》.

〈日 시니어, "반려동물 혼자 남으면 어떡하나" 돌봄 고민 커〉, 2023. 6. 23,《브라보마이라이프》.

〈진화하는 글로벌 기업 복지 트렌드〉, 2023. 4. 27,《조선일보 WEEKLY BIZ》.

〈[Why Silicon Valley has embraced the 'office dog'〉, MAY 12 2017, *Financial Times*.

〈[2023 결혼인식조사] 결혼, 반드시 해야 할까? – 결혼 의향, 그리고 혼인 감소에 대한 인식〉, 2023. 6. 13, 한국리서치 '여론 속의 여론'.

https://hrcopinion.co.kr/archives/26871.

〈중국에서 가장 부자 동네는?〉, 2023. 3. 27,《중국망》.

〈결혼 안하는 일본… 50세 男 32%・女 24% '미혼'〉, 2022. 12. 29,《아시아경제》.

《2020년 인구주택총조사》, 2021. 7, 통계청.

《Global Happiness 2023》, 2023. 3, Ipsos.

https://csf.kiep.go.kr.

http://www.cmnews.kr.

https://petfood.or.jp/topics/img/221226.pdf.
https://datalab.naver.com/keyword/trendSearch.naver.
https://trends.google.co.kr/trends/.

3장 각집살이, 이상과 현실 사이 부러움 혹은 합리주의

〈여에스더 · 홍혜걸 부부, 서울·제주서 각집살이 하는 이유〉, 2021. 12. 5, 《중앙일보》.
〈31년차 부부 이봉원·박미선, '각집살이' 하는 이유는?〉, 2023. 6. 13, 《조선일보》.
〈염경환 "아내와 '각집살이' 중⋯ 약속 잡고 만나"〉, 2023. 4. 12, iMBC.
〈염경환 "아내와 별거 아닌 각집살이⋯ 연애 때처럼 설레"〉, 2023. 4. 13, 《머니투데이》.
〈송일국 "떨어져 지낸다"⋯ 판사 아내와 '각집살이' 고백〉, 2023. 3. 29, 《한국경제》.
〈'라스' 김웅수, 아내와 각집살이 염경환에 "가장 이상적인 형태"〉, 2023. 5. 3, 《스포츠경향》.
〈정훈희, 김태화와 44년 각방살이→각집살이 고백⋯ 오은영, "두 분은 전우"('금쪽상담소')〉,
    2023. 2. 3, 《텐아시아》.
〈[황금알] 동시간대 '월요 심야 예능 2위 군건'⋯ 김갑수 "10년 넘게 각집살이 중"〉, 2015. 7.
    28, MBN.
《라이프 트렌드 2020: 느슨한 연대》, 김용섭, 부키, 2019.
https://datalab.naver.com/keyword/trendSearch.naver.

4장 넥스트 핫플레이스의 필수 조건

《라이프 트렌드 2017: 적당한 불편》, 김용섭, 부키, 2016.
통계청 https://kostat.go.kr/.
네이버지도 https://map.naver.com.
https://datalab.naver.com/keyword/trendSearch.naver.
트렌드 전문 유튜브 채널 youtube.com/c/김용섭INSIGHT.

5장 수산물 불신 시대와 연어, 그리고 푸드 테크

〈중국, 급속도로 원전 확대⋯ '세계 2위 프랑스' 곧 추월〉, 2023. 6. 4, 《오피니언뉴스》.
〈IAEA 후쿠시마 오염수 최종 보고서⋯'국제안전기준 부합'〉, 2023. 7. 4, BBC News 코리아.

〈해양 방류 1년 남은 후쿠시마 오염수…비현실적 원전 폐로로 계속 늘어나〉, 2023. 3. 3, 그린피스서울사무소.

〈중국, 서해에서 '떠다니는 원전' 밀어붙인다…14·5계획 포함〉, 2021. 3. 10, 《연합뉴스》.

〈"후쿠시마 오염수 고체화가 최선… 일본, 가장 싼 방류 택해"〉, 2023. 7. 30, 《경향신문》.

〈"한국이 원전 오염수 더 버린다"는 일본 주장 사실일까〉, 2021. 4. 14, 《한국일보》.

〈자고나면 생기는 중국 원전… 우리나라 괜찮을까?〉, 2023. 6. 17, KBS.

〈국민 1인당 연간 수산물 섭취량 69.9kg〉, 2022. 1. 12, 《어업신문》.

〈'후쿠시마 수산물 수입' 압박하는 日… 여야 엇갈린 해법〉, 2023. 7. 8, 《아시아경제》.

〈동원그룹, 정선군 연어 치어양식장 조성 준비 속도… 소규모 환경영향평가 접수〉, 2023. 2. 2, 《CEO스코어데일리》.

〈金값된 연어 '국내 양식' 시동… 연어에 꽂힌 동원 vs GS건설〉, 2022. 4. 4, 《뉴스핌》.

〈후쿠시마 오염수, 안전하다는데 우린 뭐 먹지?〉, 2023. 7. 4, 《더밀크》.

《비거니즘의 부상》, 하나은행 하나금융경영연구소, 2022.

〈[동향세미나] 중국, 후쿠시마 등지의 식품 수입 규제 강화〉, 2023. 7. 24, KIEP(대외경제정책연구원) CSF(중국전문가포럼).

https://www.oecd-ilibrary.org/agriculture-and-food/oecd-fao-agricultural-outlook-2021-2030_19428846-en.

〈Is Fukushima wastewater release safe? What the science says〉, 22 June 2023, Nature.

〈Japan will soon release Fukushima radioactive water into the ocean. How worried should we be?〉, July 5, 2023, CNN.

〈Fukushima nuclear disaster: UN watchdog approves plan for water release〉, 2023. 7. 4., BBC.

https://www.bbc.com/news/world-asia-66094479.

https://www.iaea.org/topics/response/fukushima-daiichi-nuclear-accident/fukushima-daiichi-alps-treated-water-discharge\.

https://repository.krei.re.kr/bitstream/2018.oak/27002/1/E03-20-e10-2.pdf.

OECD Review of fisheries 2022, 2023.1, OECD.

OECD-FAO Agricultural Outlook 2021-2030, 2021.

OECD-FAO Agricultural Outlook 2022-2031, 2022.

https://www.statista.com.

6장 가스레인지 사용을 금지하다

〈프랑스, 국내 단거리 항공노선 금지법안 시행〉, 2023. 5. 26,《임팩트온》.

〈스위스, 공무원 근거리출장 때 비행기 못 타게 한 이유는〉, 2019. 12. 15,《오피니언뉴스》.

〈기후위기에 대응하는 프랑스의 자세〉, 2021. 5. 6,《플래닛타임즈》.

〈스위스 온실가스 감축 정책과 규제〉, 2022. 11. 21, Kotra 해외시장뉴스.

〈스웨덴 자동차시장 현황 및 전망〉, 2023. 4. 7, Kotra 해외시장뉴스.

〈세계 전기차 시장, 폭풍 성장〉, 2023. 4. 2, Investing.com.

〈美 전기차 전환에 총력전, 농기계까지?〉, 2023. 5. 18, Kotra 해외시장뉴스.

〈뉴욕시, 2024년부터 신축 건물 가스사용 금지된다〉, 2021. 12. 17,《가스신문》.

〈日, 2025년 모든 건축물의 '에너지 절약 기준 적합 의무화'로 건축시장이 주목〉, 2023. 5. 12, Kotra 해외시장뉴스.

〈EU, 2050년 건물 탄소중립 의무화 추진〉, 2023. 2. 15,《투데이에너지》.

〈EU, "2030년까지 건물 넷제로 달성"〉, 2022. 10. 28, IMPACT ON.

〈EU, 2030년 모든 신축건물에 탄소중립(net-zero) 추진〉, 2021. 11. 27, KITA 해외시장뉴스

〈미국 안전기관, 가스레인지 사용금지 검토〉, 2023. 1. 10,《가스신문》.

〈미국, 가스레인지 판매 금지 법안 논의… 생태계 전환 예고〉, 2023. 3. 6,《더바이어》.

〈美서 가스레인지 퇴출 움직임… 삼성·LG, 전기레인지 시장 공략 '속도'〉, 2023. 2. 23,《조선비즈》.

〈美, 인덕션 등 전기스토브 '열풍'〉, 2023. 2. 20, Kotra 해외시장뉴스.

〈환경 규제 강화에 미소 짓는 조선업계… "그린선박 속도"〉, 2023. 8. 5,《머니투데이》.

〈LNG운반선 다음은 LNG추진선… 韓 조선 탄소중립 특수〉, 2023. 2. 3,《머니투데이》.

〈달라진 해운환경… IMO 환경규제 영향 '속속' 나타나〉, 2023. 3. 15,《에너지경제신문》.

〈빅 플라스틱 카운트: '재활용은 효과가 없다'〉, 2022. 7. 12, BBC News 코리아.

〈플라스틱 사용을 중단하면 어떤 일이 벌어질까?〉, 2022. 6. 12, BBC News 코리아.

〈플라스틱 재활용이 친환경(?)… "처리과정에 미세 플라스틱 분출"〉, 2023. 5. 26,《스마트투데이》.

〈美 식품 업계, 비닐에서 전분 봉지로 친환경 포장 시대 열어〉, 2023. 5. 9, Kotra 해외시장뉴스.

〈'배출한 만큼 수거한다' 플라스틱 중립 선언하는 미국 기업들〉, 2023. 5. 25, Kotra 해외시장뉴스.

https://www.consumerreports.org.

https://www.impulselabs.com/blog/impulse-labs-series-a-annoucement.

https://www.themiilk.com/articles/a365bbd31?.u=f42b7851&t=ac4ceb4dd&from
=&utm_source=Viewsletter&utm_campaign=1a69b12a40-viewsletter462&utm_
medium=email&utm_term=0_-1a69b12a40-%5BLIST_EMAIL_ID%5D.

7장 글로벌 보일링 2024

〈역사상 가장 더운 7월… "최근 10년 개도국, 기후 변화로 인한 사망률 15배"〉, 2023. 7. 30,
《파이낸셜뉴스》.

〈사상 최초 '기후 재앙 마지노선 1.5℃, 돌파 가능성 크다' 경고 나와〉, 2023. 5. 18, BBC
News 코리아.

〈World records hottest day for third time in a week〉, 2023. 7. 7, BBC News.

〈"12만년 만의 최악 폭염"… 7월 4일, 역사상 가장 더운 날 기록〉, 2023. 7. 6,《데일리포스트》.

〈[테크토크]전기차는 배터리 싸움?… 실은 '자석' 싸움〉, 2023. 4. 8,《아시아경제》.

〈[Tech Review] 테슬라가 시도? 비(非)희토류 모터의 어제와 오늘〉, 2023. 5. 18,《오토뷰》.

〈팩트박스: 희토류 사용 줄이는 자동차 제조사들〉, 2021. 7. 19, Investing.com.

〈[2차전지 대해부] 원가 10% 넘는 리튬, 세계가 확보 쟁탈전〉, 2023. 5. 6,《조선비즈》.

〈전기차 배터리의 핵심… '4대 소재' 글로벌 쟁탈전〉, 2023. 3. 7,《한국경제》.

〈[강원포럼]기후위기 시대와 산악도시 태백〉, 2021. 6. 15,《강원일보》.

〈"더워도 먹고 살려면…" 폐지 줍는 어르신들, 폭염 속 '쩔쩔'〉, 2023. 8. 6,《뉴시스》.

〈폭염 속 해열제 먹으며 배달… "라이더 기후실업급여 도입해야"〉, 2023. 8. 3,《지디넷코리아》.

〈극단적인 기온과 폭염은 우리가 일하는 방식을 어떻게 바꿀까?〉, 2023. 7. 23, BBC News
코리아.

〈독립노조 '라이더유니온' 민주노총 가입… 총투표 찬성 94%〉, 2023. 3. 29,《한겨레》.

〈폭염에 카트 밀다 숨졌는데… "코스트코, 산재는 알아서 하라는 식"〉, 2023. 7. 13,《머니S》.

〈'살인폭염'에 노동자들 사망사건 잇따라… "작업중지권 '유명무실'"〉, 2023. 7. 13,《위클리
서울》.

〈유럽 폭염 피해 더 커진다, 연구진 "2050년 사망자 12만 명 넘을 수도"〉, 2023. 7. 11,《비즈
니스포스트》.

〈폭염에 아마존 운전기사 첫 파업… "미, 2050년 폭염 경제손실 640조"〉, 2023. 8. 1, KBS 뉴스.

〈"한국인은 왜 아아만 마셔?" 하더니 전염됐다… 미국 스벅도 아이스 대세〉, 2023. 8. 8,《매
일경제》.

〈누가 '줌마템' 이래?… 남자 더 샀다, 폭염에 불티나게 팔린 제품〉, 2023. 8. 3,《중앙일보》.

〈폭염에 유럽 곡물 생산량 '뚝'… '히트플레이션'까지 오나〉, 2022. 7. 19,《한국일보》.

〈"양산 필수시대" "패션 포기하고 쿨토시"…폭염에 '생존템' 인기〉, 2023. 8. 3,《한겨레》.

《라이프 트렌드 2023: 과시적 비소비》, 김용섭, 부키, 2022.

《ESG 2.0: 자본주의가 선택한 미래 생존 전략》, 김용섭, 퍼블리온, 2022.

https://bluefrontierac.com.

https://breakthroughenergy.org.

〈World's oceans hit hottest EVER recorded temperature of 20.96C after soaking up the warmth from climate change, scientists say〉, 4 August 2023, *Daily Mail*.

https://climatereanalyzer.org/clim/t2_daily/.

8장 격투기 하는 리더, 강한 리더십과 노동생산성

〈'대량 해고' 메타·구글, 중간만 해도 '연봉 4억'〉, 2023. 6. 20,《서울신문》.

〈빅테크 칼바람 보고 사표 접었다, '대사직 시대'가 가고 '대잔류 시대'가 왔다〉, 2023. 6. 22, 《조선일보 WEEKLY BIZ》.

〈새해에도 가혹한 다이어트 계속… 美세일즈포스 '직원 10%' 해고〉, 2023. 1. 5,《머니투데이》.

〈'주 3일 근무' 복지천국이었는데… 구글, 대량 해고에 혜택축소까지〉, 2023. 4. 4,《매일경제》.

〈애플만 해고 칼바람 피한 이유 "공짜 점심이 없었다"〉, 2023. 1. 27,《조선일보》.

〈머스크의 '해고·유료화' 트위터 경영… 저커버그도 따라 한다〉, 2023. 6. 26,《연합뉴스》.

〈저커버그, 주짓수 우승…"기권패 인정 못해" 판정 뒤집고 결국 金 땄다〉, 2023. 5. 9,《조선일보》.

〈세일즈포스, 대량 해고 이어 운영 비용도 줄인다〉, 2023. 1. 8,《지디넷코리아》.

〈레딧, 전체 직원 중 5% 해고비용 효율화 목적"〉, 2023. 6. 7,《지디넷코리아》.

〈韓 노동생산성 美의 57%… "노동시장 경직, 혁신성도 떨어져"〉, 2023. 2. 3,《동아일보》.

〈홍준표 "퇴직하라" 발칵… '주 4일제' 카카오 반년만에 폐지, 왜〉, 2023. 7. 11,《중앙일보》.

〈머스크에 물든 실리콘밸리… '행동파 괴짜'들만 가득하다〉, 2023. 6. 29,《조선경제》.

〈"회의 왜 하는지…" 직장인들 불만 이유 1위는〉, 2023. 1. 19,《조선일보》.

〈직장인, 비효율적 업무에 하루 2시간 30분 '낭비'〉, 2018. 8. 7,《한경비즈니스》.

〈One chart shows why Elon Musk axed half of Twitter's workforce〉, 2023. 4. 3. *Business Insider*.

〈The 'great resignation' — a trend that defined the pandemic-era labor market —

seems to be over⟩, MAY 31 2023, CNBC.

⟨Elon Musk says his fight against Mark Zuckerberg will stream on X — but Zuck claps back⟩, AUGUST 7, 2023, CBS News.

⟨Marc Benioff says every CEO in Silicon Valley has asked themselves if they 'need to unleash their own Elon'⟩, 2023. 3. 1, *Business Insider*.

https://www.businessinsider.com/marc-benioff-elon-musk-ceos-unleash-their-inner-elon-2023-3.

⟨Reddit CEO praises Elon Musk's cost-cutting as protests rock the platform⟩, June 17, 2023, NBCNews.

⟨Reddit CEO Steve Huffman isn't backing down: our full interview⟩, 2023. 6. 15, The Verge.

⟨Want a Job That Pays $200,000? See How Much the Biggest Companies Pay⟩, June 19, 2023, *WSJ*.

https://www.wsj.com/articles/median-pay-salary-rankings-ba452511.

https://www.youtube.com/lexfridman.

https://www.instagram.com/zuck/.

https://twitter.com/elonmusk.

https://stats.oecd.org.

9장 펀임플로이먼트와 자발적 프리터

⟨주 36시간 미만 근무 청년 75% "지금처럼 일하고 싶다"⟩, 2023. 7. 6,《중앙일보》.

⟨"한국 무직청년 '니트족' 20.9%… OECD 13개국 중 3번째"⟩, 2021. 12. 13,《연합뉴스》.

⟨funemployment, tweetheart… 무슨 뜻일까⟩, 2010. 10. 28,《연합뉴스》.

《[트렌드 리포트] 전지적 신입 시점》, Vol. 245, 2023년 4월호, *KMAC CHIEFEXCUTIVE*.

《블라인드 지수 2022》, 블라인드.

《2022 공직생활실태조사》, 한국행정연구원.

통계청 https://kostat.go.kr/.

행정안전부 https://www.mois.go.kr.

⟨No job, no problem: For some, a 'funemployment' summer after quitting sounds like a perfect plan⟩, 2023.6.6, *Business Insider*.

⟨The 'great resignation' — a trend that defined the pandemic-era labor market — seems to be over⟩, MAY 31 2023, CNBC.

⟨It's time to clamp down on 'funemployment'⟩, 15 May 2011, *The Guardian*.

⟨'Funemployment' and the Gen Z Job Market⟩, May 30. 2023, *The Wall Street Journal*.

https://www.wsj.com/articles/funemployment-and-the-gen-z-job-market-career-student-gap-year-exploration-5be452bb.

https://fred.stlouisfed.org/series/JTSQUR.

10장 취하기 싫다면서 취하려는 사람들

《2022년 청소년건강행태조사》, 교육부/질병관리청.

대검찰청 마약 동향 자료, 2005~2023년 4월까지, 대검철청.

주류 출고 현황, 2022, 국세청.

⟨Projected US cannabis market size⟩, Apri 2023, MJBizDaily.

⟨These states might be the next to legalize weed⟩, MAY 7 2023, CNBC.

https://insights.mjbizdaily.com/factbook-2023/.

https://trends.google.co.kr/trends/.

https://www.tiktok.com/ko-KR/.

https://www.cdc.gov.

https://nida.nih.gov.

https://www.pewresearch.org.

11장 얼리 안티에이징과 안티에이징 테크

⟨Z세대를 사로잡은 '얼리 안티에이징' 열풍⟩, 2023. 5. 7, 《W 코리아》.

⟨인간 두뇌 보존하겠다는 야심찬 스타트업 '넥톰'⟩, 2018. 3. 15, 《한국경제신문》.

⟨뉴럴링크, 인간 임상실험 FDA 승인 획득⟩, 2023. 5. 28, 《AI타임스》.

⟨일론 머스크의 뉴럴링크: 목표는 무엇이고, 기대와 우려는?⟩, 2023. 5. 27, BBC News 코리아.

⟨A startup is pitching a mind-uploading service that is "100 percent fatal"⟩, March 13, 2018, *MIT Technology Review*.

https://datalab.naver.com/keyword/trendSearch.naver.

https://trends.google.co.kr/trends/.

https://nectome.com.

https://neuralink.com.

12장 스마트 그레이와 에이지리스 유스

〈美 몬태나주 법원, '깨끗한 환경서 살아갈 권리' 첫 인정〉, 2023. 8. 16,《ESG경제》.

〈미 청소년, 기후소송 최초 승리… "헌법상 권리 인정하는 획기적 판결"〉, 2023. 8. 16,《뉴스
펭귄》.

〈'기후위기세대 존엄 지켜주세요' 다시 나선 청소년들〉, 2023. 3. 13,《뉴스펭귄》.

〈"40살 미만, 기후 변화로 전례 없는 삶 살게 될 것"〉, 2021. 9. 28,《뉴스펭귄》.

《노인빈곤 실태 및 원인분석을 통한 정책방향 연구》, 정책자료 2022_01(2023. 2. 발간), 국
민연금공단 국민연금연구원.

《라이프 트렌드 2013: 좀 놀아본 오빠들의 귀환》, 김용섭, 부키, 2012.

《라이프 트렌드 2017: 적당한 불편》, 김용섭, 부키, 2016.

Generation X: Tales for an Accelerated Culture, Douglas Coupland, 1991.

Resale Report 2023, THREDUP.

행정안전부 https://www.mois.go.kr.

통계청 https://kostat.go.kr.

https://www.pewresearch.org.

〈Youthful Brains in Older Adults: Preserved Neuroanatomy in the Default Mode and
Salience Networks Contributes to Youthful Memory in Superaging〉, 14 Sep 2016,
Journal of Neuroscience(Vol. 36, Issue 37).

〈Evidence that ageing yields improvements as well as declines across attention and
executive functions〉, 19 August 2021, *Nature*.

Human Behaviour, volume 6, 2022.

https://www.nature.com/articles/s41562-021-01169-7#article-info.

〈Martha Stewart Featured As 2023 SI Swimsuit Cover Model〉, MAY 15, 2023, SI.

https://www.si.com/extra-mustard/2023/05/15/martha-stewart-featured-2023-
si-swimsuit-cover-model.

https://swimsuit.si.com/swimsuit/model/martha-stewart.

13장 AI의 역습과 일자리 위기의 서막

〈인도 CEO, 직원 해고하고 AI로 대체해 비판받아〉, 2023. 7. 13, BBC.

〈"AI 챗봇이 더 일 잘해요"… 상담직원 90% 해고한 인도 CEO〉, 2023. 7. 14,《한국경제》.

〈할리우드가 멈췄다… 미국 배우조합 역사에 남을 파업 결의〉, 2023. 7. 14, BBC News 코리아.

〈구글 등에 업은 '앤트로픽', 챗GPT의 강력한 대항마로 LLM이자 AI 챗봇 '클로드 2' 발표〉, 2023. 7. 12,《인공지능신문》.

〈아마존(AWS) 클라우드, 챗GPT 경쟁사인 허깅 페이스(Hugging Face)와 파트너십 구축〉, 2023. 2. 22,《인포스탁데일리》.

〈챗GPT 선구자 '오픈AI'에 드리운 먹구름… 파산 위기설까지〉, 2023. 8. 22,《테크42》.

〈인건비 절감 '메타'의 3차 살생부… AI 신사업에는 공격 투자〉, 2023. 5. 26,《IT조선》.

〈앤트로픽, '차세대 AI' 위해 6.6조 투자 유치 나서〉, 2023. 4. 7,《인공지능신문》.

〈'오픈AI와 경쟁' 코히어 3천500억 원 펀딩… 엔비디아도 투자〉, 2023. 6. 9,《매일경제》.

〈챗 GPT 열풍의 진원지 '오픈 AI', 휴머노이드 스타트업 'X1'에 투자〉, 2023. 3. 29,《로봇신문》.

〈LG전자서 작년 글로벌사업장 29세 이하 퇴직률 30%, 코로나19 영향〉, 2023. 7. 31,《비즈니스포스트》.

〈[단독]LG전자, 29세 이하 MZ직원 글로벌 퇴직률 '30%'〉, 2023. 7. 31,《뉴시스》.

〈뉴욕 급여투명화법(New York Pay Transparency Law)의 시행과 전망〉, 2023. 3. 23,《법률신문》.

〈[2023 인공지능 인식조사] 주요 영역별 인공지능(AI) 발전 평가 및 직업 수행 전망〉, 2023. 5. 23, 한국리서치 여론속의여론.

https://hrcopinion.co.kr/archives/26698.

《아웃스탠딩 티처 Outstanding Teacher》, 김용섭, 퍼블리온, 2023.

Future of Jobs Report 2023, May 2023, The World Economic Forum.

〈It's not just famous actors and big-name writers the Hollywood strikes are hurting〉, Aug 22, 2023, *VOX*.

〈Insights from American Workers: A Comprehensive Survey on AI in the Workplace〉, May 24, 2023, Checkr.

https://checkr.com/resources/articles/ai-workplace-survey-2023.

OECD Employment Outlook 2023, OECD.

https://www.aitimes.kr.